GUOJI FUWU
MAOYI JINJI BAOZHANG CUOSHI
FALÜ ZHIDU YANJIU

国际服务贸易紧急保障措施
法律制度研究

陶林 著

人 民 出 版 社

目 录

前　言

　　现代经济是服务经济,其迅速发展是 20 世纪经济发展的主要特点之一。自 20 世纪 80 年代以来,服务贸易的发展速度远远超过了货物贸易,日益成为最强大、最广泛和最活跃的经济部门。随着国际服务贸易的快速发展,出现了国际服务贸易的自由化(liberalization of International Trade in Services)趋势。一方面这是由于以美国为首的发达国家的强力推动,另一方面这也符合大多数国家的利益,尽管发达国家与发展中国家所获利益差异巨大。服务贸易的自由化是一柄双刃剑,它在给有关国家带来利益的同时,也可能会给这些国家带来严重灾难,导致这些国家产业受损、人员失业、整个国家陷入严重经济危机或社会危机。正是由于存在着不同国家之间利益差异与冲突、存在着机遇与风险,这就决定了服务贸易的自由化是一个渐进的过程。在这一过程中,既要获得服务贸易自由化所带来的利益,又要规避服务贸易自由化所带来的风险。要达成这样的目标,最根本的途径就是要建立一套保障措施机制(Mechanism of Safeguard Measures)。在这一机制下,它既不妨碍贸易自由化进程,又不恶化弱势国家和弱势产业的处境,从而有效缓解上述矛盾。因此,保障措施是抵御贸易自由化负面影响的手段,是规避贸易自由化风险的工具,尽管它在一定程度上会延缓贸易自由化的步伐,但它却能为贸易自由化保驾护航,成为贸易自由化的安全法阀(Safety Valve)。

保障措施形成于货物贸易领域,经历了一个从国内法规则到国际法规则的演化过程。目前,国际保障措施制度是以GATT1994第19条和WTO《保障措施协议》为核心内容的体系。但这一体系是适用于货物贸易的保障体系。随着国际服务贸易的迅速发展,服务领域的保障措施问题便被提上了议事日程。服务贸易领域有无建立保障措施制度的必要性与可行性? 适用于货物贸易的保障措施能否借鉴适用于服务贸易领域? 如何针对服务贸易的特点建立紧急保障措施制度? 由于服务贸易领域的保障措施制度对包括中国在内的发展中国家意义重大,上述问题引发了作者研究解决这些问题的浓厚兴趣,并开始在这一领域展开研究。

《服务贸易总协定》(General Agreement on Trade in Services,GATS)作为管制国际服务贸易的第一个全球性多边协议,它为国际服务贸易自由化提供了一个初步的法律框架,并要求成员方通过具体承诺(Specific Commitment)的方式实施市场准入(Market Access)和国民待遇(National Treatment),以实现国际服务贸易逐步自由化的目标。但在国际服务贸易逐渐自由化过程中,不可避免会对一些国家尤其是服务业欠发达的发展中国家服务市场带来较大冲击和消极影响,考虑到服务业对于各国经济的极端重要性和敏感性,GATS允许成员方建立相应的安全保障措施,包括紧急保障措施(Emergency Safeguard Measures,ESM)。GATS第10条规定,成员方应在非歧视原则的基础上就紧急保障措施问题进行多边谈判,以期尽快达成国际多边协议。

在国际服务贸易紧急保障措施制度建构的过程中,按照何种模式设计服务贸易紧急保障措施制度一直是一个重要的问题,也是发达国家与发展中国家争论激烈的一个问题。本书主张,应当在统一模式即水平模式下将1994年GATT第19条和WTO《保障措施协议》中适用于货物贸易的保障措施多边规则借鉴适用于服务贸易紧急保障措施。其根据在于:第一,《保障措施协议》是从WTO多边货物贸易法制的核心——GATT1994第19条发展而来的,尽管在WTO法律体系中,GATS是独立于GATT1994的;但从其主要内容来看,此二者的联系甚为紧密:GATS中的最惠国待遇条款、国民待遇条款等都源自GATT1994;而一般例外、安全例外及国际收支平衡例外等条款更是对GATT1994中相应规范的直接借鉴。所以,以《保障措施协议》作为服务贸易保障措施规则制定的蓝本有着体系上的融洽性。第二,按照《建立世界贸易组织协定》第16条第1款的规定,凡WTO现行法制的未尽事宜,都应该以原GATT体制中所形成的规定、程序和惯例为指导。据此,凡服务贸易领域中GATS的未尽事宜,就应参考GATT体制中的相关规定。所以,对《保障措施协议》的借鉴存在着逻辑上的必然性。第三,将水平模式下建立的紧急保障措施规则普遍适用于各个服务部门和各种服务提供方式,为所有的服务贸易部门提供了一套兼顾各成员方利益的制度保障,避免了由于不同服务部门之间的利益冲突而造成的制度缺位,同时有利于保证服务贸易和服务贸易法律制度的完整性。

但是,将货物贸易保障措施规则借鉴适用于服务贸易也存在着一定的实际困难,这主要是由于服务贸易和货物贸易在经济禀赋上有着显著的差异。因此,服务贸易保障措施规则的制定,就必须考虑到服务贸易自身的特殊性和复杂性。其中,要核心解决服务进口、国内产业、保障措施的类型及其在不同服务提供模式下的实施等问题。

　　服务贸易紧急保障措施制度主要应包括如下几个方面的主要内容:首先,是国际服务贸易紧急保障措施制度的宗旨与原则。国际服务贸易紧急保障措施制度应以适度保护、积极调整、增强竞争、推动服务贸易自由化为其宗旨;以非歧视、透明度、适度适用、合理补偿、给予发展中国家特殊与差别待遇为原则。

　　其次,是关于服务贸易紧急保障措施制度实体规则方面的内容。按照保障措施法的一般原理,启动保障措施通常需要满足"进口增加"、"产业损害"和"因果关系"这样三个实体要件,这三个实体要件不仅适用于货物贸易,而且也适用于服务贸易。适用于货物贸易领域的保障措施的实体要件可根据服务贸易的特点,引入服务贸易领域,即 WTO 某一成员若要在服务贸易中采取紧急保障措施必须满足三个条件:因承担 GATS 义务而出现未预见的发展导致服务进口骤然增加;进口增加造成国内服务产业的严重损害或严重损害威胁;在未预见发展与进口增加、进口增加与国内服务产业的严重损害或严重损害威胁之间存在着因果关系。为了明确这一实体规则,需要具体界定以下核心问题:未预见发展、国内产业、服务进口增加、严重损害与严重损害的威胁、因果关系等。

　　再次,是关于服务贸易紧急保障措施制度程序规则方面的内容。保障措施作为 WTO 成员方在紧急情况下撤销或者停止履行协定义务的一种例外制度,在适用上有着严格的纪律,否则必将对 WTO 所倡导的自由贸易秩序造成极大的扭曲。无论是在货物贸易还是在服务贸易领域中,程序严格均是保障措施适用的一项重要原则。在程序性问题上,货物贸易保障措施实施的程序要求与服务贸易紧急保障措施并无大的区别,适用于货物贸易保障措施中的程序要件同样适用于服务贸易领域的紧急保障措施,主要包括调查、通知和磋商等要件。

此外,还包括国际服务贸易紧急保障措施的类型及其实施方面的内容。服务贸易中紧急保障措施的类型区别于货物贸易中保障措施的类型。在货物贸易中,保障措施的类型主要有三种,即关税、数量限制和关税与数量限制的结合,如关税配额。不论是数量限制还是关税限制都属于"市场准入"的限制。对任何种类的进口货物,"市场准入"限制的目的都是阻止其进入国内市场,作用的对象都是货物本身,实施机构一般都是海关。但在服务贸易领域,由于服务贸易的无形性,有形的关税边境对其不能发挥作用,这就决定了服务贸易的保障措施无法采取关税措施,但可以采取数量限制措施。在数量限制措施中包括了市场准入限制和国民待遇限制。在市场准入限制中具体包括许可证、配额、领域限制、地域限制、股权限制、经营范围限制、主体资格限制、企业形式限制、经济需求测试等措施。在国民待遇限制中,具体包括对国内服务提供者进行补贴或政府采购上的倾斜以及对外国服务或服务提供者采取歧视性待遇等措施。这些措施可针对不同服务提供模式的特点,分别适用于跨境提供(Cross-border Supply)、境外消费(Consumption Abroad)、商业存在(Commercial Presence)和自然人流动(Movement of Natural Persons)模式。

当然,国际服务贸易紧急保障措施制度研究的目的主要还是希望能最终服务于本国在服务领域的紧急保障措施制度的建构。由于我国是世界上最大的发展中国家,我国服务贸易发展迅速但也存在着不少问题。尤其是随着我国在2001年加入世界贸易组织(WTO)、对外开放格局全面形成之后,我国必将进一步扩大市场开放,减少政府对进出口的干预,其结果很可能会出现服务进口大量增长以致国内服务产业遭受严重损害的情形。而我国在服务贸易保障措施的立法方面基本还是一片空白,存在着产业安全的隐患。2004 年我国《对外贸易法》明确规定可以将保障措施适用于服务贸易领域,为建立我国服务贸易保障措施法律制度提供了立法依据。在完善我国服务贸易领域保障措施的立法过程中,应当根据服务贸易的特点,借鉴 1994 年 GATT 第 19 条和 WTO《保障措施协议》的模式,以《对外贸易法》为核心,在进一步完善《对外贸易法》的基础上,出台服务贸易保障措施的行政法规和部门规章,对服务贸易中实施紧急保障措施的实体要件、程序要件作出具体规定。

服务贸易自由化是大势所趋,尽管在这一趋势下发达国家与发展中国家有着不同的利益,并由此导致发达国家与发展中国家在建构国际服务贸易紧急保障措施制度中不同的立场和态度,紧急保障措施制度仍在一定程度上是平衡发达国家与发展中国家利益的工具。在服务贸易紧急保障措施制度的构建中,应坚持适度保护、积极调整、增强竞争、推动服务贸易自由化的宗旨和非歧视、透明度、适度适用、合理补偿、给予发展中国家特殊与差别待遇的原则;充分体现服务贸易不同于货物贸易的特点,合理界定服务进口增加、国内产业、严重损害或严重损害威胁以及因果关系等实体要件;进一步明确调查、通知、磋商、补偿与救济等程序要件,坚持透明度原则,严格程序纪律;针对服务贸易中四种不同的服务提供模式,在紧急情况下合理运用市场准入限制和国民待遇限制等保障措施,既维护国家的产业安全,也积极提升服务业的竞争力,促进国际服务贸易自由化进程。中国作为世界上最大的发展中国家,应在国际服务贸易紧急保障措施制度的构建中坚持发展中国家的立场,维护发展中国家的利益,在 GATS 规则谈判中积极支持ESM 机制的建立。同时,为了国内服务产业的健康有序发展,保障国家经济安全,还必须展开服务贸易紧急保障措施的国内立法工作,建立具有中国特色的实体规范、程序严格、实施合理的紧急保障措施制度。

第一章　国际服务贸易及保障
措施的基本理论

第一节　国际服务贸易的概念、特征与分类

一、国际服务贸易的概念

国际服务贸易是属于经济学领域中的一个概念。服务业作为一个传统的产业部门已有非常悠久的历史,在日常生活中,服务早已是司空见惯的现象。但是要想简单地说明服务是什么和服务的本质是什么,并非易事。因为服务始于人,也终于人,涉及人类复杂的行为。要对"服务"、"服务贸易"、"国际服务贸易"等概念进行精准的定义是一件困难的事情。"服务"一词在《辞海》中是这样解释的:"不以实物形式而以提供活劳动的形式满足他人某种需要的活动。"[①]在经济学意义上,服务是相对于货物的一个概念,但把服务与商品在经济学含义上等同起来,形成一种独立的社会分工和专业化劳动,则是随着商品生产与交换的发展和社会生活方式的进步才逐渐确立的。古往今来许多经济学家都涉足过服务领域的研究,对服务的概念进行过探讨。被马克思称之为"英国

---

① 辞海编辑委员会:《辞海》,上海世纪出版股份有限公司、上海辞书出版社2000年版。

政治经济学之父"的威廉·配第早在 17 世纪中叶就预见到服务
业将迅速发展的趋势。古典学派的代表人物亚当·斯密也意识到
服务劳动的存在,在其代表作《国富论》中他曾多次提到律师、医
生、演员、家仆等人的劳动。其后,法国经济学家萨伊在他的经济
学著作中把人类社会劳动创造的产品分为有形和无形两个部分,
提出了无形产品的概念。法国经济学家西尼尔把产品分为服务和
商品,还认识到服务的产生是生产与社会分工发展的结果。马克
思也曾就服务问题进行过深入研究,提出了富有开拓性的见解。
马克思指出:"服务这个名词,一般地说,不过是指这种劳动所提
供的特殊使用价值,就象其他一切商品也提供自己的特殊使用价
值一样;但是,这种劳动的特殊使用价值在这里取得了'服务'这
个特殊名称,是因为劳动不是作为物,而是作为活动提供服务
的"。①

　　根据马克思和其他经济学家的有关论述,我们可以对服务这
一概念在经济学意义上作出一个基本的界定,即服务是指个人或
社会组织以取得报酬为目的,以满足消费者的某种需要为条件,直
接地或借助某种工具、设备、设施、媒体等为消费者所做的工作或
提供的活动。服务是一种特殊的商品,它和普通的商品一样具有
使用价值,只是这种使用价值不是表现为物,而是表现为活动。普
通商品的进出口构成了货物贸易,那么服务这种特殊商品的进出
口就构成了服务贸易。一国的服务提供者,在境内或境外向另一
国的消费者提供服务并获取报酬的过程就是服务的出口。同样,
一国的消费者在境内或境外购买另一国提供的服务,就是服务进
口。因此我们可以说,服务的消费方就是服务的进口方,服务的提

---

　　① 《马克思恩格斯全集》第 26 卷(1),人民出版社 1972 年版,第 435 页。

供方就是服务的出口方。各国的服务进出口,便构成了国际服务贸易。

　　服务贸易的概念随着第二次世界大战后世界经济结构的调整、服务业的兴起和发展而得以普遍使用。服务贸易一词较早出现在经济合作与发展组织(OECD)的一份报告中,这份报告对当时即将进行的"东京回合"多边贸易谈判所要讨论的问题进行了讨论。美国在《1974年贸易法》第301节也首次使用了世界服务贸易的概念。一些友好通商航海条约、双边自由贸易协定如《美加自由贸易协定》以及《罗马条约》等也都涉及服务贸易。① 随着服务贸易规模的日益扩大和对各国经济发展的作用日益突出,为消除分歧、统一标准,促进服务贸易的发展,规范服务贸易的多边规则,各国在关贸总协定主持的乌拉圭回合中对服务贸易问题进行了谈判。经过几年的协调并不断排除谈判障碍,各国最终对服务贸易的概念、范围和规则等基本达成共识,形成了具有一定权威性和指导性的服务贸易规范。在乌拉圭回合多边贸易谈判结束时签署的《服务贸易总协定》(GATS)对服务贸易作出了明确的界定,即服务贸易是指下列四种类型:(a)从一成员方境内向另一成员方境内提供服务。这类服务贸易常被称为"跨境提供"(Cross-border Supply),即一成员国服务提供者向另一成员国提供跨越国境的服务,如国际运输服务、国际电讯服务以及通过计算机联网等手段实现的信息咨询服务等。(b)在一成员方境内向另一成员方的服务消费者提供服务。这类服务贸易常被称为"境外消费"(Consumption Abroad),其中最典型的为旅游服务,旅游者到境外旅游,购买境外的旅游服务,由此便发生了旅游服务贸易。属于此

----

　　① 《美加自由贸易协定》第14章第1条,即Us-Canada FTA,Article 1401.

类服务贸易的还有去境外接受教育培训、医疗服务或技术鉴定服务等。(c)一成员方的服务提供者通过在另一成员方境内设立商业存在提供服务,这类服务贸易常被称为"商业存在"(Commercial Presence)式贸易,即一成员国服务提供者通过在另一成员国设立商业实体如服务企业、子公司、分支机构等来提供服务,这类服务与国际直接投资相联系。(d)一成员方的服务提供者以自然人身份到另一成员方境内提供服务,这类服务贸易常被称为自然人流动(Movement of Natural Persons),即一成员国的服务提供者移动到另一成员国境内,通过单独或受雇于外国公司机构的方式提供服务,如教师、工程师、律师、医生等职业工作者所提供的职业服务。

除上述四种服务类型外,GATS也明确规定,为实施政府权力提供的服务不属于国际服务贸易的对象。"实施政府权力提供的服务"是指既非基于商业基础也不与一个或多个服务提供者相竞争的任何服务。

为了进一步弄清国际服务贸易的含义,我们还应明确国际服务贸易与无形贸易、第三产业等的联系与区别。首先,国际服务贸易不能等同于无形贸易(Invisible Trade)。在国际上,一些国际组织和国际条约经常把国际服务贸易与无形贸易相混同,如经济合作与发展组织(OECD)签订的第一个服务贸易自由化法典,其题目就为《当前无形业务和资本移动自由化》,国际货币基金组织(IMF)国际收支统计也一直把服务贸易计入无形贸易一栏之中,直到1993年才对服务贸易统计进行了调整。实际上,无形贸易要比服务贸易范围广,无形贸易既包括服务贸易中的所有项目,也包括直接投资和间接投资的收益及侨民的汇款等。

其次,国际服务贸易所涉及的行业范围与第三产业既有联系又有区别。第三产业通称服务业,主要是相对于以农业、采掘业等为主的第一产业和以加工业等为主的第二产业而言的。第三产业可以根据其服务对象分为四类:(1)消费者私人服务业,如旅馆、饮食、家庭服务和私人运输等;(2)社会服务行业,如文教、保健、福利等,这些服务往往由国家和事业单位资助或免费提供;(3)生产者服务业,又称中间服务业,如咨询、银行等;(4)分销服务业,如批发、零售等。国际服务贸易的行业范围基本上以第三产业为基础,但不包括政府和国内事业单位所提供的公益服务,而真正作为国际服务贸易标的的服务,只包括其余三种。

此外,国际服务贸易与国际收支平衡表(Balance Of Payments,简称 BOP)中经常项目下的服务贸易的含义也有所不同。国际服务贸易的含义比 BOP 的定义要广。国际收支平衡表中经常项目下的服务贸易,指的是居民与非居民之间的服务交易。一国的居民通常被理解为在该国境内居住满一年的自然人和设有营业场所并提供货物生产或服务的企业法人。由此可见,BOP 定义的服务贸易只是服务的跨境交易。而 GATS 定义的服务贸易既涵盖了BOP 的居民和非居民之间的跨境交易,同时还包括了作为东道国居民的"外国商业存在"同东道国其他居民之间的交易,即居民与居民的交易。

二、国际服务贸易的特征

国际服务贸易在当代国际贸易中是一种飞速发展的新的贸易形式,与传统的货物贸易相比较,它有着自身的特点:

1. 国际服务贸易体现了服务的"三性"特征

所谓服务的"三性"特征是指服务生产和消费的同时性、服务的不可储存性和服务的无形性。首先,国际服务贸易中所指称的服务具有生产和消费的同时性或不可分离性(Inseparability)。服务是一种具有双向性质的活动,服务的形成必须包括两个主体:一是提出服务要求的人,即服务的消费者;二是提供服务的人,即服务的劳动者。服务的生产与消费的同时性决定了离开服务提供者,服务的消费就无法进行。同时服务的生产与消费如果不在同一个场合同时相遇,则服务的生产与消费也难以进行。例如教育服务中的教师与学生,医疗服务中的医生与病人,只有相遇在一起,服务才能成立。由于服务在生产过程中同时被消费,所以服务提供者必须与消费者有直接的互动关系,若无消费者愿意接受服务,服务生产者原则上无法提供服务。此种紧密互动关系,有时必须服务提供者与消费者在同地才能产生,例如建筑服务或旅游服务等。在当代,随着网络和远距离通信系统等高新技术的发展,为服务供应者与服务消费者在异地之间互动提供了可能,例如远程教育服务等。由于服务的生产与消费的同时性,那么协调服务供求关系,使之保持一致的只能是时间调节,而商品的供求关系是通过库存变动来调节的。这种靠时间调节供求关系,寻求服务供求一致的方法,在医疗部门被称为预约系统,在教育部门被称为授课时间表。其他如音乐会的演出时间、列车时刻表等,全都规定了这些部门提供服务的时间。服务双方必须在指定的时间内一致行动,才能使服务活动正常进行。任何一方的过于集中或者过于分散,都会导致供过于求或者供不应求的现象。

其次,服务具有不可储存性。储存是指一件商品从生产领域制造出来以后,在进入消费领域之前所存在的暂时状态,它往往先被搁置在仓库里或者放在柜台里等待将来的买主。但服务贸易中的服务活动的提供与消费多是同时发生的,服务一般不能离开劳动过程而独立存在,服务产品一旦被生产出来之后,不需要储存起来,而是立即被消费掉,或者立即进入消费领域,也就是说服务的消费速度比商品的消费速度要来得快,甚至是转瞬即逝,当然就没有储存的必要。现实生活中,许多服务是边生产边消费的,如旅游服务、餐饮服务、文化娱乐服务都具有生产与消费的同时性和不可储存性。

服务最重要的特点是无形性(intangibility)。从经济学含义上讲,服务是属于非实物形态的经济物品,具有在特定的时间和地点生产和消费,并随之消逝的特点。尽管在服务的过程中往往会借助于有形的设备或产品,但服务提供者无形的内涵、素质、文化和技术等则在服务过程中占据着核心地位,高质量的服务提供给消费者的是优雅的礼貌、整洁的环境、受到尊重和礼遇以及宾至如归的感觉和满足感。虽然在现代社会里,人们已可将某些服务物化,使人们不仅可以直接观看或感觉其过程,而且还可利用录像带、磁带等介质及有关设备再现其过程,如表演服务、歌唱服务等,但同类服务工作或活动过程的"形态"却不像同类货物那样是定形的,而是会因人、因时而异。

国际服务贸易所体现的服务的"三性"特征只是指其总体性特征,其中包含着一些例外。某些服务还是可以储存的,如自动电话的应答系统;有些服务甚至不需要生产者与消费者面对面交易,如自动取款机等;还有的服务是看得见的,如在磁盘上的咨询报告等。但这些特殊现象不能推翻服务在总体上的生产与消费的同时性、不可储存性与无形性特征。

2. 国际服务贸易交易标的的特殊性

国际货物贸易是物质产品与货币的交换,交易的标的是有形的商品;由于服务是一种由劳动所提供的特殊使用价值,因此,国际服务贸易不是货物和货币的交换,而是劳动与货币的交换,交易的标的是无形的劳动。

与国际服务贸易交易标的是无形劳动这一特点相联系,国际服务贸易与国际货物贸易在所有权的转移性上也存在着巨大差异。在国际货物贸易中,产品的使用权和所有权是同时转让的,而国际服务贸易通常不涉及服务的所有权转让。由于服务是一个活动过程,消费者购买到服务以后,并没有因此而取得任何实体持有物。

3. 国际服务贸易以设置商业存在和进行跨境提供为其主要形式

在 GATS 所规定的四种服务形式中,设置商业存在是其中最主要的一种国际服务贸易形式。由于服务在生产和消费上的同时性,这就决定了大多数的服务交易消费时间和地点不能分割,服务的供给者和消费者在空间上应该贴近,也就是说,国际服务贸易应伴随着生产要素(劳动力、资本、技术和管理等)的国际移动,通过在进口国建立商业存在,即服务机构(如建立分支机构或子公司)提供服务,如像银行、保险、会计、广告、数据处理、租赁、经纪业务、工程和零售服务等一般都需设置商业存在才能提供相应的服务。上述服务占国际服务贸易的绝大部分内容,在国际服务贸易统计中达 50% 以上,因此设置商业存在提供国际服务也就成为国际服务贸易最主要的形式。①

---

①　按照 WTO 的定义,服务贸易有四种供应模式,即:模式 1. 跨境提供;模式 2. 境外消费;模式 3. 商业存在;模式 4. 自然人流动。一般来说,模式 1、2、4 的贸易额通过 BOP(Balance of Payments,国际收支平衡表)统计反映出来,而模式 3 通过 FATS(Foreign Affiliates Trade in Service,国外分支机构服务贸易)统计反映出来。目前仅有少数国家(美国等 OECD 国家、中国 2006 年开始)能够实现 FATS 统计。《2005 年国际贸易统计报告》显示,WTO 估测的全球服务贸易供应方式构成如下:模式 1 占 35%;模式 2 占 10% ~ 15%;模式 3 占 50%;模式 4 占 1% ~ 2%。

货物的国际贸易涉及货物从一国到另一国的物理流动,通过货物的跨境运输,在生产者和消费者都无须离开自己国家的情况下,实现生产与消费的衔接;服务的国际贸易也可以进行跨境提供,其中,有的服务需要服务提供者进行跨境移动,如国际海洋运输和国际航空运输,而有的服务可以通过一定的媒体(如通过电话、电传或国际互联网等)进行长距离传输,从一个地方运送到另一个地方,生产者和消费者不必面对面就可以完成服务交易,如国际电信服务以及通过计算机联网等手段实现的信息咨询服务等。在这类服务贸易中,无论服务提供方或消费者均无须发生空间上的移动。

自然人流动也是属于生产要素(劳动力)国际移动的一种方式,如医生或律师就可以到另一个国家去提供医疗或法律服务。而境外消费则属于反向移动,是消费者到境外去接受服务提供者所提供的服务,如国际旅游者或留学生就是到国外去接受旅游服务或教育服务。同商业存在和跨境提供相比,自然人流动和境外消费在国际服务贸易中所占比例则要小得多。

4. 国际服务贸易的管理与所涉法律的复杂性

国际货物贸易中商品的进出口要通过海关,接受海关的监督,货物贸易的数量和金额可通过海关统计准确反映出来;同时,对货物贸易的调节和管理主要采用关税和其他非关税措施,如配额和许可证等来加以管理和控制。由于服务的无形性以及许多服务交易并不存在跨境流动,海关不易发现服务的进出口,服务贸易在各国海关统计中没有显示,各国对服务贸易的数量和金额也就无法精确统计,这样对国际服务贸易用关税或其他边境措施来控制显然不太可能。因此,各国国内相应的法律规定和行政措施便成了管理控制服务贸易的主要手段。比如,关于外国直接投资和关于外国服务提供者参与国内服务业的国内法律规定,就可以限制外国服务提供者（如银行或保险公司）在提供服务方面的投资规模；或者禁止建立提供服务所必需的分支机构等。国内法规定成为影响和控制服务贸易活动的最有效的手段，也成为对外开放市场的法律依据。

国际服务贸易通过国内立法与国际立法进行调整，其调整对象主要是服务提供者及其活动，这涉及市场准入和外国投资等问题，也涉及劳动力移动、移民政策等问题。在不少国家，许多服务部门传统上一直是受管制的，一般通过国内法规限制外国直接投资，如许多发达国家和发展中国家不允许外商在诸如电信、大众媒介、内陆航运和空运等服务部门直接投资，银行通常也受到很大限制。国内法律法规对限制货物和服务的有效供给起至关重要的作用。如果国内服务业需要保护的话，这种对市场准入的限制和保护措施往往构成非关税壁垒。

三、服务贸易的分类

由于国际服务贸易的多样性和复杂性，目前尚未形成一个统一的分类标准。许多经济学家和国际经济组织为了分析的方便和研究的需要，从各自选择的角度对国际服务贸易进行划分。但最具权威性的分类方式是世界贸易组织对服务贸易所作的分类，目前已为大多数国家所采纳。

关贸总协定乌拉圭回合服务贸易谈判小组在乌拉圭回合中期审评会议后，加快了服务贸易谈判进程，并在对以商品为中心的服务贸易分类的基础上，结合服务贸易统计和服务贸易部门开放的要求，在征求各谈判方的提案和意见的基础上，提出了以部门为中心的服务贸易分类方法，将服务贸易分为12大类。该分类方法已得到世界贸易组织服务贸易理事会认可，并由世界贸易组织统计

和信息局于 1995 年 7 月 17 日公布。具体分类与内容如下:

1. 商业性服务

指在商业活动中涉及的服务交换活动,服务贸易谈判小组列出的 6 类这种服务,其中既包括个人消费的服务,也包括企业和政府消费的服务。

(1)专业性(包括咨询)服务。专业性服务涉及的范围包括法律服务;工程设计服务;旅游机构提供的服务;城市规划与环保服务;公共关系服务等;专业性服务中包括涉及上述服务项目的有关咨询服务活动;安装及装配工程服务(不包括建筑工程服务),如设备的安装、装配服务;设备的维修服务,指除固定建筑物以外的一切设备的维修服务,例如成套设备的定期维修、机车的检修、汽车等运输设备的维修等。

(2)计算机及相关服务。这类服务包括计算机硬件安装的咨询服务、软件开发与执行服务、数据处理服务、数据库服务及其他。

(3)研究与开发(R&D)服务。这类服务包括自然科学、社会科学及人类学中的研究与开发服务、交叉科学的研究与开发服务。

(4)不动产服务。指产权所有或租赁;基于费用或合同的房地产服务。

(5)设备租赁服务。主要包括交通运输设备(如汽车、卡车、飞机、船舶等)和非交通运输设备(如计算机、娱乐设备等)的租赁服务。但是,不包括其中有可能涉及的操作人员的雇佣或所需人员的培训服务。

(6)其他商业服务。指广告服务;市场研究及公众观点调查服务;管理咨询服务;与人类相关的咨询服务;技术检测及分析服务;与农、林、牧、采掘业、制造业相关的服务;与能源分销相关的服务;人员的安置与提供服务;调查与保安服务;与科技相关的服务;

建筑物清洁服务;摄影服务;翻译服务;包装服务;印刷、出版服务;会议服务;其他服务等等。

2. 通信服务

通信服务主要指所有有关信息产品、操作、储存设备和软件功能等服务。通信服务由公共通信部门、信息服务部门、关系密切的企业集团和私人企业间进行信息转接和服务提供。主要包括:邮电服务;信使服务;电信服务,其中包含电话、电报、数据传输、电传、传真;视听服务,包括收音机及电视广播服务;其他电信服务。

3. 建筑服务

建筑服务主要指工程建筑从设计、选址到施工的整个服务过程。具体包括:选址服务,涉及建筑物的选址;国内工程建筑项目,如桥梁,港口、公路等的地址选择等;建筑物的安装及装配工程;工程项目施工建筑;固定建筑物的维修服务;其他服务。

4. 销售服务

指产品销售过程中的服务交换。主要包括:商业销售,主要指批发业务;零售服务;与销售有关的代理费用及佣金等;特许经营服务;其他销售服务。

5. 教育服务

指各国间在高等教育、中等教育、初等教育、学前教育、继续教育、特殊教育和其他教育中的服务交往。如互派留学生、访问学者等。

6. 环境服务

指污水处理服务;废物处理服务;卫生及相似服务等。

7. 金融服务

主要指银行和保险业及相关的金融服务活动。包括:(1)银行及相关的服务:银行存款服务;与金融市场运行管理有关的服务;贷款服务;与债券市场有关的服务,主要涉及经纪业、股票发行和注册管理、有价证券管理等;附属于金融中介的其他服务,包括贷款经纪、金融咨询、外汇兑换服务等。(2)保险服务:货物运输保险,其中含海运、航空运输及陆路运输中的货物运输保险等;非货物运输保险,具体包括人寿保险、养老金或年金保险、伤残及医疗费用保险、财产保险服务、债务保险服务;附属于保险的服务,例如保险经纪业、保险类别咨询、保险统计和数据服务;再保险服务。

8. 健康及社会服务

主要指医疗服务;其他与人类健康相关服务;社会服务等。

9. 旅游及相关服务

指旅馆、饭店提供的住宿、餐饮服务、膳食服务及相关的服务;旅行社及导游服务。

10. 文化、娱乐及体育服务

指不包括广播、电影、电视在内的一切文化、娱乐、新闻、图书馆、体育服务,如文化交流、文艺演出等。

11. 交通运输服务

主要包括:货物运输服务,如航空运输、海洋运输、铁路运输、管道运输、内河和沿海运输、公路运输服务,也包括航天发射以及运输服务,如卫星发射等;客运服务;船舶服务(包括船员雇用);附属于交通运输的服务,主要指报关行、货物装卸、仓储、港口服务、起航前查验服务等。

12. 其他服务

第二节　国际服务贸易的发展与趋势

一、国际服务贸易发展的特点与趋势

国际服务贸易实际上与国际货物贸易是与生俱来的,国际货

物贸易必然会引发国际货物运输、国际结算等服务活动的产生。但国际服务贸易长期以来,都是作为国际货物贸易的配角,居于从属地位。纵观国际服务贸易发展的历史,我们可以看到,较有规模的国际服务贸易始于中世纪,当时地中海区域的海运和保险都已相当发达。此外,随着美洲新大陆的发现和环球航道的开辟,以劳务输出为特征的服务贸易也得到了空前的发展。不过,与国际货物贸易相比,国际服务贸易在第二次世界大战前无论是发展速度、量的规模,还是在世界经济中的地位和作用都是无法与国际货物贸易相提并论的。

第二次世界大战结束后,这一状况发生了根本变化。战后至今,随着国际分工的纵深发展和经济全球化局面的形成,促进了国际服务贸易规模的日益扩大,交易金额与日俱增,交易范围越来越广。据统计,1979 年国际服务贸易的增长速度首次超过了货物贸易;自 1980 年至 2005 年,全球服务贸易规模从 3650 亿美元扩大到 24147 亿美元,25 年间增长了 5.6 倍。自 20 世纪 90 年代以来,国际服务贸易的平均增长率与货物贸易不相上下,服务贸易额目前已将近占到全球贸易总额的 1/4。①

当代国际服务贸易的发展,表现出一些新的发展特征。首先,国际服务贸易的发展十分迅猛。20 世纪 80 年代以来,服务贸易发展十分迅速,成为国际经贸联系中最为活跃的部分。服务贸易发展迅速首先表现为服务贸易的绝对额不断增加,占国际贸易的份额不断上升;其次表现为服务贸易的增长速度除个别年份外一般远远超过同期世界经济的增长速度和货物贸易的增长速度。据

---

① 中国前商务部部长薄熙来认为:"必须加快服务贸易的发展",载《中国经济周刊》,2006 年 1 月 22 日。

国际货币基金组织的统计,20 世纪 70 年代期间,世界服务贸易出口与货物贸易出口均保持快速增长且大体持平,年均增长 17.8%。进入 80 年代,世界服务贸易出口平均增速开始高于货物贸易,80 年代后期年均增幅更是高于 10%。到了 90 年代,服务贸易平均增速呈波动下降趋势,约为 6%,恢复到与货物贸易基本持平的状态。其间"乌拉圭回合"《服务贸易总协定》(GATS) 于 1994 年最终签署,成为世界服务贸易全球化发展的标志性事件。跨入 21 世纪后,世界服务贸易出口进入稳定增长期,增幅开始逐渐回升,2004 年首次突破 2 万亿美元。尽管 2005 年服务贸易出口增速与 2004 年的 19% 相比下降了 8 个百分点,但总的趋势还是保持增长的。应指出的是,上述服务贸易的数据并未真实反映出服务贸易的实际情况。因为,虽然世界贸易组织提出了服务贸易的分类与内容,但根据此进行统计的条件还未成熟,现采集的数据一般都以国际货币基金组织的国际收支平衡表中的有关数据为基础,加之各国分类不细,大部分服务业不经过边境登记,一些国家不公开服务贸易资料,跨国公司内部贸易难以统计等原因,服务贸易的统计额一般大大低于 GATS 定义的服务贸易额。

其次,当代国际服务贸易领域不断扩大、结构不断优化。随着经济的发展和科学技术的进步,服务贸易领域有了开拓性的扩展,在传统服务行业提供的产品继续增长的同时,一些新兴服务行业产品不断充实到服务贸易中。近年来与先进科技和物质生产结合最紧密的金融、保险、通信服务、数据处理、技术服务、咨询、租赁、广告、航空与航天等项目的服务贸易发展迅速,远远快于传统项目的服务贸易;服务贸易的部门结构已从以劳动密集型的服务行业(如旅游、劳工输出、销售服务等)为主向以资本密集型的服务行业(如运输、电信、金融等)和知识技术密集型服务行业(如专业服务、计算机软件数据处理等)为主的现代服务贸易转变;生产性服务在国际服务贸易中上升为主体,已成为国际化大生产的必要条件。

最后,当代国际服务贸易发展在世界范围内的发展状况不平衡。(1)服务贸易发展不平衡首先表现为发达国家和发展中国家服务贸易发展不平衡。发达国家的服务业比较发达,在服务贸易中处于绝对优势,而发展中国家的服务业则属于幼稚行业,除了在劳动密集型的建筑、工程承包、旅游和运输等传统项目上有一定优势外,其他行业则较落后,在服务贸易中处于次要地位。在全球近200个国家和地区中,在服务贸易排名中位居前25名的国家(地区)的服务贸易额高达全球服务贸易总额的80%,这25个国家(地区)主要是发达国家。1980年以来,美国、英国、德国、法国和日本一直位居服务贸易出口额前5名。2005年,这五个国家服务贸易出口额合计占全球服务贸易出口总额的37.2%,服务贸易出口前十位国家中仅有中国、印度两个发展中国家。(2)服务贸易发展的不平衡还表现在发达国家与发展中国家各自内部的发展也不平衡。就发达国家而言,美国是当今国际服务贸易最大的国家,其一国的服务贸易总量就占世界服务贸易总量的近1/5。美国通过国际运输、国际旅游、金融和专业服务获取了大量国际服务贸易顺差,对美国的经济发展、国内就业、国民生产总值产生了巨大影响,对改善美国在国际贸易中的地位、恢复其国际竞争力起了重要作用。在发展中国家方面,目前世界上近200个国家和地区中,有170多个属于发展中国家。发展中国家作为一个整体在国际服务贸易中所占份额极低,服务贸易规模比较小,大部分国家长期处于逆差。尽管如此,不少发展中国家已认识到服务贸易的重要性,都正在大力发展本国的服务贸易。尤其是一些新兴工业化国家和地区如新加坡、韩国、中国香港的服务业发展速度非常快,服务贸易较发达,由于在以前的经济发展过程中积累了技术、资本、信息和人力资源,因而在某些服务部门具备了一定的比较优势。如印度凭借科技力量,近年已发展成为世界上一个十分重要的计算机软件出口国,甚至连一些国际性的计算机大公司也向印度购买软件;一些发展中国家利用其丰富的自然资源和人文旅游资源大力发展国际旅游业,取得了较好的效益;还有一些发展中国家利用其地理及时差的优势,发展境外金融业务,如巴林、开曼群岛、巴哈马群岛等都已成为重要的国际金融中心;东南亚、拉美的许多国家由于经济发展前景看好,金融市场获利潜力大而吸引了各类外国金融机构和外国投资者的纷纷涌入,使得国际服务贸易市场呈现出多元化的趋势。(3)服务贸易发展的不平衡还表现为服务贸易结构上的不平衡。在服务贸易的结构方面,发达国家的优势服务部门主要集中在金融、电信、数据处理、技术服务、咨询等知识、资本、技术密集型的服务部门,而发展中国家在服务贸易领域的优势主要体现在旅游、建筑、工程承包、运输等传统的资源型或劳动密集型产业方面。

国际服务贸易在第二次世界大战后至今取得如此巨大发展的原因主要有以下几个方面:首先,它是服务贸易发展自身规律的反映。对服务贸易的发展规律,英国经济学家威廉·配第早在17世纪就有所觉察。他根据当时英国、法国、荷兰的经济情况,通过对当时各种不同产业从业人员情况及其比例的分析,得出了"工业的收益比农业多得多,而商业的收益又比工业多得多"的结论,这个结论后来被经济学家称作"配第法则"。1940年,克拉克在配第法则的启示下,对国民所得的增长和各产业部门之间所占的比重关系，以及一个国家经济发展对就业人口结构所产生的影响作了深刻的分析，揭示了被后人所称的配第——克拉克定律，即随着经济的发展，劳动力就业将从农业转向工业，进而再从工业转向服务业，而服务业的扩大达到了一定的规模和程度，即一国的服务业在国民生产总值中的产值和就业人口中的比例均超过50%以上，这种现象在国际上就被称之为经济服务化。当代世界经济结构的重心日益向服务业倾斜的事实，证实了该定律的科学性。20世纪60年代初，主要发达国家都已完成了本国的工业化进程，国内经济重心开始转向服务业。最早出现经济服务化的国家是美国，当时其服务业就业人口取得的收入就已超过国民生产总值的60%，1994年这项指标已高达69%；其次为法国67%，英国62%，德国59%和日本56%。现在美国服务业在GDP中的比重已超过70%。随着服务业在各国国民经济中逐渐取代其他经济部门而居于主导地位，服务业在国内的壮大势必带动其向国外的流动，国际间相互提供的服务贸易量也就大大增加，各国之间的服务交换随之扩大，服务贸易从而得以快速发展。

其次，社会的需求是服务贸易发展的最大动力。随着生产力的发展和科学技术的进步，社会对生产性服务和生活性服务的需求不断增加。伴随着生产的日益专业化，物质产品的生产越来越要求从生产的上、中、下游阶段提供各种服务，如生产上游阶段的可行性研究、市场调查、工程设计及咨询等服务，中游阶段的设备租赁、保养与维修、会计服务、法律服务等，下游阶段的销售服务、售后服务等。物质产品生产的发展对运输服务、通信服务、金融服务的发展也提出了需求：运输服务是克服生产者和消费者之间空间距离的手段，通信服务是高度社会化大生产所必需的，金融服务为物质产品的生产筹集和融通资金、转移和分散风险。物质产品生产的发展,往往伴随着一系列新兴产业部门的不断兴起,这必然导致对相应服务需求的增加,如计算机工业的兴起和计算机在物质产品生产中的广泛使用,迫切需要提供软件和数据库等服务;物质产品生产的现代化必然逐步提高其技术知识密集程度,对其就业人员的素质要求更高,也会对科学、教育等服务提出更高的要求。现代技术的高、精、尖特征,也使货物贸易与服务贸易之间的相互依存日益加深。随着货物贸易的发展,与其相关的运输、通信、保险、销售、金融、售后维修等服务行业需要同时跟进才能适应客观需要。如果没有现代服务贸易的有力保障,国际货物贸易也难以得到快速发展。西方最发达的国家例如美国、英国甚至用巨额的服务贸易顺差来弥补货物贸易逆差,使本国的对外贸易逆差相对减少。同时,伴随着经济的发展,人们对生活性服务产生了更多的需求。各国人均收入水平的提高,人民生活水平的不断改善,产生了对高质量服务的需求,闲暇时间的增长会增加对较高生活质量的期望,这就要求提供各种销售服务和售后服务、从事国际旅游、欣赏外国电影、电视、球赛、音乐和舞蹈等。社会经济生活对于各种服务需求的增长,直接为国际服务贸易提供了广阔的需求市场。

科学技术的进步和国际分工的深化也是推动国际服务贸易发展的重要原因。科学技术的发展,特别是电子计算机、通信和信息技术的应用,国际通信网络与电子数据交换网络的形成与发展,电视、电子计算机和卫星通讯的发展与普及,使服务的"可贸易性"有了急剧的提高,解决了服务贸易中的某些障碍,从而推动了服务贸易的发展。首先,科学技术的进步拓展了服务贸易领域。新技术的应用可以把许多服务产品以很低的成本和极小的时间差转变为易于传输的信息单位,导致国际间可利用的服务项目和种类发生了巨大的变革,原由于空间距离的阻隔而不能进行贸易的项目现因技术进步而能进行贸易,工程技术人员可以坐在家里为海外机构设计图纸和开展咨询,资金可以通过计算机网络瞬间由一个国家转移到另一个国家,书籍能够在不同的地点同时按同样的版面排版和印刷等。这种局面使空间距离的重要性大大下降,因而推动了银行、保险、会计、管理、设计、咨询等服务贸易的发展。另外,原来由于技术手段的限制不能进行贸易的服务项目,现由于新技术的应用而能进行贸易,如一些技术、信息可以储存在磁盘中或通过计算机系统进行交易等。科学技术的进步使服务贸易的主要内容从运输、工程建筑等传统的服务项目转向知识、技术、数据等高度加工的信息领域。其次,科学技术的进步在一定程度上改变了服务贸易的经营方式。卫星和光纤电缆技术不仅能在瞬间传递信息,而且使得在同一时间提供服务并在以后某个时间消费它们成为可能。新技术的发展和应用大大提高了服务的信息化程度,使银行、保险、医疗、咨询等许多服务从原来直接采用供求双方直接接触的方式转向越来越多采用远距离信息传递的方式,从而在一定程度上改变了服务不可储存和运输的传统特征。同时,科学技术的进步促进了服务业的专门化,其生产规模也越来越扩大。这种专门化的优势与规模经济效益往往要在国际经济领域内才能充分发挥出来,于是服务贸易也就日益突破国境限制而走向世界,服务贸易得到较快的发展。而随着科学技术革命的发展,国际分工无论在广度上还是在深度上都在迅速发展。国际分工的深化导致生产的国际化和世界市场的发展,也极大地促进了服务贸易的发展。一方面,国际分工的发展,导致了商品生产的国际化和国际货物贸易的发展,从而促进了为之提供服务的金融、保险、邮电通信、海空运输、国际租赁、情报信息、咨询、广告和其他专业服务等服务行业的崛起和迅速发展。服务是产品生产和销售过程中不可缺少的一部分,在国际分工不断发展的条件下,生产企业在激烈的国际竞争中,为了追求高效率、高质量的服务,加上服务职能本身的专业性和复杂性日益增强,越来越多地在世界范围内购买自己所需要的服务,引起了服务贸易的迅速发展;服务贸易的发展反过来又为生产企业融通资金、加快信息和商品的流通提供了便利,有利于生产技术和产品质量的改进和提高,大大促进了生产的国际化。另一方面,国际分工的发展,还导致了服务生产的国际化,从而对服务贸易的发展和服务贸易格局的形成产生重要影响。如由于历史等方面的原因,不同的国家在服务生产上的比较优势有所不同。有些国家在海运、劳务出口、工程承包、国际旅游、保险等传统的服务贸易行业具有一定的优势,有些国家在技术合作、航空运输、专业服务等服务贸易行业具有一定的优势。各国之间在服务贸易方面各有侧重,从而对国际服务贸易的发展和服务贸易格局的形成产生一定的影响。

　　另外,跨国公司的发展也是推动国际服务贸易快速发展的重要力量。20 世纪 60 年代以后,随着国际分工进一步深化,资本国际化程度的提高,跨国公司迅速向全球扩张,蓬勃发展,其中服务业跨国公司也大量产生。跨国公司在国际服务贸易中占支配地位。跨国公司集货物贸易、服务贸易、对外直接投资于一身,在全球各地从事经营活动,本身就是各种服务的最大需求者,服务贸易为跨国公司直接投资创造了必不可少的基础和条件,减少了跨国公司的交易成本。同时,服务业本身也成为跨国公司投资和营销的主要领域,服务业跨国公司和非服务业跨国公司不断增加他们对公司内部或公司外部服务业的直接投资,由此发展起来的国际服务贸易必然对生产与消费的国际化起到积极推动作用。跨国公司尤其是服务业跨国公司是世界最大的服务提供者。服务业跨国公司的发展一方面是由于原有的服务企业国际化的进展,它们资本密集程度高,拥有先进的技术,劳动力报酬高,能充分运用与外国公司合作的渠道来开拓服务市场,扩大自己的活动范围,不断提供服务新品种,促进了服务贸易的发展;另一方面是由于制造业跨国公司在全球经营和发展的过程中,深感服务业对获取竞争优势的重要性,为服务于其战略目标而在世界各地建立了许多提供各种服务的分支机构。这样,以物资生产为基本目标的跨国公司利用其雄厚的资金、先进的技术和灵活的信息等优势积极参与服务的生产和出口,如计算机生产公司大量出口信息处理方面的服务,工业部门的跨国公司积极开展银行和金融、保险、经纪人等项目的国际服务交换,世界主要的航空公司经营旅游业和旅游保险等,从而带动了服务贸易的迅速发展。服务业跨国公司具有强大的经济实力,能够建立和改善服务基础设施,采用新技术,提高供应世界市场各种服务的能力。跨国公司的全球战略和冲垮贸易壁垒及投资限制的能力,使拥有大量跨国公司的发达国家,能在保护主义盛行的今天,利用跨国公司促进其服务出口,受益匪浅;而拥有极少数跨国公司的发展中国家在商品和服务贸易方面的国际竞争力却大大降低,受到一定的损害。

最后,各国政府鼓励和支持服务业和服务贸易的发展,是国际服务贸易快速发展的重要保障。随着世界经济进入服务经济时代,以产品为基础的竞争发生了向以服务为基础的竞争转变,服务业在维护一国经济和政治利益方面处于重要的战略地位,服务贸易成为国际化大生产的必要条件和国际经济生活的一个重要方面,一国服务业和服务贸易的发展水平,对该国在国际经济生活中的参与程度和国际竞争力有着重大影响。因此,许多国家或地区确定了以服务业为导向的经济发展政策①,并制定了相关的法律法规,给予服务业在金融、税收等方面的优惠政策,以此促进服务业的进一步发展。如建立服务业自由贸易区,鼓励外资在某些服务业投资;大力发展电信技术,鼓励数据越境流动;提供财政支持,建立和改善服务基础设施;大力发展教育,提高人力资本素质;支持和鼓励国际间和区域内部服务部门的合作与一体化②;对本国不具有优势的服务业实施一定程度的保护,为本国服务业的成长创造良好的环境;鼓励本国服务业走出国门,大力发展服务出口等。

从以上国际服务贸易发展的基本特征和形成原因分析中我们可以把握其基本的发展趋势,即国际服务贸易在第二次世界大战后至今如雨后春笋般异军突起,以年均 10% 以上的速度递增并在全球贸易额中的比重增至 1/4 的事实,预示着在不远的将来服务贸易的比重将与货物贸易的比重旗鼓相当,甚至可能超过货物贸易的比重。根据欧洲学者佩尔西·巴纳维克预言,2010 年美国经济构成中只有 10% 是制造业,其余全部是服务业。截至 2010 年,服务业将取代制造业成为推动经济发展的主要力量,服务贸易将成为国际贸易的主要对象。尤其是随着经济全球化的全面推进,

---

①　例如,我国台湾地区为因应产业结构的改变及知识经济的发展,近年来将提升服务业的竞争力作为经济发展的重要任务,2003 年提出"服务业发展纲领及行动方案",将研发及技术服务、资讯服务等作为重点发展产业,并给予一定的支持政策。资料来源:http://www.smecs.org.tw/report/meeting3/item2/PO3050502.doc。

②　区域贸易自由化趋势与双边自由贸易协定的签订,多涉及服务贸易。欧共体将服务贸易列为其区域自由化的重点,并为此签署了一系列有关的协议(如 1990 年 6 月 18 日签订的《航空自由化协议》)。1988 年达成的美加自由贸易协定也包含服务贸易条款。区域贸易协定中的服务贸易条款,既扩大了区域内服务贸易发展的可能性,也为服务生产的国际化带来契机。

更是为服务贸易迅猛发展提供了千载难逢的机遇。100 多年前,马克思和恩格斯在《共产党宣言》中曾经指出,资本的扩张已把生产和消费变成世界性的。从那时起,经济全球化的过程已正式开始。在第二次世界大战结束以后的几十年间,随着跨国公司的大量涌现及其在全球范围的扩张,闭关锁国的堡垒一个个被冲破,实行开放政策的国家越来越多,经济全球化的过程不断取得新进展。在经济全球化的时代,各国之间不仅要交换货物商品,同样也要交换各种服务。在服务的生产上,由于各国的资源禀赋不同、技术条件不同、资本数量不同、生产规模不同,决定了服务的质量与数量也不同。因而,需要在国家之间进行服务交换,大力发展服务贸易。服务贸易的迅猛发展既是经济全球化的结果,又是世界经济发展规律的客观要求。具有服务优势的国家必然在世界范围内寻求市场,扩大服务贸易的出口。而服务短缺的国家,尤其是缺乏科技含量的国家,也必然要求进口这类服务。所以,发展服务贸易既是世界各国的共同要求,也是经济发展的必然趋势。

随着国际服务贸易的迅猛发展,现代服务贸易越来越广泛地涉及国家主权、经济安全和社会文化等各个领域,受到各国政府的高度重视,力求加强对服务市场运行的管制。然而,服务贸易无形性的特点,使服务提供者可以绕过海关监管而进入国内服务市场提供服务,各国政府难以通过关税壁垒限制服务的进入,加上各国服务贸易的发展极不均衡,国际服务市场的竞争更加剧烈,各国为了自己的利益,为了保护本国的服务业,促进本国的服务贸易的发展,各国政府普遍采用国内立法和管制措施限制外国服务提供者在国内市场的开业与经营,使得整个世界在服务贸易方面存在着各种复杂的、隐蔽的非关税壁垒。

二、中国对外服务贸易的发展状况与趋势

我国对外服务贸易的发展是伴随着改革开放的历程而得以迅速发展的。中国是一个发展中大国,也是一个农业大国,新中国成立以来,一直致力于实现工业化的目标,服务业却一向落后。直到20世纪90年代中后期,服务贸易对于广大的中国人来说,仍然是一个全新的概念。服务业的发展关系到我国经济的未来,关系到我国经济今后的国际竞争力。服务行业作为现代经济活动的中心,服务业的发展已经成为经济增长的关键。同时,服务业是发展服务贸易的基础,服务业的严重滞后影响了服务贸易的发展。近年来我国服务业平均增长率为15.4%,虽然高于世界服务贸易同期的增长水平,但发展水平却相当落后,占GDP的比重相当低。据世界银行统计,发达国家服务业产值占GDP的比重一般都在70%以上,发展中国家平均达到50%左右,而我国将建筑业包括在内的服务业占GDP的比例及服务业增长率到2005年才达到40.60%。但无可争辩的事实是,自改革开放以后,随着第一、第二产业生产力水平的不断提高,以及对外货物贸易的不断发展,我们已经逐渐认识到服务贸易的重要性,并加快了发展服务贸易的步伐。

改革开放以来,我国服务贸易的发展呈现出以下特征:首先,中国对外服务贸易起步晚,基数小,但总量增长较快。1978年,中国服务业从业人员只有4890万人,2003年猛增到2.2亿,几乎是同期制造业从业人员的2倍,服务业占全社会就业人员的比重由12%上升到29%。调查显示,近年来,北京、济南、重庆、武汉等城市劳动力需求的80%以上来自服务业,天津、沈阳、南宁、西安、成都、西宁等城市也在50%以上。目前,国内经济的新增长点、消费

热点以及一些供不应求的领域大都集中在服务业。20世纪80年代以来,除个别年份外,我国服务贸易出口增速一直高于同期世界服务贸易平均出口增速和全球服务贸易主要出口国家(地区)的增速。期间,我国服务贸易出口增速变化情况与全球变化趋势基本保持一致,所不同的是我国增速变化幅度更明显一些。据统计,1982年至2005年,我国服务贸易规模从43.4亿美元增长到1570.8亿美元,年均增长18%,出口额增长近29倍,年均增长15.9%,是同期世界服务贸易平均出口增速的2倍。21世纪前5年,我国服务贸易出口年均增速为19.8%,而同期全球平均水平为10.1%,是我国的一半。2005年,我国服务贸易进出口总额达到1570.8亿美元,比2004年增长18%。其中,服务贸易出口739.1亿美元,增长19%;服务贸易进口831.7亿美元,增长16%。[①]

其次,中国对外服务贸易占全球服务贸易的比重不断上升。1982年,我国服务贸易进出口额仅为43.4亿美元,其中出口24.8亿美元,占全球服务贸易出口总额的比重为0.7%。2005年,我国服务项下的收入与支出分别达到739.1亿美元和831.7亿美元,占全球服务贸易出口和进口总额的3.4%和3.6%。23年间,我国服务贸易出口额增长近29倍,占全球服务贸易出口总额的比重提高了2.7个百分点。据世贸组织2006年4月11日发布的报告,我国服务贸易出口世界排名由1982年的第28位上升到2005年的第8位,进口世界排名由第40位上升到第7位。

再次,中国服务业全方位、多层次的开放格局已经形成。中国加入世界贸易组织后,对服务贸易领域开放所做出的承诺涵盖

---

① 中华人民共和国商务部:《中国服务贸易发展报告2006》。

《服务贸易总协定》12 服务大类中的 10 个,涉及总共 160 个小类中的 104 个,占服务部门总数的 62.5%,接近发达成员国 108 个的平均水平。中国认真履行承诺,包括银行、保险、证券、电信服务、分销等在内的服务贸易部门已全部向外资开放。在银行业方面,截至 2006 年 5 月底,已有 71 家外国银行在中国设立了 197 家营业性机构,并可在 25 个城市开办人民币业务;在非银行金融机构方面,截至 2006 年 6 月底,外资金融机构已在华设立 7 家汽车金融公司,3 家企业集团财务公司,信托投资公司引入境外战略投资者的进程稳步进行;在证券业方面,截至 2006 年 6 月底,已设立合资证券基金管理公司 23 家,合资证券公司 7 家,上海、深圳从事 A 股交易的境外证券经营机构分别达到 39 家和 19 家,有 42 家境外机构获得合格境外机构投资者(QFII)资格;在保险业方面,截至 2005 年年底,在中国保险市场的 82 家保险公司中,外资保险公司已占半壁江山,达到 41 家,分支机构接近 400 家。统计显示,2005 年中国银行、保险、证券业的外商实际直接投资达到 118 亿美元。根据中国加入 WTO 的承诺,2006 年年底,中国金融业履行加入承诺的过渡期全部结束,保险业和银行业方面的承诺得到全面履行。此外,中国还积极参与多哈发展议程的服务贸易谈判,在商业服务和交通运输两个大部门做出了新的承诺,并在一些部门和领域进一步改善现有的承诺。

最后,中国对外服务贸易传统服务项目所占比重大,新兴服务项目出口高速增长。在中国的服务出口中,旅游和运输占到了服务出口的六成。近年来,中国运输服务出口和旅游服务出口占比呈逐步上升势头。旅游服务是中国出口第一大服务部门,2004 年创汇达 257 亿美元。世界旅游组织预测,到 2020 年,中国将成为世界第一大旅游目的地国家和第四大旅游客源地国家。2005 年中国服务贸易收入增长进一步加快,运输、旅游和其他商业服务项目是服务贸易收入的主要来源,收入分别为 154 亿美元、293 亿美元和 169 亿美元,比上年分别增长 28%、14% 和 6%,占服务贸易总收入比重分别为 21%、39% 和 23%,合计占服务贸易总收入的 83%。运输服务出口占比上升的主要原因是近年来中国货物贸易高速增长有力地带动了运输服务出口的增长。2006 年上半年,我国服务贸易进出口仍然主要集中于旅游和运输项目,这两项出口分别占服务贸易出口总额的 36% 和 23%。与传统的旅游和运输服务项目相比,近年来,中国的计算机和信息服务、咨询、电影和音像等新兴服务贸易部门的出口增速超过了其他部门,也超过了发达国家相应部门的增长速度。1997～2005 年,中国计算机和信息服务出口从 8400 万美元增长到 18.4 亿美元,占比从 0.3% 提高到 2.5%;咨询服务出口从 3.5 亿美元增长到 53.2 亿美元,占比从 1.4% 提高到 7.2%;电影和音像出口在 2005 年占比仅为 0.2%,但由于对外出售 2008 年北京奥林匹克运动会电视转播权等,中国电影音像的收入增加了两倍多,出口额从 1997 年的 1000 万美元提高到 1.34 亿美元,远快于同期中国总体服务贸易出口增速。2006 年上半年,高附加值服务行业中,计算机信息服务、咨询以及广告和宣传三个项目出口占服务贸易出口总额的比重分别为 3%、9% 和 2%,此三项出口占比合计较 2005 年同期上升了 4 个百分点。

　　在中国对外服务贸易快速发展的同时,我们也应该看到中国对外服务贸易发展中所存在的一些不容忽视的问题。首先,我国服务贸易的发展在总量上同发达国家相比仍存在着不小的差距。1982 年,全球服务贸易出口总额为 3646 亿美元;2005 年为 24147 亿美元。23 年间,全球服务贸易出口总额增长了 5.8 倍。1980 年以来,美国、英国、德国、法国和日本一直居服务贸易进出口前5名,2005年,这5个国家服务贸易出口额合计占全球服务贸易出口总额的37.2%,其中美国占14.6%,英国占7.6%,而我国只占全球服务贸易出口总额的3.1%。同美国相比较,我国货物贸易规模相当于美国的56%,而服务贸易规模只有美国的25%,在全球排第七位。

其次,我国服务贸易与货物贸易相比较,出现了"一条腿长一条腿短"的状况。2005年中国以1.4万亿美元的货物进出口总额,继续保持全球第三的位置。与货物贸易相比,我国服务贸易发展相对滞后,2005年中国服务贸易总额1570.8亿美元,居世界第七位,服务贸易规模与货物贸易规模之比为1:9。从全球贸易发展态势来看,全球服务贸易出口与货物贸易出口的比例稳中有升,从1982年的不足20%提高到2005年的近25%。英国、美国的服务贸易出口与货物贸易出口的比例大大高于世界平均水平,且呈现显著上升趋势,分别从1982年的29.7%、23.5%增长到2005年的48.5%、39%,发展中国家印度的服务贸易出口与货物贸易出口比例也高于世界平均水平,达42.9%。而我国服务贸易出口不及货物贸易的1/10,远低于世界平均水平的1/4。造成这一状况的原因,一方面是自改革开放以来,为推动国民经济发展,我国采取了首先鼓励发展国内制造业和积极推动货物贸易出口相结合的政策。伴随着全球范围内产业结构调整,国际制造业加快向中国转移,进一步推动了中国货物贸易的发展。货物贸易企业和服务贸易企业的发展出现明显的不均衡,服务贸易发展落后于货物贸易,并且长期处于逆差状况。另一方面,中国大部分服务领域(如电信、运输、金融和保险等)以少数国有大中型企业为主,市场竞争程度不够,在一定程度上也延缓了中国服务业的发展速度。

第三,服务贸易的结构发展不平衡,传统服务贸易比重较大,现代服务贸易相对滞后。受体制、技术、知识和文化等基础因素制约,我国服务业优势主要集中在传统服务行业且附加值较低的项目如旅游、运输和其他商业服务,这三项在 2005 年分别占服务贸易进出口的 32%、28% 和 17%,合计占服务贸易进出口的 77%。而占全球服务贸易量较大的金融、保险、咨询、计算机信息服务、广告宣传和电影音像等技术密集和知识密集型的高附加值服务行业,在中国仍处于初级发展阶段,国际竞争力低,发展速度相对缓慢,其中金融、通讯、计算机和信息服务在 2005 年分别占服务贸易总收支的 5%、1% 和 2%。与此形成对照的是,发达国家以及发展中大国印度在知识、技术密集型服务业的优势十分明显。英国金融、通讯、计算机和信息服务以及专有权使用费和特许权项下收支占到其服务贸易收支的 1/4,美国专有权使用费和特许权项下收支占其服务贸易总额的 11%,印度软件服务收支规模占服务贸易总规模的 23%。

第四,我国服务贸易逆差较为突出。1982～1991 年,我国服务贸易进出口基本处于平衡状态,一直保持小额顺差。1992 年,我国服务贸易首度出现逆差,此后不断扩大,长期处于逆差状态(1994 年除外,当年服务贸易为 6.7 亿美元的小额顺差),2004 年逆差达到 108 亿美元。2005 年逆差虽比上年略有下降,但逆差规模仍是 1992 年的近 51 倍。我国服务贸易顺差主要集中在传统服务领域,如 2005 年在旅游、其他商业服务项目中取得了顺差,顺差额分别为 75.4 亿美元和 75 亿美元,是最大的顺差来源。而在其他大部分服务贸易项目上,我国基本上是逆差,运输、保险服务、专有权利使用费和特许费是主要逆差来源,2005 年逆差分别为 130.2 亿美元、66.5 亿美元和 51.6 亿美元。其中,运输服务逆差最大,主要是因为中国货物贸易近年来增长很快,特别是随着加工贸易的进一步发展,运输需求大幅度增长,但同时国内供给不足,导致运输服务在出口大幅增长的同时进口迅猛增长,运输服务不仅是中国进口的第一大服务部门,也是服务贸易中的最大逆差项目。在服务贸易领域,发达国家的竞争优势十分明显。2005 年,美国服务贸易顺差为 622 亿美元,英国为 330 亿美元,法国为 108 亿美元。

第五,我国服务贸易区域发展极不平衡,管理体制相对滞后。由于服务贸易的特殊性,我国服务贸易主要集中在沿海发达地区。沿海发达地区由于优越的地理条件和较发达的现代服务业,在运输、保险、计算机和信息服务、咨询服务和广告宣传等领域较内陆地区具有明显的优势,服务贸易收支主要集中在上海、北京、浙江、江苏和广东(含深圳)等经济发达地区,而中西部地区所占份额极小。我国服务贸易的发展不仅区域极不平衡,而且对服务贸易的管理也比较落后。尽管自中共十六大以来,我国政府已经明确将服务贸易发展平衡作为施政的一个目标提出,加快了服务贸易立法步伐,颁布了一批涉及服务贸易领域的重要法律法规,并相继出台了一些鼓励服务业吸纳社会就业、允许外商在一些服务业投资的政策,但是,受开放程度和市场化程度的制约,我国迄今尚没有制定一个全面、完整的服务贸易发展战略,服务贸易法律法规不够健全,立法尚未形成体系,不少领域的法规仍是空白,已颁布的一些有关服务贸易的法律法规比较宽泛,缺乏可操作性;对服务贸易出口制定的促进政策极少,便利化和优惠性政策措施不系统,缺乏杠杆手段,影响了政府政策的导向性作用的发挥。另外,我国对外服务贸易的管理涉及多个部门,相关的宏观管理机构、部门协调机制、政策环境、统计制度等均亟待建立健全。由于历史原因,中国对服务业的定义、统计范畴以及划分标准与发达市场经济国家及国际惯例不完全一致,在服务贸易统计上也存在着很大的困难,在缺少全面准确的数据的情况下,很难制订出有针对性的发展政策。

尽管我国服务贸易的发展还存在如上一些问题,但我国服务贸易存在着极大的发展空间。当前国际产业转移的重心开始由制造业向服务业转移,全球的经济总量中服务业已占 60% 以上,金融、保险、旅游和咨询等服务业是产业国际转移的重点领域。20世纪 90 年代以来,全球海外直接投资总额的一半以上流向了服务业。与服务业的发展相对应的必然是服务贸易的迅速发展,世界贸易将更多地体现在服务贸易的竞争上。由于服务产业和服务贸易是一个国家经济结构中重要的组成部分,服务贸易是产业进步的标志,是服务产业国际化的体现。当今社会,服务业的发达程度,是影响一个国家或地区经济和社会发展的重要因素,服务业中的某些产业既是一个独立的产业,同时又是其他产业乃至整个社会发展的命脉。到 2010 年,服务业将代替制造业成为推动经济发展的主要力量。在新一轮世界产业结构调整中,以服务贸易、服务外包、高附加值的高端制造和研发环节为主要内容的产业转移格外令人注目。这给我国经济结构调整和建立创新型国家带来了难得的发展机遇。发达国家和部分发展中国家经济发展的经验证明,在服务贸易领域,以新兴服务产业和技术含量高的服务产业为核心的现代服务贸易的快速发展,可以形成后发优势,实现经济跳跃式增长。扩大服务贸易,改善服务贸易结构,是提高我国参与国际分工和竞争能力的重要举措,也是切实转变外贸增长方式的重要内容。目前,中国加入世贸组织的过渡期已经结束,服务业的开放程度明显提高。根据中国服务业自身的发展水平和承受能力,继续扩大对外开放,引进更多的国外先进经营方式和经营理念,将有利于提高相关企业的国际竞争力,扩大中国服务业规模,促进现代服务业的快速发展。同时,WTO成员对中国开放服务市场,也为中国服务出口企业提供了更多、更公平的市场准入机会。

目前,进入世界服务贸易出口前10位的发展中国家,只有中国和印度。中国不仅服务贸易规模居发展中国家之首,而且已经形成一些优势产业,具备一定基础。中国旅游业、建筑业、其他商业服务业、运输业等在国际市场的份额排名都比较靠前。特别是中国货物贸易进出口规模已居世界第三,且增长迅速,这将带动与货物贸易相关的服务贸易快速发展。

为了推动服务贸易的发展,我国在传统服务贸易领域的优势需要进一步挖掘。其中,旅游是中国服务贸易出口第一大部门,占整个服务贸易出口的39.64%,促进其每增长1个百分点,中国服务贸易出口总量规模就会扩大0.5个百分点。我国在对外劳务输出、对外建筑承包工程方面也积累了一定的经验。目前,我国已成为国际建筑、纺织劳务和海员的重要来源地。同时,在发展我国服务贸易过程中,需要重点培育计算机和信息、运输、服务外包、金融保险和特许专利等增长潜力很大的服务项目。在运输业方面,由于全球贸易中90%以上的货物是通过海上运输完成的,我国海运服务市场的需求量大,航运服务市场延续了持续增长的态势,出现了量增、价升、运力总体供不应求的市场特征。2005年我国外贸进出口货物海运量为10亿吨。我国拥有运输船舶20多万艘,8700万载重吨,位居世界前列,我国还是排名世界第三的造船大国和拥有海员人数最多的劳动力大国,这些都为海运服务的出口增添了重要支撑,因而应大力促进以海洋货物运输为主的运输出口服务,加快中国航运立法步伐,加大航运市场监管力度,培育统一、开放、竞争、有序的航运市场。在金融和保险服务方面,近几年

　　我国金融服务出口发展迅速,1997～2005 年间年均增长 23.5%,
2005 年出口规模达到 1.45 亿美元。继中国银行在海外设立分支
机构达到 600 个并显示出较强的竞争优势后,目前国内的几家大
型银行和保险公司都申请到海外设立分支机构。2005 年年末全
国经济普查结果显示,我国拥有金融资产 43568 亿元,这为金融服
务出口提供了丰富的资源。然而,与国际跨国银行相比,我国商业
银行的国际化程度还比较低,保险业务海外的收益低。因此, 应
鼓励符合条件的金融机构和人员到境外开拓市场, 从事相关金融
业务, 尤其是为中国在境外的公司及其分支机构、华人提供金融
服务。在促进保险服务出口方面,鼓励中国出口货物用中国公司
提供的保险。在特许和专利权使用项目方面, 2005 年全球申请
的专利数量已经达到 134073 项, 专利增长率为 6.7%。发达国
家是特许和专利权使用费的主要受益者, 占据了出口的主要
市场。

　　我国在特许和专利权使用出口方面有很好的增长潜力,2004
年进口 45 亿美元,出口仅为 2 亿美元。但专利申请数量快速增
长,自 2003 年以来,实用新型专利和外观设计专利申请数量已经
连续 3 年位居世界首位。2005 年,我国受理的三种专利申请量达
到 47.6 万件,与上年同比增长 34.6%,发明专利申请量达到 17.3
万件,位居世界第三。在特许经营方面,到 2005 年底,我国拥有的
特许经营体系已经达到 2300 多个,超过美国成为世界上拥有特许
经营体系数量最多的国家。随着自主创新能力的提高,我国拥有
自主知识产权的发明的数量和质量无疑会进一步提升,必将为特
许和专利使用权的出口奠定坚实的产业基础。而且特许和专利使
用贸易,代表着世界服务贸易的发展方向,可以继计算机信息服务
之后,成为中国实施后发出口战略的重要突破口。此外,对包括咨

询、音像、体育、教育、分销服务等部门也需要特别关注,这些部门对我国经济和社会发展有重要的意义,尽管目前金额不大,实力不强,增长不快,但从长远发展来看也需要支持和发展。

在服务外包①方面,我国发展服务外包有着很好的基础,软件产业规模由 1999 年 440 亿元增长到 2005 年的 3900 亿元,年均增速 40% 以上。一批创新型软件企业迅速成长,LINUX 操作系统、信息安全软件、中间件、嵌入式软件相继取得了突破。近几年我国软件行业的国际化步伐不断加快,出口额在 1999 年为 2.5 亿美元,到 2005 年达 35.9 亿美元,增长 15 倍。因此,应引导企业参与国际项目外包市场,建设若干服务业外包基地,有序承接国际服务业转移,带动中国服务外包迅速发展。我国的服务外包刚刚起步,前景看好。2005 年中美外包规模为 2.38 亿美元,仅占美国发包市场总额的 1.30%。中日外包规模达 5.68 亿美元,仅占日本发包市场总额的 5.36%,中欧外包规模为 0.15 亿美元,约占欧盟发包市场总额的 0.25%。虽然我国在承接服务外包业务的规模、能力和质量等方面与一些国家相比还有很大差距,综合实力略逊于爱尔兰和印度,但中国具备大量高素质、低成本的专业技术人才。

---

① 外包(outsourcing)是指企业将生产或经营过程中的某一个或几个环节交给其他(专门)公司完成。外包的范围按工作性质可分为"蓝领外包"和"白领外包"。"蓝领外包"指产品制造过程外包。"白领外包"亦称"服务外包",指技术开发与支持(如软件开发、产品设计等)和其他服务活动(如客户关系管理、企业各类资源管理、仓储运输物流管理、企业运营流程管理、服务管理等)的外包。其中技术开发与支持的外包一般采用一次性项目合同的方式寻求第三方专业公司的服务,称为"合同外包";其他服务活动的外包多通过签订长期合同的方式交由专业外包提供商进行,称为"职能外包"。目前,服务外包广泛应用于 IT 服务、人力资源管理、金融、保险、会计、客户服务、研发、产品设计等众多领域,服务层次不断提高,服务附加值明显增大。根据美国邓百氏公司的调查,全球的企业外包领域中扩张最快的是 IT 服务、人力资源管理、媒体公关管理、客户服务、市场营销。

爱尔兰和印度等国家以服务外包为重点,推动服务贸易取得迅速发展的经验证明;通过政府的促进和培育,抓住发展机遇,实现服务贸易的跳跃式发展是完全可能的。

在服务进口方面,由于我国过去吸收外商投资主要集中于制造业,外商在制造业的投资约占外资存量的三分之二,这与当代国际经济发展向服务业转移的大趋势不吻合,因此,我国在加入WTO后,外资政策调整最集中的领域是服务贸易。从我国经济的实际发展需要来看,我国服务贸易的进口还有很大空间,服务贸易领域吸引的外商投资还应当有较大的增长,特别是在银行业、保险业、证券业、电信业、物流行业以及会计、法律、计算机、工程管理和其他咨询服务业。我国应继续强化外资政策与产业政策的协调,拓展吸收外商投资方式,加强分类指导与企业监管,修订《外商投资产业指导目录》,通过服务贸易领域有序开放促进现代服务业的快速发展。

我国政府在《国民经济和社会发展第十一个五年规划纲要》中明确提出了“到2010年服务贸易进出口总额达到4000亿美元”的发展目标,这意味着我国服务贸易的发展要在短短几年时间内在2005年1570.8亿美元的基础上翻一番多,充分显示了我国政府大力发展服务贸易的决心。为此,需要大力促进服务贸易发展,积极建设服务贸易示范区和服务业外包基地,支持具有较强国际竞争力和增长潜力的企业出口。同时,努力营造加快服务贸易发展的宏观环境,通过培育行业协会等中介组织等多种方式培育中国服务贸易的促进体系,加快建立符合国际规范的服务贸易统计体系,完善服务贸易的法律法规,建构我国服务贸易安全保障体制,包括服务贸易的紧急保障措施制度。

第三节 保障措施的概念与特征

一、保障措施的概念和种类

在法律界,目前还没有一个能被普遍接受的统一的保障措施概念。在国际经贸领域,保障措施(safeguard measures),亦称紧急措施(emergency action)或逃避条款(escape clause),一般指一国(或经济体)①在某种产品或服务进口大量增长以致生产同类或与之直接竞争产品或服务的产业遭受损害时,为补救损害或便利产业调整而针对引起损害的进口产品或服务采取的临时进口限制措施。换言之,保障措施是为了保护进口国经济或国内产业免受产品或服务进口的损害而对其所采取的一种政府行为。②

保障措施作为一种贸易保护措施,其目的在于防止本国产业受到损害。这种措施有的是单方面的,根据其国内立法采取的;有的则是根据双边或多边贸易协定实施。在当今的国际贸易体制下,保障措施往往要受到某种多边的或区域的贸易法律规范的调整或规范,使其按照一定的国际法律规范的要求进行。因此,包含在国际法律文件中的保障措施条款一般有广义和狭义之分。广义的保障措施条款是指在条约中所规定的具有保障(safeguard)性质的条款,它允许缔约国在特定情况下撤销或者停止履行条约规定的正常义务。广义的保障措施条款内容相当广泛,如在 WTO 体系中,当出现货币储备严重下降或严重下降的迫切威胁、对公共健

---

① 可以是区域经济组织或类似组织(如欧盟),也可以是独立关税区(如香港)。

② John H. Jackson, *World Trade and the Law of GATT*, the Bobbs-Merrill Company, Inc. , 1969, p. 553.

康或环境保护构成损害或威胁、对特定国家安全利益构成损害或威胁等情况时,针对这些情况可以采取的相应的保障措施有国际收支例外、一般例外、安全例外和豁免等措施,这些保障措施都可以归类于广义的保障措施范畴。这些具有保障措施性质的条款,使得缔约方(或成员方)可以在各种适宜的情形下,有权采取相应背离条约义务的手段、方法和措施,从而维护缔约方(或成员方)自身的利益。而这些手段、方法和措施,由于是 WTO 协定所允许的,因此并不被视为是对 WTO 协定的侵犯或者违反。①

而狭义的保障措施则仅指在特定的情势下,因承担多边或双边条约规定的贸易自由化或一体化的义务或承诺而导致进口增加,并给成员国内相关产业造成困难时暂时中止这种业已承担的义务或承诺而采取的保护措施。这里的特定情况通常是指当某项产品或服务的进口急剧增加并造成一成员方(进口方)国内相关产业严重损害时,进口方政府可对该进口产品或服务实施的限制措施。在 WTO 体系中,狭义的保障措施条款仅包括《关税与贸易总协定》第 19 条、《保障措施协议》、适用于特定农产品的《农产品协议》第 5 条和适用于特定纺织品与服装产品的《纺织品与服装协议》第 6 条及《服务贸易总协议》第 10 条等。

当前,无论是在世界贸易组织及其成员方的实践中,还是在学术研究中,保障措施通常采用的都是狭义的保障措施概念。本文所研究的服务贸易的保障措施也包含在狭义的保障措施范畴中。

就保障措施的种类而言,贸易保障措施通常有两类:一类是关税措施,即提高关税;一类是非关税措施即实行进口数量限制。提

① Hoekman, B. and M. Kosteckei, *The Political Economy of the World Trading System: From GATT to WTO*, Oxford University Press, 1995, p. 191～195.

高关税型保障措施是通过征收比正常情况下更高的关税,以提高进口产品的成本,进而提高其销售价格,从而达到限制其竞争力、减少输入数量的目的。这种类型的保障措施一般只对货物贸易有效,不能适用于服务贸易,因为服务贸易的无形性特征,导致关境失去了实际意义,因此一般无法通过提高关税的方式对国内的服务产业提供保障。数量限制型保障措施是通过配额、许可和市场准入限制等方式为国内产业提供的保障,它既可适用于货物贸易,也可适用于服务贸易。其所包含的具体措施类型和适用条件,是服务贸易保障措施制度所要研究的重要问题。

二、保障措施的性质与特征

从保障措施的概念中我们可以得知,保障措施实质上是一种保护性贸易措施,其功能在于划定条约的成员方承担贸易条约义务的界限,用以协调各成员方共同利益和长远利益与某些成员方眼前利益的矛盾与冲突,平衡各成员方的利益,以实现自由贸易和公平贸易的内在统一。尽管有人认为,在国际贸易中使用保障措施不合理,因为政府不应干预并非由于"市场失败"而是由于公平竞争产生的进口增加。甚至有的学者持比较偏激的观点,认为保障措施"不是别的,就是通常的保护主义"。① 但是,保障措施在促进国际贸易快速健康发展中的积极作用已为国际社会所接受。从条约法角度看,一方面,保障措施制度作为多边贸易自由化的一项例外,是条约法上的"情势变迁原则"在国际贸易关系的具体运

---

① Finger, J. M. , *"Legalized Backsliding: Safeguard Provisions in the GATT"*, in W. Martin and L. A. Winters (eds.), *The Uruguay Round and Developing Countries*, Cambridge University Press, 1993, p. 334.

用,是各国进行贸易保护的"安全阀"。它的立法主旨是:对进口国而言,多边贸易体制下的贸易自由化经常导致进口的猛然增加,这会给国内同类产业造成巨大冲击,甚至阻碍国内同类产业的正常发展,而让这些产业的生产者来承受贸易自由化所带来的全部负担是不公平的。基于这一考虑,在某一进口产品或服务的大量增加给本国产业造成严重损害或构成严重损害威胁时,一国政府通过暂时限制进口产品或服务的竞争,可为国内产业获得时间以利其进行调整,提高生产效率,在将来能够具备与外国产品或服务竞争的实力,进而实现某一产业竞争的平衡。另一方面,保障措施条款也要确保援用方善意行使其权利和尊重其他成员在贸易条约中的权利。与反倾销和反补贴措施不同,保障措施是针对公平竞争实施的。所以,保障措施仅要求"恢复原状"。它造成的实际后果,不能超过造成损失的程度。当防止或弥补了严重损害或严重损害威胁时,保障措施即应终止。所以,保障措施应该符合下列特征:

1. 紧急性:保障措施有时也称紧急措施(emergency action),它表明保障措施不是普遍实行的贸易政策和贸易手段,而是只在特殊情况下才可采用的特殊贸易措施。所谓特殊情况是指由于"不可预见的发展"或承担贸易自由化或一体化义务而出现的商品或服务的进口量猛增,国内产业因此遭受严重损害或严重损害威胁,同时产业严重损害或严重损害威胁与进口增长有因果关系。这是适用保障措施的三个基本条件。尽管不同的贸易协定或国内保障立法对如何衡量"进口增长"、"产业损害"以及两者之间的"因果关系"有不同的标准,有的标准相对严格一些,有的相对宽松一些,但总的说来,只有出现危害到国内产业的紧急情况时才可实施保障措施,因此,"紧急性"是保障措施的显著特性。

2. 临时性:保障措施一般是作为例外措施加以使用的,即在没有出现进口量猛增的特殊情况时,就不能启动保障措施。由于保障措施本身是一种例外性措施,是条约的成员方对协定义务的一种临时的逃避,当危害到国内产业发展的特殊情况消除时,保障措施必须予以解除和撤销。如果频繁而无限制地援用保障措施,必然造成对协定义务的根本破坏,从而将保障措施的临时性、例外性变成了普遍适用。许多国际贸易协定中关于保障措施的条款都规定了保障措施的适用期限,以及延长的期限和次数。单次适用的保障措施一般不能超过 2~4 年;延长的保障措施,一般不超过 6~8 年。由于同一紧急情况可能重现,因此,同一保障措施也可能重复实施,但重复使用的保障措施仍然是临时性的。

3. 有限性:保障措施的目的是为了防止或弥补由于产品或服务的进口而给贸易协定成员方领域内的生产者或提供者所造成的严重损害威胁或严重损害,因此必须将实施保障措施造成的实际后果约束在一个限度内。这里的“限度”包括两层意思:一是程度要适当,二是时间不能太长。具体而言,保障措施不能将某一产品或服务的进口水平降低到最近几年的平均水平以下,更不能够肆无忌惮地绝对限制进口;在限制时间方面,如果国内产业因保障措施的实施而情势好转,就应考虑适时取消该措施。

4. 针对公平贸易实施:保障措施所针对的进口贸易本身是在正常的公平贸易基础上进行的,其进口的增加是市场的经济规律作用的结果,而不存在倾销、补贴、侵害知识产权等不公平贸易行为,这与应对不公平贸易行为的反倾销、反补贴等贸易救济措施有着重大的区别:

首先,保障措施与反倾销、反补贴所针对的对象有所不同。保障措施是针对公平贸易或者说是针对正常贸易所采取的进口限制;而反倾销措施是针对倾销造成的不公平贸易行为(unfair trade practice)而实施的,旨在遏制不正当竞争的措施。保障措施具有非歧视性,即"对某一进口产品实施保障措施不须问其来源",①而反倾销的实施则具有针对性,即只针对实施倾销行为的相关贸易方。

其次,保障措施与反倾销、反补贴的实施条件也有所不同。根据 WTO《保障措施协议》的规定,实施保障措施的条件是:正在进口至一成员领土的产品的数量与国内生产相比绝对或相对增加,且对生产同类或直接竞争产品的国内产业造成严重损害或严重损害威胁。而根据 WTO《反倾销协议》和《补贴与反补贴措施协议》的规定,采取反倾销和反补贴措施必须满足以下条件:(1)确定倾销和补贴的存在;(2)倾销和补贴对一国国内产业造成实质性损害或实质性损害威胁或对此类产业建立的实质阻碍;(3)倾销和补贴与实质性损害或实质性损害威胁或对产业建立的实质阻碍之间存在因果关系。

从实施条件上可以看出,保障措施的实施条件比反倾销、反补贴措施的实施条件要严格。首先,对于进口数量,采取保障措施必须证明进口数量的增加,而且这种增加必须是"足够突然、足够迫近和足够显著"。采取反倾销、反补贴措施并不需要进口增加,只要存在倾销和补贴行为就可以了。其次,对于损害程度,采取保障措施必须证明"严重损害"的存在,而"严重损害"是指对国内产业"重大全面损害"。采取反倾销和反补贴措施要证明对国内产业的"实质性损害及损害威胁"或"对此类产业建立的实质阻碍"。"严重损害"是一个很高或苛刻的标准,比"实质性损害"标准高。

---

① 《保障措施协议》第 2 条第 2 款。

保障措施是"非常"补救措施,在分析采取这些措施的条件时,应当考虑到它们的非常性质。

第三,由于保障措施针对的是公平贸易条件下的产品进口,其实施必然影响到出口成员方的正当利益。因此根据 WTO《保障措施协议》的规定,受保障措施限制的出口方有权要求实施该措施的进口方对其损失进行补偿,有关成员方可就保障措施的实施对贸易产生的不利影响,协商贸易补偿的适当方式。补偿的形式一般为对受措施影响的出口成员方所感兴趣的产品的关税进行减让。从另一个方面来看,由于保障措施旨在保障自己而非针对外国产品,因而进口成员对其采取保障措施给产品出口成员造成的损害也应予以补偿。而在非公平贸易基础上实施反倾销和反补贴措施时,由于一方违规在先,因此不存在补偿的问题。

第四,保障措施不仅限于货物贸易领域,对服务贸易领域也同样适用。《服务贸易总协定》规定了与《保障措施协议》原则相一致的保障措施,即准许一成员方在由于未可预见的发展或由于履行协议的承诺而致使国内某种服务的提供大量增加,以致对本国的服务提供者造成严重损害或严重损害威胁时,该成员方可以部分或全部中止其所作出的承诺以弥补这一损害。与此相对应的是,反倾销仅适用于货物贸易领域内的进口产品,不适用于服务贸易。

第四节　保障措施制度的形成与发展

一、保障措施制度的形成

国际贸易中保障措施制度的形成经历了一个长期的发展过

程,但它的雏形却产生于美国的国内法。美国《1934 年贸易协定法》(The Trade Agreement Act of 1934)规定,由于外国货物的进口而导致美国出现紧急状况,为恢复美国生活水平,克服国内失业和经济萧条,增强美国公众的购买力,以及建立并保持美国农业、工业、采矿业和各商业部门间良好的关系,可授权总统对美国进口的外国货物采取宣布对现行关税和其他进口限制的修订,或附加进口限制等措施。① 这些措施就是保障措施的雏形,可以说美国的保障措施政策以及其他各国和国际协议中的有关保障措施的规定都来源于此。② 美国保障措施国内立法后来进一步完善,形成《1974 年贸易法》中的 201 条款,即美国《1974 年贸易法》第 201 ~ 204 节的有关规定。该法经多次修改,目前主要体现在《乌拉圭回合协定执行法》中。根据该法,如经调查证实美国国内一产业因进口激增而受到严重损害或严重损害威胁,总统有权采取进口限制措施(包括提高关税、实施关税配额等),总统还可以对国内受损产业实施补贴,以减轻产业面临的外来竞争压力,帮助其作出调整以适应竞争环境。

当美国在国内法中首次作出了保障措施的内容规定后,又进一步将它运用到与其他国家签订的贸易协定中。1942 年,在美国与墨西哥签订的《美墨互惠贸易协定》首次在双边协定中出现了保障措施条款,规定"如未能预见的发展和给予本协定附录所列商品的优惠致使该商品进口增加的情势严重损害或严重威胁本国同类或类似商品生产者,签字一方的政府有权在必要的时间或范

---

① The Trade Agreement Act of 1934, Chapter 474, Section 1.

② Terence P. Stewart, *the GATT Uruguay Round: a Negotiating History*(1986 ~ 1992), Volume 2, at 1731, Kluwer Law and Taxation Publishers, 1993.

围内全部或部分撤销或修改该优惠,以避免上述损害"。① 也就是说,在一定条件下,缔约方若因承担协定义务而对己方不利,则可以全部或部分地免除义务。既然协定规定了双方应承担的义务,那么,根据有约必守(Pacta Sunt Servanda)的原则,除了情势发生根本变迁,双方都不能够逃避或免除规定的义务。而保障措施条款的规定,无异于在双方严格规定的义务上打开了一个缺口,使得一方在特定条件下有权逃避或免除义务,而不必顾忌协定的规定。由于该条款允许一方在特定条件下免除义务,故称为"逃避条款"(escape clause)。

第二次世界大战后,美国凭借强大的经济实力极力推行贸易自由化政策,这就不可避免地带来了日益增加的进口对其国内产业的压力。为使美国产业在与外国产品竞争时不致受损,美国总统杜鲁门向国会保证,未来所有的贸易协定中都将包括上述逃避条款(保障措施条款)。1947 年 2 月,杜鲁门总统又在第 9832 号行政命令中宣布,美国以后签订的所有贸易协定均应包括保障措施条款。

1947 年在起草国际贸易组织(International Trade Organization,简称 ITO)宪章时,美国代表极力主张应包含保障措施条款,其理由是"这可以使各国在执行国际贸易组织宪章第四章时有更多的灵活性,使各国在遇有紧急情况时可免除国际协定的束缚。保障措施条款可使各国在特殊情况下,临时修改其所承担的义务。为避免对该项权力的滥用,保障措施条款必须规定各国在采取行动前应通知国际贸易组织并与该组织和其他有关

① John H. Jackson, *"Legal Problems of International Economic Relations"*, West Publishing Co. , 1986, 2nd ed. , p. 554.

国家进行磋商"①。由于迎合了大多数发达国家和发展中国家保护国内经济的需要,美国的这一提议得到了大多数国家的赞同。虽然国际贸易组织由于各种原因没有得以成立,但是经过美国对宪章草案修改的倡导,保障措施条款在各国随后签订的关贸总协定(GATT)中得到确认,并逐渐成为国际贸易协定的一项重要规则。此后,国际条约中便频频出现了保障措施条款,如1957年3月25日建立欧洲经济共同体(European Economic Community,简称EEC)的《罗马条约》,就吸收了GATT的这一规定。

GATT第19条的标题为"对某些产品进口的紧急措施",从该标题可以清楚地看出保障措施的"紧急"和"异常"的性质。GATT第19条共有3款。第1款是实施保障措施的条件,即"如因不能预见的情况和一缔约方在本协定项下负担包括关税减让在内义务的影响,进口至该缔约方领土的产品数量增加如此之大且情况如此严重,以致对该领土内同类产品或直接竞争产品的国内生产者造成严重损害或严重损害威胁,则该缔约方有权在防止或补救此种损害所必需的限度和时间内,对该产品全部或部分中止义务或撤销或修改减让"。第2款为程序条件,主要规定了通知和磋商义务。任何缔约方根据本条第1款的规定采取行动之前,应尽可能提前书面通知缔约方全体,并应给予缔约方全体和对有关产品的有实质利害关系的出口缔约方就拟议的行动进行磋商的机会。如就关于优惠的减让作出通知,则通知应列明请求采取行动的缔约方名称。在迟延会造成难以补救的损害的紧急情况下,可不经事先磋商而临时采取本条第1款规定的行动,

---

① Bruce E. Clubb, *United States Foreign Trade Law*, Volume 1, Little, Brown and Company, 1991, p. 122.

但条件是在采取该行动后应立即进行磋商。第3款为报复措施的规定,即受保障措施影响的缔约方可以依规定采取报复措施。虽然保障措施制度是 GATT1947 的重要内容之一,但是,在 GATT 生效以来的五十多年的历史中,保障措施一直未被各缔约方认真严格地履行,①这与 GATT 保障条款自身的先天不足有着密切的联系。GATT 第 19 条虽然既包括实体规范,也包括程序性规定,但是我们应当看到,这些规定本身是缺乏规则所必需的严密性和准确性的。例如,关于"相同产品"(like product)和"数量大为增加"之类关键词,既无明确的定义也无法准确界定,为成员随意解释和滥用保障措施提供了机会。在 GATT 时期,通常认为 19 条所存在的问题主要包括五个方面:(1)关于严重损害的定义因缺乏多边的广泛共识而使缔约方的解释余地过大;(2)缔约方做出保障措施决定的国内程序并非总是透明的;(3)GATT 关于采取保障措施的通知和磋商程序规定并不充分;(4)保障措施在较短阶段内实施的目标并未得到遵循;(5)很多保障措施的选择性适用超出 GATT 的规则和纪律。② 另外,GATT 第 19 条没有禁止"灰色区域措施",使很多成员绕过 GATT 的规定而采用双边协议的方式限制出口。

随着实践的发展,由于 GATT 第 19 条保障条款本身的漏洞,关于保障条款的争论就日渐增多,如何解释保障条款,准确适用保障条款,成为一个问题。发达国家希望保障条款的适用能够给其

---

① Robert E. Hudec, *Enforcing International Trade Law, the Evolution of the Modern GATT Legal System*, Butterworth Legal publishers, 1993, p. 171.

② See Work already undertaken in the GATT on safeguards, GATT Doc. No. MTN. GNG/NG9/W/1(April 8, 1987); also see Yong Shik-Lee, "*Safeguard Measures in World Trade*", Kluwer Law International, 2004, p. 28.

提供更多便利,倾向于宽松地解释保障条款。而发展中国家则希望能够严格保障条款的条件,使得保障条款不被频繁地适用,以免自己的低成本出口产品受到选择性保障措施的限制。鉴于此,关贸总协定在 1973 年 9 月的东京回合(Tokyo Round)部长宣言中宣称,应当"包括一个检查多边保障体系充分性办法,要特别考虑第19 条的适用方式,以便既保留效果,又使贸易进一步自由化",①保障条款谈判便提到东京回合的议事日程上来了。为此,关贸总协定成立了一个专门工作小组,分析保障条款存在的问题,组织缔约方进行谈判。由于在谈判的过程中各方意见相左,结果未能达成一致协议,保障措施条款问题仍未得到解决。最后,各缔约方提出"应按宣言规定在体制中作为一项当务之急继续进行,旨在1979 年 7 月 15 日前达成协议。"②

　　东京回合谈判完成后,保障措施委员会(the Committee on Safeguards)成立,其目的就是"以继续讨论和谈判,考虑到已经完成的工作,以详细确定关于适用第 19 条的补充规则和程序为目标,以便使该条款的适用具有更大的统一性和确定性"。③ 但是,由于各方意见分歧严重,该委员会在 1982 年向部长会议报告时说,尽管在很多指导规则上已经取得了一些进步,但由于在选择性问题上意见不一致,协议没有能够达成。④ 这样,关于保障措施条款的协议,就留给了乌拉圭回合(Uruguay Round)谈判来解决。

　　乌拉主回合谈判开始于 1987 年 1 月,根据部长会议宣言,保

---

①　Gilbert R. Winham, *International Trade and the Tokyo Round Negotiation*, Princeton University Press, 1986, p. 4.

②　Ibid.

③　Ibid, p. 77.

④　Ibid, p. 79.

障措施条款被列为第八谈判议题。保障措施谈判议题所要达成的目标是：要在 GATT 基本原则的基础上，就保障措施的基本概念、条件要求、补偿和报复、程序要求等问题，达成一个适用于所有缔约方的规则，强化 GATT 的纪律，重建保障措施的多边控制体制，消除逃避这种控制的措施，改善与加强国际贸易体系。其具体内容包括：透明度、范围、行动的客观标准、临时性、递减性和结构调整、补偿和报复、通知磋商、监督、争端解决等。经过长达 7 年多的艰苦谈判，各缔约方于 1994 年 4 月在摩洛哥马喀什城签订了乌拉圭回合一揽子协议，其中就包括《保障措施协议》。①

《保障措施协议》由 14 个条款和 1 个附件组成。主要内容包括：实施保障措施的条件、保障措施调查、严重损害或损害威胁的确定、保障措施的实施、临时保障措施、保障措施的期限和审议、补偿谈判与报复、对发展中成员的特殊待遇、禁止"灰色区域"措施、通知和磋商、多边监督及争端解决等内容。附件还列举了欧共体与日本之间于 1999 年 12 月 31 日终止的一项"灰色区域"措施。《保障措施协议》作为乌拉圭回合最后文件的一部分，是对 GATT1994 第 19 条的解释和细化，其目的是澄清和加强 GATT1994 的纪律，特别是其中第 19 条（对某些产品进口的紧急措施）的纪律，重建对保障措施的多边控制，并消除逃避此类控制的措施。《保障措施协议》完善了 GATT 第 19 条的规定，明确了"数量增加"、"国内产业"等基本概念，规定了损害的确定标准和采取保障措施的期限、形式，同时还明确规定了保障措施的无歧视性，无可争议地解决了保障措施制度中最复杂的"选择性"问题。

---

① 李居迁："WTO 保障条款的源流及法律特征"，载《比较法研究》1997 年第 2 期。

该协议的贡献还在于禁止、直至取消了灰色区域措施(Grey Area Measure)。另外,协议关于程序性的规定也远比 GATT 第 19 条缜密、明确、严格,使得保障措施真正作为一项法律制度登上了国际贸易的舞台。

二、保障措施制度的发展

从保障措施制度的形成过程我们可以看到,伴随着多边贸易体制的发展,保障措施的规则也经历了一个从无到有,从少到多,从含糊、抽象到清楚、具体的长期发展过程,最终形成了现有的以1994 年 GATT 第 19 条和《保障措施协议》为核心的国际保障措施制度。加上 WTO 争端解决机构在审理有关案件的过程中,通过解释相关条款,澄清了保障措施适用条件的许多含混的规定,形成了若干新的标准。这些规则和标准构成了国际保障措施制度的核心内容,进一步强化了保障措施适用的纪律,重新树立了 WTO 对其成员适用保障措施的多边控制。

保障措施作为救济产业损害,平衡贸易利益的重要的贸易政策手段,其作用已受到 WTO 成员的日益重视。根据 WTO 保障措施委员会的统计,自 1995 年 WTO 成立起至今,WTO 成员发起保障措施调查的数量总体上呈持续上升趋势。在 WTO 成立之前,援用保障措施的主要是发达国家。从 1950 年至 1988 年,缔约方共向 GATT 秘书处通知了 138 项保障措施。① 在这 138 个案例中,有 126 个保障措施由发达国家发起,只有 6 个发展中国家诉诸

---

① See Jorge F. Perez-Lopez, *"GATT Safeguards: A Critical Review of Article XIX and its Implementation in Selected Countries, Case Western Reserve"*, *Journal of International Law*, Summer, 1991, p. 525.

GATT 第 19 条,其中南非援用 5 次,智利援用 3 次,而且均发生在 20 世纪 80 年代。也就是说,发展中国家在 80 年代之前很少引用保障条款。在发达国家中,澳大利亚、加拿大、美国三国实施了 89 起保障措施,占总数的 64%。之所以出现这种情况是因为当时随着发展中国家的工业化程度不断提高,出口产品规模不断扩大,加之产品价格相对低廉,而发达国家中的不少夕阳产业设备陈旧,生产率低下,加上较高的生活水平和工资支出使他们的产品很难与发展中国家竞争,因此,发达国家频繁援用保障措施来对付发展中国家的出口产品,以保护其国内产业。WTO 成立后,情况与 GATT 时期发生了较大变化,即保障措施的主要援用方已不是发达国家,而是发展中国家。出现这种状况的原因,主要是众多的发展中国家加深了对保障措施性质的认识,学会运用保障措施的国际规则来维护自身的利益,保护自己的国内产业。随着 GATT 时期的一些"灰色区域"措施被不断取消,全球经济发展速度的放缓,国际贸易保护主义势力的抬头,保障措施就成为发达国家和发展中国家经常采用的一种维护自身产业安全的贸易手段。

但是,保障措施的实施通常会导致贸易补偿谈判,甚至会导致受到影响的国家的报复,演变为成员方之间的贸易大战,所以最终是否采取保障措施往往需要综合考虑本国与其他国家的经贸关系,甚至于需从国际政治的角度来考虑采用保障措施的得失平衡问题。因此,保障措施又不是可以随意或频繁采用的贸易保护手段,必须严格按照保障措施的国际规则谨慎、严格地执行,达到既推动国际经济贸易发展,又保障国内产业安全的双重目的。

国际保障措施制度经过长期的发展,到现在已形成一个较为全面的体系并处于进一步拓展之中。如果我们把 GATT1994 第 19

条和《保障措施协议》称为一般性保障措施制度,那么在 WTO 协议中还存在着若干特别保障措施条款。特别保障措施条款包括以下几个方面:其一是《农产品协定》第 5 条的特别保障条款,该条款是专门针对农产品这一特殊的货物而设置的,它在实施条件上与一般性保障制度不同。① 其二是《纺织品与服装协议》中的过渡性(transitional)保障措施条款,其过渡性在于《纺织品与服装协议》在 2005 年 1 月 1 日已被纳入 GATT1994,即纺织品和服装领域的保障措施已回归 GATT 的一般纪律。其三是针对特定成员的选择性保障措施,如体现在我国《入世议定书》第 16 条中的"特定产品过渡性保障机制"。其四是《服务贸易总协定》(GATS)第 10 条的紧急保障措施(Emergency Safeguard Measures,简称 ESM)条款。由于 GATS 第 10 条仅要求成员方就紧急保障措施在非歧视基础上继续谈判,而没有确定具体规则,而且在建立服务贸易的紧急保障措施制度问题上还存在着发达国家与发展中国家之间的严重分歧,所以,国际服务贸易紧急保障措施制度尚处于形成过程中。但建立服务贸易紧急保障措施制度由于符合绝大多数国家尤其是发展中国家的切身利益,因而大势所趋,是需要国际社会共同努力的一个重要方向。本书就是力图在这一重要的领域,即国际服务贸易紧急保障措施制度的建构方面进行一些有益的探索,以有助于我国在认真履行 GATS 义务时保障服务贸易的健康发展。

---

① 《农产品协定》特别保障条款的法律问题,可参见 Jai S. Mah, "Reflections on the Special Safeguard Provision, the Agreement on Agriculture of the WTO", *Journal of World Trade*, Vol. 33, No. 5, 1999.

第二章 国际服务贸易的自由化及其安全保障

第一节 国际服务贸易的自由化趋势

一、国际服务贸易自由化的含义

国际服务贸易的自由化(liberalization of international trade in services)是指一国(或经济体)政府在对外服务贸易中,为提高经济效率、优化资源配置和实现经济福利最大化的经济目标,以及实现国家(或经济体)利益最大化的总体目标,通过立法和国际协议,对服务和与服务有关的人、资本、信息等要素在国际间的提供或流动,逐渐减少政府的行政干预,放松对服务贸易的管制,建立并维护服务贸易自由、公平的市场竞争规则的过程。

与国际货物贸易的自由化一样,国际服务贸易自由化是一个以世界市场经济的形成为前提,以生产社会化程度的提高及国际分工的深入和扩大为背景,以国际间经济贸易行为为基础,以实现资源的合理、优化配置和获取最佳的经济效益为目的,以政府对贸易的干预弱化和自由、公平的市场竞争规则逐渐形成为标志的一个动态发展过程。① 首先,国际服务贸易的自由化是在经济全球

---

① 参见李欣欣著:《贸易自由化与中国对策》,辽宁人民出版社1996年版,第1~2页。

化这一大背景下展开的。尽管学者们对经济全球化有不同的界定,但不可否认的是经济全球化是以获取经济利益为目的,通过商品、资本、人员和劳务的自由流动,并借助这种自由流动获得各国经济利益的增进,是世界各国经济高度相互依赖和融合的表现。经济全球化趋势的客观基础是国际分工,国际分工的形成和发展决定着经济全球化的产生和发展,国际分工的两重性也决定着经济全球化的两重性。一方面,经济全球化有利于资源更合理的配置和使用,有利于劳动生产率的提高,有利于比较优势、比较利益的充分发挥和取得,有利于价值的实现和财富的积累;另一方面,经济全球化趋势给发达国家和发展中国家带来的收益和成本又是不同的,发达国家在国际分工体系中居于主导地位,它们更多地享受到全球化的收益,而广大的发展中国家在国际分工体系中处于相对劣势,它们更多的是支付全球化的成本。对外贸易是各国参与全球化的主要渠道,为扩大参与全球化的收益、减少成本,各国政府都高度重视对外贸易战略和政策的制定。经济全球化又在一定程度上推动市场经济制度在全球范围内的传播和扩展,正像马克思、恩格斯在《共产党宣言》中指出的那样,资本主义制度"趋使资产阶级奔走于世界各地。它到处落户,到处创业,到处建立联系";"资产阶级,由于开拓了世界市场,使一切国家的生产和消费都成为世界性的了";"资产阶级,由于一切生产工具的迅速改进,由于交通的极其便利,把一切民族甚至最野蛮的民族都卷到文明中来了。它的商品的低廉价格,是它用来摧毁一切万里长城、征服野蛮人最顽强的仇外心理的重炮。它迫使一切民族——如果它们不想灭亡的话——采用资产阶级的生产方式;它迫使它们在自己那里推行所谓的文明,即变成资产者。一句话,它按照自己的面貌为自己创造出一个世界"。① 在马克思看来,资产阶级就是要创造一个与自己的生产方式完全相同的世界,以便为实现自己的经济利益服务。当资产阶级要实现经济全球化时,它不仅要求技术的全球转让,而且还要求一个能够保护他们经济利益的转让规则,并希望这种规则长期化;这种长期化的重要保证就是要建立与资本主义制度相融的经济体制,至少是相近似的经济制度。从这个意义上说,市场经济是可以得到某种认可的经济运行体制,市场经济原则也因此成为不同类型国家普遍遵守的共同规则。以国际分工和世界市场经济的形成为前提的经济全球化,为国际服务贸易的自由化提供了广阔的背景,推动了国际服务贸易自由化的进程。在这一过程中,国家利益始终居于核心地位。在国际服务贸易领域,发达国家与发展中国家存在着不同的利益。从总体上而言,发达国家是国际服务贸易自由化的最大获益者。发展中国家之所以也要参与到国际服务贸易自由化的进程中来,是因为他们也能从国际服务贸易自由化过程中获得部分利益。由于发达国家与发展中国家在国际服务贸易自由化过程中所获利益的不对称性,决定了国际服务贸易的自由化必定是一个充满矛盾和冲突、漫长而曲折的过程。

二、国际服务贸易自由化的原因

自由贸易最主要的理论依据是绝对利益论和比较利益说。绝对利益论是由英国古典经济学家亚当·斯密在其 1776 年出版的《国民财富的性质和原因的研究》(An Inquiry into the Nature and Causes of the Wealth of Nations)中提出的。斯密认为,国与国之间进行贸易的原因是同一产品在两国间的差价。这一差价和因此差

---

① 《马克思恩格斯选集》第 1 卷,人民出版社 1995 年版,第 276 页。

价而推动的贸易,将对生产组合产生进一步的影响,使参加贸易的国家倾向于专门生产在国外卖价较高的产品,从而形成国际分工。该国际分工不仅促进了全世界生产率的提高,同时也使各国的资源得到了最佳利用,并使参加国际贸易的双方都从贸易中得到利益。按此观点,自由贸易应成为世界资源最优化分配的明智选择。

比较利益说(亦称比较优势说、比较成本说)是由英国另一位古典经济学家大卫·李嘉图在其1817年出版的《政治经济学及赋税原理》(On the Principles of Political Economy and Taxation)中提出的。该学说发展了亚当·斯密的绝对利益论,从不同角度进一步论证了自由贸易的优越性。李嘉图认为,决定一个国家生产和出口某一产品的不是该国在该产品生产上拥有绝对优势,而是比较优势。所谓比较优势是指,在两国都能生产两种产品的条件下,其中一国在生产这两种产品上均处于有利地位,而另一国在这两种产品的生产上均处于不利地位,那么,处于有利地位的国家可以专门生产优势较大的那一种产品,处于不利地位的国家可以专门生产劣势较小的那一种产品,即"两利相权取其重,两弊相衡取其轻",这样,通过专业化分工和国际贸易,不仅使资源得到合理利用,而且即使在生产上处于劣势的国家仍然可以从中获得利益,即比较利益。

按照比较利益理论,国际服务贸易同货物贸易一样,其收益来源于专业化所形成的效率提高和国际贸易流量的扩大。进口提供了比国内市场便宜但质量更高的服务,从而促进稀缺资源的更合理的配置。按照比较成本学说,若每个国家都专门从事自己具有相对成本优势的商品生产,然后再彼此交换,对参与贸易的各方都是非常有利的。该学说在服务贸易中同样适用,那些在服务贸易方面拥有比较优势的国家应扩大服务在其经济和出口中的比重,当各国在不同服务行业享有比较优势时,各自集中生产自己所擅长的服务,然后与别国的其他服务相交换,实行服务业的相互贸易,必然会提高世界整体的资源配置效率,贸易各方均能获利。将比较优势理论运用于国际服务贸易时还有一个特殊的意义,即在国际服务贸易和货物贸易之间也存在着一个比较优势互换的问题。如果一国的服务在整体上可能处于绝对劣势,但在另外一些产业和经济部门的生产能力方面则可能有比较优势,运用比较优势理论,国际间也可以按服务和货物进行专业化国际分工。在现实经济活动中,许多货物与服务是以组合的形式进行交易的。如果只看其中的货物部分或服务部分(或者只看其中的一部分货物或服务)就可能会违反比较优势原则。此时应该考察的是组合商品的比较优势。另外,传统上的国际贸易一般是货物与货物之间的交换,而实际上,国际贸易还可以是货物与要素之间的交换、服务与服务之间的交换、服务与要素之间的交换和要素与要素之间的交换。所以,此时考虑的比较优势应该是所交换对象之间的比较优势。

西方经济学界近年来的研究还证明,比较优势也可以体现在其他各个方面。最常见的是地理优势和自然禀赋,这在运输和旅游方面显得特别重要,而且随着国际服务贸易的发展,正在显现或被人们所认识。如在地理位置方面,能够与世界联系而很少受气候影响的地点甚至时区位置很重要,新加坡就希望利用其时区位置作为 24 小时金融服务的连接中枢。

基础设施、通信条件对吸引外国投资亦十分重要,良好的运输条件及有效率的服务也会增加一国经济的吸引力。外交联系也可能成为一种比较优势,如香港地区过去对于台湾地区的贸易以及南韩与中国的贸易;印度过去在对苏联的贸易方面都是独占优势。

比较利益理论的实质在于倡导贸易自由化。根据这一理论，各国从贸易自由化得到的好处是巨大的，这一点在货物贸易领域已经得到令人信服的验证，而且贸易实践也在一定程度上证明了，对于发展中国家来说，经济增长与对外开放之间一般呈正比关系。笔者认为，在国际服务贸易领域，国际服务贸易自由化在比较优势基础上实行国际分工，至少可以列举出以下几个方面的好处：

第一，服务部门可以在其比较优势上实行专业化，利用规模经济，加快本部门的发展。贸易自由化必然会使各国按照比较优势的模式来调整资源配置，并通过资源的优化组合来使粗放型的经济增加转向集约型的经济增长。

第二，贸易自由化的实质在于实现自由竞争。服务贸易的自由化可以带来竞争，国际范围内的自由竞争，必然会更加迫使并刺激一国不断改进管理体制和管理方法，按市场经济的规律进行运作，不断提高劳动生产率和效益。竞争的结果可以使服务的成本更低，质量更高，高成本的服务在贸易自由化条件下没有办法生存。航空运输和某些电信服务的价格大幅度下降就是贸易自由化的直接成果。

第三，贸易自由化使消费者受益。除服务价格可以下降外，还可以提高服务质量。由于竞争，服务提供者将会更加考虑和满足顾客的需要，以扩大服务机会。此外，市场开放后增加了服务消费者的选择机会，使他们的服务需求及其利益可以得到最适当的结合，享受到最优质的服务。

第四，国际贸易的自由化政策有利于进一步推动服务贸易的国际化。贸易自由化政策最大限度地允许人员、服务、资本、货物、信息等在国际间的流动，为服务在国际间的交流创造了有利条件；贸易自由化有利于传播技术和引进技术，外国企业在本国提供服务时,可以带来先进的管理和服务技术;贸易自由化政策可以最大限度地减少各国之间的贸易障碍,促进国际贸易的发展,扩大一国的出口,有利于拓展国民经济成长的空间。

当然,在将比较利益理论适用于国际服务贸易时,应当注意以下几个问题。首先,应当看到,服务的国际分工是社会生产力发展的结果和表现。国际服务贸易的形成和发展是社会生产力发展的必然结果,尤其是科学技术发展的结果。三次大的科学技术革命,加速了社会生产力的发展,加快了生产和经济生活的国际化步伐,跨国公司的大量涌现极大地促进了生产要素在国际间的移动,尤其加速了资本的国际移动,不但推动了整个服务业的国际分工,也促使服务经济内部结构发生了较大变化,如国际交通、通信工具不断更新,一批服务业跨国公司得到发展。20 世纪 70 年代以来,随着生产力的发展、科学技术的进步和社会分工的深化,服务几乎渗透到社会再生产过程的各个领域,成为个人生活、社会和生产活动的组成部分,成为世界经济的一支生力军。

其次,自然条件和基础设施制约国际服务贸易的产生和发展。自然条件是一切经济活动的基础,没有一定的自然条件,任何经济活动无从谈起。正像经济学家威廉·配第所说:"劳动是财富之父,土地是财富之母。"所以,自然条件必然对国际服务贸易产生一定的影响。尤其是服务基础设施可以说对服务贸易的方式、规模及质量更是具有重要影响。所谓服务基础设施,是指能提供服务的基本资源,在现代的条件下,它主要指信息技术设施、电信设施、交通运输设施、维修设施、旅游设施等,其中以信息技术设施、电信设施和交通设施最为重要,它们在较大程度上决定或抑制着现代国际服务贸易的方式、规模和质量。

再次,比较优势决定了国际服务贸易的格局。在国际服务贸易中,比较优势不是来自明确的"自然因素",而是经济发展水平和国际经济格局造成的结果。当前,地理环境、资源、劳动力价格等这些相对稳定的因素在决定成本方面的作用呈下降趋势,而资本和技术因素的作用则不断上升。资本和技术是决定国际竞争力的主要因素,是决定当前格局的基本原因。同时,国际服务贸易本身就是一种资本积累和技术转让的渠道,它可以通过影响技术和其他生产条件改变原来的比较优势,形成新的国际贸易格局,也可以强化原来的比较优势,使原来的国际贸易格局固定化。

各国都有自己的比较优势,各国的比较优势对国际服务贸易的发展和国际服务贸易格局的形成都具有相应的贡献。发达国家具有资本和技术方面的比较优势,发展中国家具有劳动力成本方面的比较优势。如前所述,前一种比较优势对国际竞争力具有决定作用,是形成当前国际服务贸易格局的基本因素。这种格局对发展中国家十分不利。在这种形势下,发展中国家面前只有两种选择:一是在高技术方面全面依赖发达国家,使之与发达国家之间的差距固定化,从而无力改变自己的落后地位;二是采取适当的政策措施,提高自己的竞争能力,创造比较优势,从而最终改变自己在国际服务贸易中的不利地位,使服务贸易成为经济发展的动力。

最后,各国社会生产力水平决定其在国际服务分工中的地位和国际服务贸易中的竞争力。历史上英国率先实现了产业革命,生产力得以发展,成为"世界工厂",处于当时国际分工中的领先地位。服务业国际分工也是如此,同样决定了英国在当时也处于国际服务贸易的较重要地位。当欧美国家相继完成产业革命后,由于生产力的发展,使其与英国共同成为国际分工的中心和支配力量。第二次世界大战后,各国生产力普遍得到发展,而以美国为首的西方资本主义国家和少数新兴工业化国家与地区发展速度相对较快。因而,美国及其西方盟国在国际服务贸易中一直处于绝对的优势地位,新兴工业化国家与地区也跻身于世界前二十五位服务贸易之列。特别是亚洲"四小龙",不但服务业拥有较强的竞争力,各国也有一定数量的服务贸易顺差。

三、国际服务贸易自由化的特点

国际服务贸易走向自由化,呈现出以下几个方面的特点:

第一,服务贸易自由化是以服务贸易迅速发展和经济全球化为基础的。20 世纪 70 年代以来,由于国际分工的深化,各国产业结构的调整,科学技术的进步和跨国公司的崛起,服务贸易以高于货物贸易的增长速度在发展。服务贸易的发展是世界各国经济结构调整和优化的表现,也是世界各国服务业各个部门国际分工和协作深化的标志,这表明生产的国际化已向整个经济生活的国际化方向发展。20 世纪 90 年代后经济全球化日趋明显,服务贸易自由化是经济全球化的一个重要组成部分,经济全球化必然促进服务贸易的自由化,而服务贸易的自由化必然也促进经济的全球化。同时,服务贸易的发展也是货物贸易、国际投资迅速发展的必然结果。服务贸易和世界经济的迅速发展给服务贸易自由化提供了物质基础。

第二,美国、欧盟等发达国家是服务贸易自由化的积极倡导者。美国、欧盟等西方发达国家在服务贸易领域具有较为明显的比较优势,它们在银行、保险、数据处理、电讯和信息等众多行业中,特别是高新技术行业中具有明显的优势。美国之所以大力推进服务贸易自由化,主要是由于美国的比较优势正从货物贸易转向高知识密集型的服务贸易,而各国的管制则是美国在服务贸易中发挥比较优势的主要障碍,因此服务贸易自由化就成为其一个重要的国际政策目标。同时,美国国内的服务公司认为服务领域国际规则的缺乏对它们的活动构成了主要障碍,于是积极向美国国会和政府游说,要求美国政府大力推进服务贸易的对外自由化,寻求建立服务贸易的国际规则,以使它们获得进入外国市场的保障。另一方面,由于服务贸易自由化将有利于美国优势服务行业的扩张,因此美国的政策制定者认为美国必须大力推进服务贸易自由化,以获得更大的贸易利益。这样,服务贸易就成为美国出口和对外投资的重要组成部分,是改善其国际收支、增加国民收入、恢复其竞争力的重要手段,并形成了在服务贸易领域的巨额顺差。由于欧盟各国的服务业也很发达,它们同美国一样,是世界最大的服务出口者,也希望通过服务贸易的自由化以取得贸易利益。然而服务贸易壁垒在世界范围内的广泛存在妨碍了它们服务业的扩张,不符合美国、欧盟等国的利益,为此他们共同积极要求进行服务贸易的谈判,以便在国际多边体制内推动服务贸易自由化,取得更多的服务贸易利益。从20世纪70年代中期开始,美国、欧盟等发达国家就积极倡导服务贸易的自由化。其中美国一方面通过国内立法,授权总统就服务贸易问题与别国进行多边或双边谈判,以寻求"公平的交易",并授权对"不公平贸易"进行报复,以扩大服务贸易的出口,同时还成立有关机构,及时提出政策建议,推动服务贸易在世界市场上更自由地运行;另一方面,美国又致力于将服务贸易纳入多边贸易体制谈判的轨道,在全球范围内推行服务贸易自由化。乌拉圭回合多边贸易谈判开始前后,美国策动关贸总协定把服务贸易、知识产权和与贸易有关的投资措施作为三个新议题而进行谈判,推行服务贸易的自由化,甚至以退出乌拉圭回合谈判相要挟。在1999年11月的WTO西雅图会议上,美国、欧盟等发达国家致力于服务贸易的标准化谈判,以使服务贸易市场准入制度化、法律化,即使无果而终,在其后的多边谈判中,服务贸易自由化、制度化依然是美国、欧盟谈判的重要筹码。

第三,服务贸易自由化是在国际多边贸易体制推动下展开的。消除服务贸易壁垒,推进服务贸易自由化的努力,早在第二次世界大战以后就开始了。例如,1950 年 9 月,欧洲经济合作组织(OEEC)成员国之间曾缔结了一个多边结算协定即《欧洲支付协定》,规定向有困难的会员国提供贷款,同时,接受成员国提出了《无形贸易自由化法案》(Code of liberalization of Invisible Transaction),1959 年该法案又得到进一步完善。1960 年,经济合作与发展组织(OECD)在讨论其发展宗旨时曾明确表示接受欧洲经济合作组织(OEEC)的《资本移动自由化法案》和《无形贸易自由化法案》。由于 OECD 除欧洲国家以外还包括美国、加拿大、日本、澳大利亚、新西兰等国,因此早期推动服务贸易自由化的努力就不仅限于欧洲。服务贸易自由化问题得到官方的认同是在 20 世纪 70 年代初。1971 年许多主要的工业化国家的贸易政策制定者认识到,有必要推进贸易进一步的自由化。经济合作与发展组织(OECD)的秘书长 Von. 里纳普就此召集了一些国家的专家开会,从长远的角度分析贸易和有关问题。然后,于 1972 年 9 月提出了一个报告,在这篇报告中有一个不长的章节专门讨论了服务贸易。报告指出,服务部门和工业部门一样正经历着一个国际化的相互渗透的过程。对有些国家来说,服务贸易至少与货物贸易同等重要,而在有些情况下比商品贸易更重要。发达国家应该采取措施以保证服务部门的自由化和无歧视。然而,此时由于服务贸易的自由化的努力没有纳入国际多边体制范围,服务贸易自由化只是在某些国家和地区酝酿,而随着服务贸易的发展,各国的服务贸易保护主义却越来越盛行。只是在 20 世纪 80 年代中后期,关贸总协定主持的乌拉圭回合多边服务贸易谈判开始进行,尤其是《服务贸易总协定》(GATS)的签署和实行,才标志着全球性服务贸易自由化趋势的兴起。在国际多边贸易体制的主持下,以国际多边谈判和双边谈判为手段,形成了各国共同认可和遵循的服务贸易国际准则,各国相互承诺开放某些服务部门,降低服务贸易的保护程度,使服务贸易自由化在全球兴起;在乌拉圭回合多边谈判结束后,世界贸易组织主持了基础电信服务、海运服务、金融服务、自然人移动等谈判,建立各服务部门的必要规则和纪律,同时,世界贸易组织还建立有关的机构,审查和制定必要的服务贸易规则,确保服务部门和分部门的标准和规定不会成为不必要的贸易障碍,推进了全球服务贸易自由化的进程。国际服务贸易自由化的实践表明,每一个阶段的服务贸易自由化欲获得新的进展和成果,都离不开全球贸易自由化的不断深入和扩展这一大环境,取决于多边贸易体制整个回合及相关议题谈判的顺利进行。同时,由于服务贸易自由化进程起步较迟及本身的复杂性,因此,只有在多边贸易谈判的主要议题上取得突破性进展,在需要整体平衡各方权利和义务以达成一揽子协议的条件下,服务贸易谈判才会取得较快和较顺利的进展。以乌拉圭回合启动服务贸易谈判并最终达成《服务贸易总协定》为标志,服务贸易被正式纳入多边贸易体制的框架,其自由化进程才开始起步,至今仍处于较低的水平。服务贸易的有关协定及其规章还需要不断加以修订、补充和完善,各方对服务贸易自由化的范围和方式都存在着许多分歧和争论,实现服务贸易全面自由化任重而道远。正如 GATS 有关规定所强调的:各成员既要坚持服务贸易自由化的目标,积极参与和推进连续回合的谈判,以期实现更高的自由化水平;又要充分兼顾各方特别是发展中国家的利益和要求,以适应服务贸易发展的实际需要。因此,在较长的一个时期内,服务贸易只能选择逐步自由化这一路径。这也意味着多哈回合服务贸易谈判尚处于全球贸易自由化进程的初级阶段。

第四,服务贸易的自由化是有条件的自由化。服务贸易自由化是通过服务贸易市场准入实现的,而市场准入在 WTO《服务贸易总协定》(GATS)中属于具体性义务,而不是普遍性义务,需要通过多边或双边谈判而获得。具体而言,服务贸易自由化的有条件性表现在:首先,各国是以对等原则作为开放服务市场的标准。各国根据其他国家给予本国服务及服务提供者的待遇来决定本国给予该国服务和服务提供者的待遇。若某个国家对本国的服务和服务提供者采取自由开放的态度,则本国亦对该国的服务和服务提供者开放服务市场;反之,若某个国家对本国服务及服务提供者实行限制政策,则本国亦限制该国服务和服务提供者的进入。例如,美国国会 1995 年就拟讨论通过一项《金融服务公平贸易法案》,决定按别国对美国金融业的开放程度决定美国对该国金融业的态度。同时,经济集团内部的服务贸易自由化程度要高些,如欧洲联盟内部、北美自由贸易区内部服务贸易自由化的程度较高,而对外部服务贸易自由化程度则较低。其次,从国际多边规则来看,一些规则的真正实施也会有条件。例如《服务贸易总协定》(GATS)的最惠国待遇条款原则上应是无条件最惠国待遇,但总协定又规定,只要包括在附录中并符合条件,一缔约方可以采取与最惠国待遇原则不相一致的措施。同时,在乌拉圭回合服务贸易谈判中,大多数国家都不愿在服务贸易方面提供无条件最惠国待遇,而要求在对等原则的基础上,相互给予优惠的签约国才能享有最惠国待遇,如美国不愿对一些国家给予最惠国待遇,除非这些国家愿意向美国的银行业和电信业开放它们的市场。由于服务贸易实践中存在着部门谈判的压力,最惠国待遇原则的执行会与具体部门的谈判联系在一起,因此,即使是在 WTO 的框架下《服务贸易总协定》所规定的作为普遍性义务的最惠国待遇原则,在实践中更有可能作为具体的承诺,而不是普遍义务来执行。再次,从服务贸易谈判过程来看,各国的开价和承诺是有条件的。在服务贸易多边谈判中,各国只有提出开价单才有资格向其他国家提出要价,同时,各国的开价也是有条件的,承诺是否有效取决于他国的承诺和谈判的结果。从已进行的多哈回合谈判可以看出,多哈回合的整个谈判进程十分曲折,历经磨难,不少议题的谈判期限一拖再拖,成果难产。虽然 WTO 一直在加紧督促各方加快谈判进程,力争尽快结束多哈回合,早日达成一揽子协议,大部分成员也对此持有诚意和信心,但鉴于各方在许多问题上存在的分歧十分突出,很难在较短时间内达成全面一致的意见,这势必会产生两种结果,即要么整个回合谈判期限继续拖延下去,要么各方做出一定的让步而达成不如预期成果的协议而草草收场。在这种情况下,服务贸易作为一揽子协议的一个重要组成部分,不少议题的谈判也将取得一定的成果,但不可能解决现存的所有问题。同时,全球服务贸易自由化只能是一个逐步和渐进的过程,特别是在现有的国际经济秩序下,贸易谈判无法确保所有成员,特别是发展中国家能够充分参与讨论、真正得到实惠和消除发展威胁,因此所取得的成果只能是有限的,全球服务贸易自由化的道路还十分漫长。

第五,服务贸易自由化进展受不同成员之间利益博弈的制约。如同历次多边贸易谈判一样,由于成员方各具不同的利益诉求,关于服务贸易自由化的谈判在许多议题上都存在着意见的分歧和尖锐的对立,矛盾错综复杂,既有发达国家与发展中国家之间的矛盾,也有发达国家相互间的矛盾。发达国家凭借优势力图迫使发展中国家加快开放市场,而发展中国家既希望通过谈判促进自身经贸的发展,又对发达国家的意图深切怀疑,对开放市场带来的冲击十分担忧,对许多议题的谈判持有抵触情绪;发达国家经常相互指责对方保护本国市场而损害他国利益,要求对方作出实质性让步,而各自让步的空间和余地又是非常狭小的。各个议题的谈判都要经过每一个成员间反复磋商直至相互妥协的过程,其成果的实质是各方利益博弈的结果。

四、国际服务贸易自由化的艰难历程与趋势

20 世纪 70 年代以前,基于对安全、主权和经济等方面国家利益的考虑,几乎所有国家都对其众多服务业尤其是金融、电讯等领域实行高度管制或政府垄断,服务出口就面临着从公共服务垄断到不透明管制的歧视性贸易壁垒。不仅如此,由于服务贸易一般都包括服务生产者和消费者的直接交往和投资,故各国对资本、人员和信息流动的歧视性管制也阻碍了服务贸易的发展。可以说,在 20 世纪 70 年代以前,国际服务贸易还处于相对封闭的状态,而且也一直被经济学家和政策制定者所忽视。

从 20 世纪 70 年代后半期开始,美国率先对其国内重要服务业放松或解除管制,首先在国内实行自由化,然后通过双边、区域和多边渠道大力倡导服务贸易的对外自由化,从而首先导致西欧、日本、随后是世界许多其他国家出现了放松或解除管制,实行服务贸易自由化,大大促进了服务贸易的发展。

美国之所以如此大力推进服务贸易自由化,主要是由以下因素作用的结果。首先,许多美国官员和实业界人士对美国日益增大的贸易赤字和美国制造业竞争力的明显下降感到担忧,他们认为美国的比较优势已从货物转向服务。因此,增加服务出口的机

会将使美国获益。在 20 世纪 80 年代早期,"美国政策制定者注意到其国际贸易出现较大逆差,而无形贸易却保持引人注目的盈余的情况。他们开始采纳这样一个观点,即美国的比较优势正转向高知识密集型的服务生产,在即将发生的国际劳动分工的结构重组中,美国将成为主要的服务出口者。而世界各国的管制被视为是美国在服务贸易中发挥比较优势的主要障碍。因此,在美国政策制定者看来,服务贸易自由化是其一个重要的国际政策目标。"①其次,美国的跨国公司对政府推动服务贸易的自由化进行了大量的游说活动。美国跨国公司首先意识到,通过使用信息新技术所提供的潜能可以把他们在世界范围内的跨部门的活动连接起来,而由于在开业权和公司内数据跨境流动方面在国外遇到越来越多的限制,加上缺乏规范服务贸易的国际规则,使它们服务贸易发展的巨大潜能受到很大限制。"因此美国主要的旅游和金融服务公司(美国捷运公司、花旗银行、美林证券)、保险公司(美国国际集团)、数据处理、航运和高技术公司(IBM)组成了一个最强大的联盟,成为美国政府内自由贸易的鼓吹者。"②再次,推动服务贸易自由化不仅有利于美国优势服务行业的扩张,而且也有助于抵制美国国内以制造业为代表的主张贸易保护主义的倾向。

所以,由于美国的主导以及主要西欧国家在发现其在该领域也拥有巨大比较优势后的积极响应,极力推行服务贸易自由化的活动在双边、区域和多边层面上迅速展开。而广大发展中国家在服务贸易自由化进程中则被裹胁着前行,怀着充满矛盾的心情,被

---

① A. Bressand and K. Nicolaidis(eds.), *Strategic Trends in Services, An Inquiry into the Global Service Economy*, Harper & Row Publishers, 1989, New York, p. 165.

② Ibid.

迫投入到服务贸易自由化的进程中去。①

从双边层面上看,双边服务贸易自由化自 20 世纪 80 年代以来获得了迅猛的发展,对促进服务贸易自由化发挥了巨大作用。双边服务贸易自由化一般通过双边自由贸易协定的方式实现。

1985 年 4 月 22 日,美国和以色列开始了双边服务贸易自由化的实践,两国除签署了一项关于货物贸易的自由贸易协定外,还发表了关于服务贸易的声明,该声明为两国之间的服务贸易建立了一套规则,明确了服务贸易自由化原则,涉及市场准入、国民待遇(及其对国内管制的适用)、公共垄断行为、预定程序、争端解决和具有约束力的承诺的谈判。随后美国和以色列进入了旅游、电信和保险三个部门自由化的谈判,并以此促进范围更广的 GATT 乌拉圭回合服务贸易谈判。

1987 年 10 月 3 日,美国和加拿大就一项综合贸易协定达成一致意见,《美加自由贸易协定》于 1988 年 1 月 2 日由两国签署,随后由两国国会批准后生效。② 该协定属一揽子协议,规定在 10 年内分期实施,协定的中心内容是建立美加自由贸易区。美加自由贸易协定第一次提供了一套涉及大量服务部门的原则。该协定除规定服务贸易的一般国民待遇义务外,还对金融和电信服务部门的自由化作出了具体规定。此外,还对专业化服务的共同标准作出了规定,如在建筑领域相互承认某些职业资格,为某些服务提

---

①　张向晨:《发展中国家与 WTO 的政治经济关系》,法律出版社 2000 年版,第 3 页。

②　J. D. Aronson and P. F. Cowhey: *Bilateral Telecommunications Negotiations*, A. Bressand and K. Nicolaidis(eds.), *Strategic Trends in Services, An Inquiry into the Global Service Economy*, Harper&Row, Publishers, New York, 1989, pp. 213 ~ 216.

供者跨越美加边界的移动提供便利等。①

进入20世纪90年代后,双边自由贸易协定急剧增多,仅在中南美国家,1999年年末就达成了17项双边自由贸易协定。此外,加拿大1996年与以色列签署了双边自由贸易协定。欧盟从1997年开始分别与巴勒斯坦、突尼斯、南非、墨西哥、摩洛哥、以色列和智利签订双边自由贸易协定,并且自1998年以来又与东欧、中欧和地中海国家进行了欧盟东扩的谈判。

在亚洲地区,对双边自由贸易最积极主张的国家是新加坡。1999年9月,在APEC新西兰奥克兰领导人非正式会议期间,新加坡就与新西兰商议双边自由贸易协定;其后,又与墨西哥进行双边自由贸易谈判。2000年11月,在APEC文莱会议之前,新加坡已分别与上述两国正式签署双边自由贸易协定。与此同时,新加坡还分别与美国、加拿大、日本、澳大利亚、智利、印度和韩国就双边自由贸易协定的谈判达成协议。从1998年开始,日韩两国就日韩自由贸易区进行了几次研讨。2000年以后韩国开始与智利、墨西哥就双边自由贸易协定进行谈判。日本还有与美国、加拿大、墨西哥等进行双边自由贸易的急切愿望。② 在这些协定和协定的谈判中,一般均有服务贸易自由化的条款。

服务贸易自由化在双边层面基础上进一步深入到区域层面。在推动区域性服务贸易自由化过程中,区域性经济组织发挥了重要的作用。其中欧洲联盟、北美自由贸易协定和亚太经济合作组织的作用尤为突出。

---

① M. J. Trebilcock and R. Howse: *The Regulation of International Trade*, Routledge, London and New York, 1995, pp. 221～223, 238～239.

② 刘昌黎:"通向一体化的过渡",载《国际贸易》2001年第5期。

就欧洲联盟(EU)而言,其形成发展过程就以推动区域贸易自由化为重要目的。1949年,曾任法国外长的舒曼和另一法国政治家莫奈提出建立法德两国的煤钢共同体,即"舒曼计划"。随后由法德两国倡议,意大利、比利时、荷兰、卢森堡附议,六国于1951年成立了欧洲煤钢共同体(ECCS)。在此基础上,六国于1957年签订《罗马条约》,决定于1958年成立欧洲经济共同体(EEC,也称共同市场)。这个《罗马条约》在此后的三十年时间里一直是欧共体的宪法。《罗马条约》提出在共同体内实现商品、服务、人员和资本的自由流通。但在欧共体的初始阶段进行的基本上只是商品的自由流通。自1973年石油危机以来,欧共体在高科技、通信和金融服务等为驱动力的增长模式上被美国抛在了后面,这是迫使欧共体加速自由化、建立单一市场、推进一体化进程的原动力。1985年,欧洲委员会主席雅克·德洛尔发表了一份白皮书,建议在1992年12月31日前,取消欧共体的内部国界,使"四大自由"——商品、服务、人员、资本从1993年起真正能在欧共体的单一市场内实现。同年,各成员国签署了《欧洲单一市场法令》,作为对《罗马条约》的补充。1991年年底签署《马斯特里赫特条约》,奠定了建立欧洲经济货币联盟(EMU)的基础,从1992年起,欧洲经济共同体改称欧洲联盟,简称欧盟(EU)。经过多年的努力,欧洲联盟进一步一体化,1999年欧洲货币联盟在欧洲联盟的基础上诞生。因当时有四个欧盟国家英国、丹麦、瑞典和希腊未加入货币联盟,欧洲联盟和欧洲货币联盟同时存在。现在,欧盟成员国已达到25个。由于服务业的特点,服务自由流通的先决条件是提供服务人员的自由流动和公司的自由设立。但服务业的自由流通还要求欧盟对各个成员国有关政策和法规进行协调和趋同。趋同政策主要着眼于以下几个行业:金融、交通、科技和通信服务。因为这些行业的条规既细致又复杂，趋同的难度很大。1999年1月1日欧元出台后，金融业政策趋同的关键问题已经得到解决。①

欧洲单一市场的建设对北美构成了挑战，也促进了北美自由贸易协定（NAFTA）的达成。20 世纪 80 年代以来，美国已经遇到了来自日本和东亚新兴工业化国家经济发展的压力。建立以自己为首的区域一体化组织，有利于保持美国在世界经济中的主导地位。所以在《美加自由贸易协定》签订以后，美国即开展与墨西哥的自由贸易谈判。加拿大随后也积极加入谈判。为试图签订北美自由贸易协定，美国、加拿大和墨西哥三国于 1991 年 6 月 12 日正式开始谈判，谈判于 1992 年 8 月 12 日达成协定草案并结束，该协定已分别获三国批准生效。该协定在许多方面就是将美加自由贸易协定延伸至墨西哥。② 在所涉及的服务贸易领域，协定规定实行最惠国待遇和国民待遇，且不必以当地存在的方式提供所涉及的服务。关于专业化服务的执照和证书，协定规定进入要求应只涉及能力并支持合格的相互认可原则。关于陆路运输服务，协定规定公共汽车和卡车服务的跨境提供将在一个过渡期内逐步放开。协定承认银行、保险、证券和其他金融服务的开业权并对金融服务普遍采用最惠国待遇和国民待遇。墨西哥保留在于 2000 年到期的过渡期内对金融服务部门的外国公司实施市场份额限制的权利。加拿大承诺给予墨西哥 25% 非居民规定的豁免和在加拿大营业的外国银行总资产上限的豁免。协定还规定商务人员临时

① ［意大利］保罗·切克奇尼等著：《1992 年欧洲的挑战——统一市场带来的利益》，张蕴岭译，社会科学文献出版社 1989 年版，第 43～57 页。

② 宫占奎等著：《APEC 贸易投资制度框架与政策比较》，中国对外经济贸易出版社 2001 年版，第 61～65 页。

进入 NAFTA 国家按《美加自由贸易协定》规定办理。①

欧共体单一市场和美加自由贸易区的建立,刺激了亚太地区向区域经济合作的方向发展。澳大利亚前总理霍克 1989 年 1 月提出召开亚太地区部长级会议,讨论加强相互间经济合作的倡议。这一倡议得到美国、加拿大、日本和东盟的积极响应。1989 年 11 月 6 日至 7 日,亚太经合组织第一届部长级会议在澳大利亚首都堪培拉举行,这标志着亚太经合组织(Asia-Pacific Economic Cooperation,简称 APEC)的成立。1991 年 11 月,亚太经合组织第三届部长级会议在韩国汉城通过了《汉城宣言》,正式确立该组织的宗旨与目标是:相互依存,共同利益,坚持开放的多边贸易体制和减少区域贸易壁垒。1991 年 11 月,中国以主权国家身份、中国台北和香港(1997 年 7 月 1 日起改为"中国香港")以地区经济名义正式加入亚太经合组织。到目前为止,APEC 成员共 21 个,其中包括 19 个国家和 2 个地区,APEC 秘书处设在新加坡。1993 年 11 月 APEC 第五届部长级会议在美国西雅图召开,同时举行了第一次 APEC 领导人非正式会议。明确 APEC 的目标是实现贸易投资自由化,消除 APEC 成员间的贸易和投资障碍,指出世界贸易自由化应首先在亚太地区展开,推动亚太地区以市场为导向的经济技术合作,促进该地区贸易、投资自由化进程。1994 年 11 月 11～12 日第六届部长级会议在印尼雅加达召开;随后,第二次领导人非正式会议于 11 月 15 日在茂物举行。本次会议为亚太地区实现贸易和投资自由化确立了长远目标以及实现这一目标的时间表。茂物会议可以说是 APEC 发展进程中的里程碑。领导人会议发表了

---

① M. J. Trebilcock and R Howse: *The Regulation of International Trade*, Routledge, London and New York, 1995, pp. 223～224, 240～245.

《茂物宣言》,该宣言为实现本地区的贸易开放和自由化确定了时间表,即发达成员经济不迟于 2010 年,发展中成员不迟于 2020 年实现贸易和投资自由化。1995 年 11 月 APEC 第七届部长级会议和第三次领导人非正式会议在日本大阪召开。会议中心议题是沿着茂物会议制定的长远目标制定具体可行的方案;提出了 APEC 经济合作的三大支柱:即贸易和投资的自由化和便利化、经济技术合作;通过了《大阪行动议程》。该议程包括两部分,一是自由化和便利化。二是经济和技术合作。在自由化和便利化部分阐明了 APEC 的一般原则。明确贸易投资自由化涉及服务、投资、商业人员流动、放松管制、竞争政策和政府采购等 15 个领域。服务业领域的自由化目标是:逐步减少服务贸易市场准入限制,逐步为服务贸易提供最惠国待遇和国民待遇,将在电信、交通、能源和旅游四个领域采取集体行动。① 为达此目标,APEC 要求各成员:为 WTO 主持下的服务贸易多边谈判作出积极贡献;扩大服务贸易总协定在市场准入和国民待遇方面的承诺,并在适当的时候取消最惠国待遇的例外;考虑采取进一步行动促进服务的提供。②

1996 年 11 月在菲律宾马尼拉召开的 APEC 第八届部长级会议和第四次领导人非正式会议的中心议题是各成员按《大阪行动议程》规范的 15 个具体领域制定各自的单边行动计划,并于 1997 年 1 月 1 日开始启动。此次会议标志着 APEC 贸易和投资自由化进程和经济技术合作进入了一个新阶段。各成员对服务业的单边承诺呈现出以下特点:A. 服务业领域的自由化行动切实可行。甚

---

① 薛敬孝等主编:《APEC 研究——方式·运行·效果》,山西经济出版社 1999 年版,第 72 ~ 99、243 ~ 256 页。

② 宫占奎等著:《APEC 贸易投资制度框架与政策比较》,中国对外经济贸易出版社 2001 年版,第 87 页。

至在传统上"不可触动"的方面也有实质性行动,如分销、发电等领域。B. 服务领域的承诺有利于 WTO 的服务贸易谈判。如在金融、海运等方面承诺推进自由化。C. 电讯市场的开放得到了一定的承诺。1997 年 11 月 APEC 第九届部长级会议和第五次领导人会议在加拿大温哥华召开。会议决定在服务、电信等九个部门提前实现贸易投资自由化(EVSL),并提出了消除货物、服务、资本流动和企业人员流动壁垒等贸易投资便利化的主要措施。① 1998 年第十届 APEC 部长级会议和第六次领导人会议在马来西亚吉隆坡举行。会议同意将 EVSL 涉及的九部门自由化问题交 WTO 一揽子解决,其余六部门继续以往的进程。虽然 APEC 成员遭受了金融危机的影响,但在贸易投资自由化方面仍取得了一些进展。1999 年第十一届 APEC 部长级会议和第七次领导人会议在新西兰奥克兰举行。APEC 成员在服务业市场开放方面,提出了自己的计划,逐步减少服务贸易市场准入限制,逐步为服务贸易提供最惠国待遇和国民待遇。而且,随着亚洲逐渐走出金融危机的阴影,APEC 各成员在各自的单边行动计划中加快了服务领域自由化的进程。在随后的年会中,APEC 各成员在服务贸易自由化中不断取得进展。②

如果说服务贸易自由化在双边和区域层面上的发展还算相对顺利的话,当其进入多边领域则困难重重。美国政府自 20 世纪 80 年代以来就一直试图将服务贸易的自由化纳入多边领域。1982 年,里根政府决定采取通过 GATT 途径推行国际贸易自由化

---

① 薛敬孝等主编:《APEC 研究—方式·运行·效果》,山西经济出版社 1999 年版,第 100～117 页。

② 宫占奎等著:《APEC 贸易投资制度框架与政策比较》,中国对外经济贸易出版社 2001 年版,第 27～30 页。

的政策。1982 年秋天,在 GATT 自 1973 年东京回合开始以来举行的第一次部长级会议上,美国谈判代表提出了服务贸易自由化议题,表明美国想在 GATT 监督下将服务贸易纳入自由化范围的意图,但又将服务贸易的自由化限于美国拥有比较优势的知识和技术密集型服务领域,而不是发展中国家拥有比较优势的劳动密集型服务领域。[①] 对于美国的主张,日本、欧盟一开始是持观望的态度,但当他们认识到自己在服务贸易自由化方面的潜在利益后,就开始转而支持美国的立场。而发展中国家则认为把服务纳入多边行动既不合适也无必要。因为他们在服务贸易领域没有竞争力,更深层的原因是他们更为担心主权问题,担心没有时间制定出自己的较为完善的服务管制规定。因此,发展中国家主张自由化原则不适用于服务贸易,也不接受以货物交换服务的前景。后来,由于担心美国的保护主义威胁,大部分发展中国家转而采取以自己在服务贸易问题上的让步来换取发达国家在货物贸易问题上的让步的策略,以获得在新回合谈判中的贸易利益。这样,经过反复的斗争和妥协,关贸总协定特别会议终于在 1986 年 9 月 15～20 日在乌拉圭埃斯特角城召开。该次会议的部长级会议发表了一项声明,在声明的第二部分决定发起服务贸易谈判,并明确了谈判的三个目的,即在透明和渐进自由化条件下扩大服务贸易;促进贸易伙伴的经济增长;促进发展中国家的发展。服务贸易自由化最终被推向多边层面的谈判。

　　乌拉圭回合多边贸易谈判是在全球范围内第一次就服务贸易问题进行的谈判。服务贸易谈判从开始到达成协定历时近 8 年,

---

　　① M. J. Trebilcock and R. Howse: *The Regulation of International Trade*, Routledge, 1995, p. 217.

大致经历了四个阶段:(1)第一阶段,即谈判的初期阶段,从 1986 年 9 月发动乌拉圭回合开始到 1988 年 12 月蒙特利尔部长级中期审议会议为止。主要就服务贸易的定义和统计、原则与规则的概念、多边框架的范围、现行国际纪律与安排、促进或限制服务贸易发展的措施与做法等问题进行了谈判,但未取得实质性进展。(2)第二阶段,从 1988 年底到 1990 年 12 月布鲁塞尔部长级会议召开前夕。此阶段的谈判进入了实质性阶段,谈判的内容大体上可分为三个部分,即关于服务部门的实验性谈判;关于服务贸易框架协定本身的谈判和关于框架协定附录的谈判。(3)第三阶段,从 1990 年 12 月布鲁塞尔部长级会议到 1991 年底。由于美国和欧共体在农产品问题上相持不下,致使布鲁塞尔部长级会议以失败告终。1991 年 4 月乌拉圭回合恢复谈判后,服务贸易谈判组于 1991 年 5 月 27 日举行首次正式会议,计划到 1991 年年底结束。到 12 月下旬为止,经过各方紧张的谈判,服务贸易谈判组终于将反复修改的《服务贸易总协定》草案提交多边贸易谈判委员会,列入谈判委员会主席邓克尔的一揽子方案,即《乌拉圭回合多边贸易谈判结果的最后文件》草案。(4)第四阶段,从 1991 年底到 1994 年 4 月 15 日乌拉圭回合结束。1992 年 1 月 13 日乌拉圭回合多边贸易谈判委员会召开会议,决定以邓克尔案文为基础继续进行谈判。服务贸易谈判组的工作也继续进行。在此之后,谈判组的工作以组织关于各国初步承诺的双边谈判为主要内容。各国陆续提交各自的初步承诺开价单,开价单的提交标志着市场准入初步承诺谈判的开始。经过两年的谈判,到 1993 年 12 月乌拉圭回合非正式结束之际,除少数几个部门外,服务贸易谈判实质上已经结束,各国均提出了自己的减让表,准备附在《服务贸易总协定》之后,作为乌拉圭回合谈判成果的一部分。1994 年 4 月中旬,参加乌拉圭回合谈判的各个国家和地区的贸易部长在摩洛哥的马拉喀什城举行的会议上正式宣告,历时近 8 年的关贸总协定第 8 轮多边贸易谈判——乌拉圭回合多边贸易谈判结束,在服务贸易领域达成了《服务贸易总协定》(GATS)。

在 WTO 于 1995 年 1 月 1 日正式开始运作后,其下属的服务贸易理事会具体负责服务贸易的谈判工作。虽然乌拉圭回合谈判结束并达成了《服务贸易总协定》(GATS),但是在服务贸易领域,有四个部门(即自然人流动、金融、基础电信和海运部门)的谈判在当时尚未达成令人满意的协议。这样,在服务贸易理事会指导下,从 1995 年 1 月开始的服务贸易谈判主要就集中在两个方面:一是在金融服务、基础电信服务、海上运输服务、自然人流动等领域改善市场准入;二是通过在保障措施、补贴和政府采购等方面谈判完善服务贸易框架协议。

在改善市场准入的谈判中,首先是金融服务谈判。乌拉圭回合结束时做出的金融服务决议要求对该部门的谈判于 1995 年 6 月结束,但是由于主要参加方美国对一些发展中国家的承诺不满,认为发展中各国所承担的义务中市场准入的自由度还不够,因而宣称只在互惠的基础上开放其金融市场,同时撤回其所有关于金融服务的市场准入承诺以及在整个金融部门适用最惠国待遇例外,但对已经进入美国市场开业的外国金融机构给予承诺保障。欧盟认为在任何情况下互惠的作用都是有限的,将金融服务正式纳入一个多边框架是应当为之努力的。服务贸易理事会决定1997 年 4 月恢复金融服务谈判,并要求于 1997 年 12 月结束。1997 年 12 月 13 日,谈判终于取得了成果,各成员达成了《世界贸易组织金融服务协议》,占世界金融服务贸易份额 95% 的 70 个成员同意开放银行、保险、证券和金融信息市场,新的承诺于 1999 年

3 月开始生效。

其次,是基础电信服务谈判。世贸组织的基础电信谈判就是对电信传输网络和服务的开放进行谈判。1994 年 4 月,根据《乌拉圭回合多边贸易谈判最后文件》的"关于就基础电信谈判的决定",成立了基础电信谈判组,负责组织多边框架下的基础电信谈判。谈判在自愿的基础上进行,向所有有申明参加意向的政府开放(包括非成员)。该决定同时还要求谈判组在不晚于 1994 年 4 月 16 日开始第一轮谈判,并规定谈判的最终日期为 1996 年 4 月 30 日。1996 年 4 月底,在当时谈判的最后关头,作为最主要谈判方的美国因对其他谈判方的出价不满意,撤回了它的有关承诺,坚持在互惠基础上开放电信市场,使整个谈判无法在规定的最后期限达成协议,面临破裂的危险。后经斡旋,各方先就基础电信协议的案文达成协议,关于市场开放的出价则暂时冻结,谈判期限延至 1997 年 2 月 15 日,此建议得到了各方的赞同。1996 年下半年,各方就各自的出价又重新进行了审议,并作出了进一步的改进,最终在 1997 年 2 月达成了于 1998 年 1 月 1 日生效的《全球基础电信协议》,占全球电信市场总份额 90% 以上的 72 个成员签署了该协议,其中 18 个成员完全取消对外国公司进入本国电信市场的限制,47 个成员允许外国电信公司对本国企业进行控股,3 个成员允许外国资本在本国电信企业中占 25% 的股份。作为《全球基础电信协议》的补充,《信息技术协议》于 1997 年 3 月在成员的努力下达成,各成员承诺在 2000 年 1 月 1 日前取消包括计算机软件、硬件等在内的约 200 种信息技术产品的关税。

第三,是关于自然人流动的谈判。自然人流动是 GATS 规定的第四种提供服务的方式(模式 4),大多数成员将自然人流动包含在其承诺表的纵向部分中。乌拉圭回合结束后,原定于 1995 年

6 月 30 日结束的关于自然人流动方面的谈判,因受金融服务谈判延长的影响,延长至 1995 年 7 月 28 日才结束。一开始,在自然人流动方面有着重要利益的发展中国家对发达国家的出价很不满意,后经过多方努力,尤其是发达国家对其减让表作出了令发展中国家满意的修改后,才达成了自然人流动方面的协议。其中,澳大利亚、加拿大、欧盟及其成员国、印度、挪威、瑞士六个成员提交了有关自然人流动的更高水平的承诺,旨在确保合格专业人员、计算机专家和其他各种类型专家的市场准入,允许他们以个人身份接受暂时性合约,能够在国外工作,不与东道国的任何商业存在发生联系。

第四,是关于海运服务的谈判。乌拉圭回合结束后,根据《关于海运服务谈判的部长决议》,成立海运服务谈判组,并依照决议设定的框架基础,就海运服务继续进行深入的谈判。这次海运服务谈判原定于 1996 年 6 月结束,但由于各成员所提交的初步承诺开价单及最惠国豁免项目清单所列附加条件太多,甚至美国这样积极倡导服务贸易自由化的国家都没有做出任何承诺,反而提出了包括对外国承运人调查和采取行动的权利等多项最惠国待遇豁免。此外,美国和欧盟两大主导成员在海运部门法律和政策方面相差悬殊,二者相持不下的局面使海运谈判一时陷入进退维谷的困境。1996 年 6 月底,认识到谈判难以圆满结束的事实,服务贸易理事会就海运服务做出决议,中止海运部门的谈判,直到下一轮服务谈判启动,有关谈判安排不应迟于 2000 年 1 月。随着谈判的中止,已经有 36 个成员在海运服务上做出了承诺,在谈判结束后有权改进、修改或撤回全部或部分的承诺,所有成员有权采用最惠国豁免待遇。

在完善服务贸易框架协议的谈判方面,服务贸易的保障措施、补贴和政府采购是 WTO 成员争论激烈的领域。其中,关于服务贸易保障措施的问题主要集中在保障措施是否有存在的必要和实施保障措施的具体条件上。对保障措施的存在持肯定态度的发展中成员认为,保障措施会激励有关各方作出更积极、更务实的有关服务贸易自由化承诺;对保障条款的存在持怀疑态度的成员(主要是发达国家)认为,总协定中已经包括了有效的保障条款,再确立保障措施会为贸易保护主义提供契机和借口。对于实施保障措施的条件,发展中国家和地区要求对以下两种情况作出界定:一是因履行 GATS 所规定的开放义务而导致服务进口的大量增加,结果使国内有关服务提供者要求采取保障行为以补救所遭受的损害;二是政府为了达到某些政策目标,采取的维护国内服务业生存的行动,即对国内服务业保持最低控制的政府行为。

关于服务业补贴的讨论主要集中在区分不同的服务业补贴和补贴幅度的衡量上。区别不同的服务业补贴非常重要,一般的服务业补贴包括实现地区和民族的平衡发展的补贴,实现各项社会目标的宏观性补贴,缓和市场衰弱的补贴,确保某些服务行业或服务提供者商业优势的补贴等。现实表明,各国政府实施的服务业补贴措施有扩张的趋势,特别是在高技术服务领域、运输和通信服务领域等。实施补贴的政策工具日趋多样化,包括生产要素的使用优惠、税收减免、利率补贴信贷、信贷担保、国有资产投入等。实施补贴的具体政策目标包括加强基础建设、援助呈衰弱迹象的服务业、鼓励 R&D 之类的特殊经济活动、平衡地区间的经济发展机会、改善国际收支状况、增加就业和转移收入等。由于相当多服务行业的市场份额、价格、单位成本等方面的信息资料的充分收集难度较大,服务贸易方式多样化,这意味着同样的补贴措施会因服务贸易方式的不同而出现差异,或出现不同的解释。这些原因使得确定补贴规范的谈判连连推迟。

关于政府采购问题的谈判焦点是各成员是否愿意在服务领域的政府采购方面维持现状。根据发达国家成员的观点,国民待遇本身并不能保证服务的市场进入,为使国民待遇真正具有效力,还应该确立政府采购方面的程序性规则和强有力的实施机制。他们主张政府采购的多边协议应该具有高度的透明度,并建议对各种服务类政府采购的经济影响和现行的政府采购法规进行审议。此外,GATS 规则审议工作组继续关注下列问题:为什么大多数国家未加入;工作组的工作范围;关于政府采购规定的多边程序进一步扩大的可能性;在更广泛的基础上建立程序规则的可能性;如何使已经存在的服务贸易总协定的透明度适用于服务贸易的政府采购措施;服务贸易政府采购自由化可能产生的影响等。

按照 1994 年达成的《服务贸易总协定》(GATS)的规定,各成员就服务贸易应定期进行连续回合的谈判,以期逐步实现更高的自由化水平。2000 年 1 月 WTO 正式发起了新一轮服务贸易谈判,主要包括规则制定和市场准入两方面的内容。在多哈回合启动前,WTO 主要就规则制定和服务贸易的谈判准则和程序问题展开了谈判。2001 年 3 月,WTO 服务贸易委员会(CTS)制定了《服务贸易谈判准则和程序》,主要是明确了谈判目的和原则,界定了谈判范围,并确定了谈判的方式和程序。2001 年 11 月在卡塔尔的多哈举行的 WTO 第四次部长会议正式启动了 WTO 多哈回合谈判,服务贸易谈判则被纳入一揽子谈判议题之内。《多哈部长宣言》再次确认了 CTS 制定的服务贸易谈判的准则和程序,明确了其谈判的最终结果将作为多哈回合一揽子承诺的一部分,并且为服务贸易谈判制定了具体的时间表。在此后的两年多时间里,尽管谈判总体上处于进展中,部分成员方向相关成员方提交了自己的最初要价,但由于各方意见各异,再加上服务贸易本身十分复杂,使多哈回合制定的时间表并未得到有效执行。2003 年 9 月,在墨西哥的坎昆召开的第 5 次部长级会议即多哈回合中期评审会议上,与会成员方就有关议题展开了激烈争论,各方分歧的焦点集中于农业问题和新加坡议题①上,矛盾异常错综复杂,最终导致谈判破裂,未能达成任何成果。坎昆会议的无果而终,意味着服务贸易谈判也未取得任何新的进展,多哈回合谈判陷入了僵局。此后,WTO 调整了谈判重点,着眼于制定一份框架协议,以确定今后谈判的指导原则和方向,并确定争取在 2005 年 12 月香港举行的第 6 次部长级会议上完成所有议题的谈判。鉴于多哈回合前一阶段各成员提交具体承诺的进展不够顺利,在 2004 年 8 月 WTO 全体理事会通过的《多哈工作计划》中,进一步明确了各成员提交开放服务贸易的承诺建议的期限,此后这一方面的进程开始加快。至 2005 年 12 月底,已经有超过 70 个成员提交了初步承诺建议,另外约有 30 个成员进一步提交了修订承诺建议。在 2005 年 12 月香港举行的第 6 次 WTO 部长级会议上,各成员经过 6 天紧张的磋商和讨论,通过了《部长宣言》。从香港会议上所通过的《部长宣言》来看,如同其他主要谈判议题一样,服务贸易谈判也取得了新的进展。该《宣言》第 25 至 27 条及附件 C,就如何在香港会议后加快服务贸易谈判的步伐阐明了关键的要素。主要包括:为不同服务行业和供应模式的市场准入承诺及服务贸易规则的制定订立了具体的目标;以诸边形式作为辅助,开展不同服务行业的谈判,以加快谈判步伐;订立了有利发展的元素,为发展中和最不发达成

---

①　新加坡议题是指在 1996 年世界贸易组织新加坡部长级会议上所提出的贸易与投资、贸易与竞争政策、政府采购透明度、贸易便利化四个议题。

员在服务贸易谈判中提供弹性空间,并协助他们更有效地参与谈判;为尚余的服务贸易谈判制定清晰的时间表,指引成员在2006年加快服务贸易谈判的步伐,以期达成最终的成果。

在这次会议上,有关成员还就进一步开放不同的服务贸易领域向目标市场提交了多项诸边要求,有的涵盖不同服务行业(如视听服务、电脑及相关服务、金融服务、物流服务、海运服务、电信服务等),有的涵盖以跨境交付和境外消费的模式提供若干指定服务,还涉及有关成员现时维持的最惠国待遇豁免的诸边要求等。《部长宣言》还对各成员向其他成员提出诸边要求、提交第二轮修订承诺建议和承诺减让表终稿的期限都分别作出了新的明确规定。香港会议后,按照其既定议程,WTO已于2006年3月和5月组织了两轮讨论各项要求的服务贸易诸边谈判,约有40个成员参加了谈判。然而,此后的谈判又遇到了新的曲折。WTO原先将农业补贴和工农业产品关税削减协议的最后期限定在6月底,以便留出时间在7月份就发展中国家的服务自由化和特殊待遇等其他关键问题展开谈判,从而在年底之前敲定完整的多哈回合贸易协议。大约60个成员的贸易和农业部长于6月29日开始在日内瓦展开谈判,争取在几天内就关键的农业和非农产品市场准入问题达成协议,但由于各方分歧严重,没有松动立场的迹象,会议不得不提前结束,多哈回合谈判被迫中断。

回溯国际服务贸易自由化的已有进展和成果,我们可以看到,自20世纪80年代以来,世界服务贸易异军突起,成为国际经贸活动中一支越来越重要的生力军,并日益成为推动各国和世界经济增长的"引擎"。为适应经济全球化和服务贸易迅猛发展的要求,近年来全球服务贸易自由化趋势不断增强,各国服务业开放的步伐不断加快。在这一进程中,无论是双边条约、区域协定还是多边贸易体制均发挥了不可或缺的重大作用。尤其是 WTO 通过持续推动各成员展开服务贸易多边和诸边谈判,以此提高服务贸易有关领域自由化的水平,尽管谈判进程十分曲折,甚至在某一阶段或局部可能出现停滞或倒退,但它所代表的全球贸易自由化的趋势是难以阻挡的。从服务贸易谈判的进程和走向来看,在今后一个时期中,全球服务贸易自由化将会呈现以下几个方面的基本态势:

第一,服务贸易自由化领域将会越来越广泛。在多哈回合服务贸易谈判中,有关规则方面的谈判议题主要包括了紧急保障措施、最惠国豁免、技术性审议、服务贸易补贴、政府采购、国内法规及透明度问题、具体承诺中的分类问题和自主自由化问题等。这些议题都涉及对 GATS 这一全新的多边贸易规则的具体内容和条款的进一步补充和完善,必将对今后各成员许多部门、许多方面的政策和法律产生深刻的影响。在市场准入谈判方面,至今各方要求做出具体承诺的领域已遍及各个传统服务部门和新兴服务行业,从商业、贸易、旅游、运输、工程承包和劳务输出,到信息、金融、保险、法律、咨询、经纪、通信和各种专业服务,都无一不是各成员关注和谈判的对象。特别是发达国家近年来热衷于推动信息业、电信通讯业、金融保险业、技术咨询业和视听服务业等领域的市场开放谈判,以图使这些部门和领域的贸易自由化达到一个更高的水平。可以肯定,随着服务贸易多边谈判议题的不断拓展,并在这些方面逐步达成新的协议,全球服务贸易自由化的领域将得到进一步的扩展。

第二,服务贸易自由化任务具有很大的艰巨性。从全球经济发展的背景来看,近年来经济全球化潮流的日益高涨,在推动国际经贸合作和交流不断增强的同时,也对各国经济社会发展带来许多冲击和震荡,各国发展不平衡加剧,南北发展差距扩大,国际市场竞争更为激烈,引发世界各地反全球化的声浪此起彼伏,各种新贸易保护主义措施纷纷出台,区域集团化步伐加快。这一现实正在影响和阻挠全球贸易自由化的进程,使新兴的服务贸易领域自由化的推进更为艰难和曲折。从已进行的多哈回合服务贸易谈判来看,尽管各方对达成新的协定都有一定的诚意,但在许多谈判议题上的目标和意图差距甚大,要逐步缩小各种差距,需要反复沟通和磋商,各方必须做出让步和获得补偿。同时,各方在谈判中的矛盾错综复杂,即使发展水平和利益相近的国家,在涉及许多具体领域的意见也不尽一致,甚至存在对立,需要不断加以协调。再加上谈判领域十分广泛,既要处理各种遗留问题和落实原有的协议,又要解决许多新问题和努力达成新的协议,因此,服务贸易自由化在前进道路上每迈出一步都是十分艰难的。

第三,服务贸易自由化具有深远的影响性。无论服务贸易谈判能够取得多大的成果,国际社会普遍认为,它对进一步加强多边贸易体制对服务贸易的约束和协调功能,加快全球服务贸易自由化的进程,以及促进世界服务业的发展意义重大。同时,也会对各国特别是许多发展中国家服务业的发展产生十分复杂和深远的影响。随着各种已有协议的落实和新协议的达成,一方面,将有效减少或消除现存种种服务贸易壁垒和歧视,进一步提高许多服务领域和部门的市场开放程度,刺激新兴服务产业的加速发展,并在一定程度也能照顾到发展中国家的利益和要求,刺激和扶持其服务业及服务贸易的发展和壮大;另一方面,会进一步增大许多国家特别是发展中国家的金融和经济风险,削弱政府的调控能力,减少其财政收入和就业机会,引发经济波动,加大国际收支失衡,使许多发展水平相对落后的服务行业、竞争能力较为薄弱的服务企业面临更直接的生存危机,国家安全也面临更多的威胁。对此,包括我国在内的广大发展中国家必须要有充分的思想准备和有效的应对措施。

第二节　国际服务贸易中发达国家与
发展中国家不同利益分析

著名经济学家克拉克和菲舍尔在其服务经济理论中提出了经济发展过程理论,他们认为,不同国家的生产重心将会从农业(初级阶段)向制造业(第二阶段)进而向服务业(第三阶段)过渡,最后这些国家都将进化为"后工业化"社会,或服务经济社会。按照这一理论,目前发达国家有的正处于从第二阶段向第三阶段的过渡,有的已完成了过渡,进入了"后工业化"社会;而发展中国家则处于第一和第二阶段。发达国家的比较优势在国际服务贸易中表现得尤为突出,故他们认为作为"后工业化社会",发达国家以后的经济发展主要是依靠服务业的增长。因此,发达国家将从国际服务贸易自由化中大大受益。

正因为在世界上发达国家与发展中国家服务业的发展水平和发展现状各不相同,所能获得的利益差异很大,这就决定了不同类型的国家对国际服务贸易自由化会采取不同的态度、立场和措施。

一、发达国家在国际服务贸易中的利益

自20世纪60年代世界经济结构的重心开始转向以服务业为主以来,发达国家占领先机,其服务贸易发展迅猛。发达国家在服务领域的比较优势一是技术领先,二是拥有较多技术人才,三是资金雄厚。加上它的信息网络等基础设施较为先进且完善,有能力在全球范围内提供服务。发达国家资本雄厚,科技水平高,研究与

开发能力强,它们主要从事资本密集型和技术、知识密集型国际服务贸易,如金融、银行、保险、信息、工程建设、技术咨询等。这类服务附加值高,产出大,需求弹性也比较大。从生产要素的角度看,发达国家在几乎所有的国际服务贸易领域中皆占有比较优势,这是因为各国出口的服务一般都是技术类的或资本密集型的。服务,特别是智能型的生产性服务,成为一种提供专业知识的主要手段。此类服务的提供,不仅有利于改善货物出口的竞争力,而且是增值的一个重要来源。

第二次世界大战后,西方国家在美国援助下较快地实现了经济恢复。西欧经济和日本经济发展速度加快,生产力水平得到较快提高。为适应其经济发展和社会进步需要,服务经济迅速发展。20 世纪 60 年代以后,发达国家中已有一些国家的服务业在国民生产总值(或国内生产总值)以及就业人口中所占比重超过农业和制造业的总和。到了 20 世纪 70 年代,所有发达国家的服务经济产值及就业人口均超过农业和制造业中的相同指标,在国民生产总值(或国内生产总值)及就业人口中居于主导地位。[1]

目前,在国际服务市场上,欧美等发达国家已成为国际服务贸易的主体,占有绝对的优势。以 2004 年为例,世界 10 大服务贸易国中,美、英、德、法、日雄踞榜首,其中仅美国即占有全球约 30% 贸易份额。[2] 而且以美国为首的发达国家的贸易结构不断走向高级化,在国际服务贸易增长最快、最具有增值空间的生产性服务领域,如电信服务、保险服务、金融服务、计算机和信息服务,以及特

---

[1]　《1995 年世界发展报告》,中国财政经济出版社 1995 年版,第 166～167 页。

[2]　WTO:《贸易快讯》2005 年 4 月 14 日。

许权使用和许可、专业服务等现代服务领域,其服务贸易额已占据全球服务进出口总额的75%以上,由此在高新服务贸易领域掌握了绝对主导的地位。与发展中国家相比较,当前国际服务贸易在出口内容上大多数是技术和资本密集型的,而这些服务大多是由发达国家向发展中国家出口;当按发达国家和发展中国家来统计国际服务贸易时,发展中国家是逆差国,发达国家是顺差国。

在西方发达国家中,美国、欧盟和日本在服务贸易领域中所采取的立场和所获得的利益最具有代表性。

就美国来看,美国目前是世界上最大的服务贸易出口国,其服务产业占到其GDP的近80%,就业人数占其就业总数的80%。从1989到1999的10年间,服务业为美国新增就业机会2060万个。2000年美国服务贸易的出口额为2745.66亿美元,占全球服务贸易总额的19.13%,其服务贸易顺差超过800亿美元,且这一趋势还在发展之中。

美国服务贸易中的主要出口产业包括:专业、科技和技术服务;软件生产;媒体和电信;证券经纪;商业银行;信息与数据处理服务等。据美国最大的行会组织——服务业联合会(CSI)统计,如果WTO新一轮谈判能够削减服务业贸易壁垒和工业品、农产品关税各1/3,美国的年收入可增加1773亿美元,而其中大部分将来自服务贸易,其收益可增长1500亿美元。美国和其他发达国家将是新一轮谈判中服务贸易自由化的最大受益者。

其实,早在20世纪70年代美国就完成了经济重心由制造业向服务业的转化,其在国际贸易中的比较优势也从货物贸易转向服务贸易。当时,劳动密集型传统工业如纺织等的优势日益转入发展中国家,而大多数制造业的优势已转移到新兴工业国家;美国等发达国家可具有的比较优势则是知识型或高科技型的产业和服务部门如金融服务、电信与计算机服务等方面,这些方面是赖以摆脱被动、消除货物贸易逆差、保持本国国际收支平衡的有力手段。正是意识到这一点,美国政府将其在国际贸易中的战略重点转移到保证日益增加的服务出口上来。为了实现这一目标,就必须消除来自各方面的对服务贸易的限制,因为这些限制构成了对美国服务出口尤其是高新技术服务出口的严重威胁。为此,美国从20世纪70年代中后期开始就致力于大力推动服务业在国内的迅猛发展和在国际上的扩大出口。在国内,美国在服务业中实行了私有化(privatization)和放松管理(deregulation)政策,即对由国家垄断经营且严格管理的一些重要服务行业如电信和运输等取消限制,鼓励私人服务企业(如航空公司)参与竞争,对金融等主要服务部门也放宽了政府的限制,使其服务业的自由化程度高于其他国家。在国际层面上,美国极力主张服务贸易的自由化将和货物贸易的自由化一样,对所有国家都有好处,并倡议所有国家"大胆开放"市场,即不仅表现为扩大服务的国民待遇义务,而且还包括谋求通过谈判改善允许外国人进入服务市场方面的状况,进而将服务贸易纳入多边贸易谈判的范畴。

美国积极要求尽快实现全球国际服务贸易的自由化,以利于其将本国的服务业向国外拓展,促进美国经济的增长。而且,美国的跨国公司在全世界占领先地位,消除服务贸易壁垒,有利于美国利用其全球经营网络及时有效地扩大其服务贸易市场。另外,美国在历轮关贸总协定的谈判中不断让步已逐步失去货物出口方面的优势,它希望通过建立和扩大在服务贸易上的霸主地位,来安抚国内不满的贸易保护主义势力并补偿其在货物贸易中的让步。美国国会在其《1974年贸易法》中授权总统就服务贸易问题与别国进行多边谈判以寻求"更公平的贸易"。在关贸总协定1973年开始的东京回合谈判中,由于美国的一再坚持,在关于非关税壁垒的有关协议中终于加入了服务贸易的内容。但有关服务贸易的条款的规定相对来说是很有限的,属非直接的义务承诺,而且也只在与货物贸易有关联时才会生效。里根总统入主白宫后,给予服务贸易以优先重视。里根政府成立了"服务咨询委员会",来协调政府和产业界在有关服务贸易方面的立场,并于 1980 年发起了一场公关运动以推动国际社会就服务贸易进行谈判以达成一项"国际公约"。美国政府为此举办了一些高层次的研讨会,开展学术研究,并在经合组织中为服务业问题拟定了一个工作计划。继而,美国国会在 1984 年的《贸易与关税法》中授权政府就服务贸易、投资和知识产权进行谈判,并授权政府对不在这些问题上同美国妥协的国家进行报复。

美国给自己确定的服务贸易谈判的目标是要建立一个多边法律框架,以在尽可能多的部门和国家中推进国际服务贸易的自由化,该多边框架将处理那些限制外国服务供应商业务的做法和扭曲贸易的措施,同时,消除现存的一些限制性措施和贸易壁垒。美国为了不让服务市场自由化程度低的国家"搭便车"(free ride),且避免外国竞争者可以直接进入美国市场参加竞争,而美国却不能进入其他国家市场竞争的被动局面,就要求通过多边法律来促进其他国家消除服务贸易壁垒,求得国际贸易政策上的平衡。

将服务贸易、知识产权和与贸易有关的投资措施作为三个新议题而进行多边谈判,也是美国提出并坚持主张的。在发起乌拉圭回合谈判的 1986 年,在乌拉圭举行的 GATT 部长级会议上,经过以美国为代表的发达国家和以印度、巴西为代表的发展中国家的激烈争论,最后达成这样的妥协:为了换得发达国家在 GATT 的纺织品、灰色区域和农产品方面做出的让步,作为一揽子交易,同意将服务贸易等列入乌拉圭回合谈判议程,并最终达成了《服务贸易总协定》(GATS)。

WTO 成立后,随即展开了新一轮服务贸易谈判。美国主张新一轮服务贸易谈判要为乌拉圭回合的《服务贸易协定》补充血肉,使之具体化和更大程度的自由化;同时,以其国内现行的服务业标准为主导来推动世界服务贸易的标准化。另外,以美国为代表的发达国家不能不考虑兼顾发展中国家的利益,为其提供能力建设帮助,争取发展中国家对服务贸易自由化和市场开放的支持。

除美国外,欧盟也是国际服务贸易的最大获益者。欧盟是服务贸易的"超级大国",其服务业的出口是美国的两倍,它在许多项目上的出口都居世界首位。而且,随着国际服务贸易的自由化,信息、技术、广告和咨询这些欧共体的主要服务产品还将进一步增长。但与主张国际服务贸易完全自由化的美国不同,欧盟则主张"逐步自由化",这一主张更贴近欧盟自身的利益。欧盟建立统一大市场的目的,就是要实现货物、人员、服务和资本在成员国之间的自由流通。欧盟的前身欧共体认为:并非所有的服务贸易壁垒都应随自由化而被取消,原因在于有些限制性规定是为了实现某些政策目标而存在的。更何况所谓"合适的规定"和"不合适的规定"之间,并无公认的界线。欧共体主张:服务贸易自由化应随着有关贸易条件的成熟而逐步实现。关贸总协定的货物贸易规则只"部分适用"于服务贸易,以后的服务贸易谈判只能在关贸总协定及以后的世贸组织中经常地、逐步地推进。欧共体的立场和观点具有较广泛的代表性和较大的影响力,反映了其在国际服务贸易中的地位和利益的需要。一方面,它在国际服务贸易中有相当的竞争优势,所以积极主张国际服务贸易自由化。另一方面,由于欧共体国家与许多发展中国家和地区有较深的历史联系,并在这些国家和地区的服务市场占有较大份额。而实现服务贸易自由化后,不仅西欧的服务市场可能会受美国的冲击,还可能失去它在有关发展中国家和地区的既得利益和垄断地位,所以它主张"逐步"的自由化。

欧盟关于国际服务贸易的法规,主要体现在《罗马条约》中(Treaty of Rome,又称 Treaty Establishing European Community)。在服务贸易自由化措施方面,主要有两个方面的要求:一是逐步分阶段地(by progressive stages)取消对服务贸易的限制;二是在该条约生效后,不得采取新的限制措施。欧盟还通过欧洲理事会发布了大量的指令,有效地促进了其在金融、运输、电信等方面的自由化。

在发达国家中,日本在国际服务贸易中的地位和利益有其特殊性。日本从一开始就积极地支持美国的服务贸易自由化主张,这很大程度上是由于日本对美国和欧共体一直存在巨大的货物贸易顺差,日本此举的主要目的是为了缓解美欧的政治压力。虽然日本长期以来在国际服务贸易方面存在逆差,但日本已充分认识到服务业在其国民经济中的重要性,并着力提高其在服务业领域的竞争能力,尤其是在金融和人力资源方面。日本凭借其强大的工业、技术和资金优势,目前已成为国际服务业强有力的竞争者,在 2004 年时就与美、英、德、法一起,跻身世界 10 大服务贸易国之列,在国际服务贸易中取得了巨大的利益。尽管它与美欧时不时地会存在一些贸易摩擦,但它们在国际服务贸易领域中的根本利益是一致的。

二、发展中国家在国际服务贸易中的利益

在国际服务贸易中,随着其自由化程度的逐步提升,对广大发展中国家在经济和非经济领域中的利益均带来了正负两个方面的影响。发展中国家对国际服务贸易及其自由化的态度,也经历了

一个从全面反对到逐渐接受的过程。

如前所述,国际服务贸易自由化是建立在比较优势学说基础之上的。从理论上说,自由贸易最有利于促进服务生产资源进行合理的国际配置,从而促进各国的服务经济增长,增进各国的物质福利,因此各国应该实行自由贸易政策。然而,我们必须看到这样一个现实:当今世界存在着发达国家和发展中国家两种类型,它们分别代表着经济发展的两个不同的阶段。在这两个不同的阶段上,各国在发展国际贸易时所选择的贸易政策是截然不同的,而如今可以说还没有一个贸易政策对处在不同发展阶段的国家都完全适用。因此,在一个由处在不同发展阶段的许多国家组成的世界经济中,如果各国一律采用一种贸易政策,其结果必然体现出对某些国家是成功的,而对另一些国家则可能是灾难性的。这就是自由贸易理论适用于当今国际服务贸易现实时所遇到的难题,也体现出比较优势理论自身的局限性。

首先,按照比较优势理论,为实现在国际范围内服务生产资源的有效率的配置,发展中国家与发达国家可以按服务和货物进行国际分工,以货物换服务,即发展中国家集中于制造业和初级产品的生产,其产品向发达国家的出口会由发达国家相对着重于服务业发展而得以增长。事实上,让发展中国家在世界需求乏力而且保护程度极强的产业(如钢铁和纺织)方面集中他们的工业和货物贸易,而发达国家却集中力量去发展那些具有生机活力、具有巨大增长潜力的服务产业和国际服务贸易,这种国际分工对于经济落后国家来说,实际上是要他们永远处于从属地位。

其次,建立在比较优势理论基础上的服务贸易自由化主张会制造不公平竞争,加速世界经济的不平衡发展。毋庸讳言,公平竞争是市场经济的基本条件,也是国与国之间发展国际服务贸易的基本原则,在国际服务贸易多边规则中,它体现为国民待遇原则。尽管国民待遇原则是一条正确的竞赛规则,但在其适用过程中应受到一定条件的限制,即应当在经济发展水平大致相当的国家适用。在国与国之间经济发展水平相差悬殊的情况下,如果经济落后国家无条件开放国内服务市场,让本国服务企业与经济技术上具有绝对优势的跨国企业去进行自由竞争,无异于让一个猛男壮汉与一个弱小女子适用同样的规则同场赛跑,这样的竞赛规则往往会造成不公平的结果,即让国外先进的生产力摧毁本国的服务经济,使本国处于被动地位。本来,服务业中的许多部门,如银行、保险、通信、信息、咨询、法律事务、数据处理等,都是资本—知识密集型行业,在发展中国家里,这些行业通常是非常弱小的,不具备竞争优势,加上发展中国家的许多服务部门尚未成熟,经不起发达国家激烈竞争的冲击,过早地实行服务贸易自由化,不仅会压缩发展中国家国内的市场空间,影响其国内服务业的发展和扩张,甚至会毁坏和断送其不断增长的服务业前程。

正因为如此,当美国在20世纪70年代末80年代初开始提出服务贸易自由化主张时,绝大多数发展中国家都坚决表示反对。发展中国家还进一步认识到,国际服务贸易的自由化对发展中国家还会带来如下一些不利影响。

第一,国际服务贸易自由化对发展中国家的经济安全会带来不利的影响。服务贸易自由化对发展中国家经济安全的影响主要表现在两个方面:(1)对发展中国家经济独立性与经济主权带来不利影响。服务贸易自由化可能会削弱发展中国家的经济独立性,因为对服务贸易自由化的承诺会使发展中国家在一定程度上丧失部分经济决策的自主权,特别是发展中国家的某些至关重要的服务行业,如通信、金融和交通运输业等可能受到发达国家跨国公司的控制和支配而损害东道国的主权。从一定意义上讲,就涉及国家主权、安全等重要部门的服务投资和服务贸易进行谈判,无异于就国家控制其经济发展的战略及保卫国家安全的能力讨价还价,对于发展中国家来说是不能接受的。同时,外国服务的竞争可能会抑制发展中国家弱小的新兴服务业,特别是高新技术生产性服务以及与之相关的高新技术产业的发展,使他们难以改善自身的产业结构,从而在高技术服务上依赖发达国家。(2)对发展中国家经济发展的稳定性带来不利影响。经济发展的稳定性是与独立性相联系的,不合理的产业结构和高度的对外依赖都会影响经济的长期稳定发展。同时,服务贸易自由化还通过以下两方面增加经济的不稳定性:一方面,服务贸易自由化鼓励一国根据比较优势的原则发展自身具有相对优势的服务业,这就有可能增强某些发展中国家对某一单一服务部门的依赖,不利于这些国家形成对国际市场的应变能力;另一方面,银行业等金融服务市场的对外开放将使发展中国家的国内金融体系与世界金融市场联系在一起。一旦国际金融市场发生强烈动荡,将难免对发展中国家的经济造成冲击。例如,1997年7月从泰国开始发生的东南亚金融危机,很快就造成整个亚洲乃至全球金融市场的动荡。

第二,国际服务贸易自由化对发展中国家的国际收支平衡会带来不利影响。从理论上讲,国际服务贸易的自由化可能改善发展中国家的国际收支,即发展中国家可以利用自由化的国际环境设法扩大自己的服务出口,适度开放金融服务市场将也有利于外资的流入,而且由于采用优质廉价的进口服务,发展中国家可能降低其物质产品的成本,提高质量,增强货物出口的国际竞争力,从而增加货物出口收入。但是,由于发展中国家在国际服务贸易中处于弱势地位,服务业在其国民经济中所占比重不大,对于一些需要进口大量服务的发展中国家来说,在减少对服务进口的限制后,可能导致服务进口大量增加,造成国际收支恶化。

第三,国际服务贸易自由化对发展中国家的劳动就业会带来不利影响。从总体上看,发展中国家服务业劳动生产率较低,劳动密集程度高,劳动力素质差,向其他部门转移较困难。因此,服务贸易自由化可能使本国服务业和与之相关的物质生产部门的就业状况恶化,而且对发展中国家的尚未成长起来的高新技术服务部门,如远程通信服务、法律专业服务、金融保险服务、信息咨询服务等等可能造成损害,从而影响这些服务业的发展与国内就业。但是随着服务进口与出口的扩大,也可能增加一部分就业,特别是通过扩大劳务出口,能够缓解国内就业的一些压力。

第四,国际服务贸易自由化可能威胁发展中国家文化市场的安全,威胁其民族文化的独特性和创造性,从而影响发展中国家精神文化的正常发展。因此,在国际服务贸易中,发展中国家还需抵御外国文化入侵,防止"服务帝国主义"。

当然,国际服务贸易自由化也会给发展中国家带来一定的利益,产生一定的正面效应。主要体现在以下几个方面:

首先,对发展中国家经济效率的提高产生一定积极影响。在国际服务贸易自由化过程中,由于国内市场和国际市场连为一体,服务的提供可以突破国内市场的局限,发展中国家的企业能够有更多的机会选择质优价廉的服务,进口其经济发展急需而本国又不能满足需求的生产性服务,有利于解决生产发展与服务业落后的矛盾,提高企业的经济效益。服务贸易自由化会强化竞争,外国企业的竞争将迫使发展中国家的服务企业向国际先进水平看齐,吸收国外先进服务技术与经验,努力降低成本,提高质量和竞争能力,淘汰低效的服务提供者,消除垄断形成的高利润。

其次,服务贸易自由化也有利于发展中国家发展自己具有优势的服务业,为其有优势的服务业出口创造更多机会。不少发展中国家,尤其是一些新兴的工业化国家和地区,在某些服务行业已取得相当的优势,如新加坡的航空运输业、韩国的建筑承包业、泰国的国际旅游业等,这些国家和地区希望通过服务贸易的自由化来扩大本国占据优势服务的出口获得服务贸易自由化的利益。

再次,服务贸易自由化对发展中国家技术进步会产生一定积极的促进作用。一方面,国际竞争的压力会迫使发展中国家的服务业加快技术进步,促进对国外先进的技术、经验、管理方法的引进和学习,从而降低服务业的成本,提高效率;另一方面,服务贸易本身可以成为技术转让的渠道。由于技术进步往往首先发生在服务领域,这样就可以使发展中国家通过技术引进、咨询、培训及其他技术服务形式获得先进技术和其他信息。同时,外国直接技术投资也往往伴随某些技术转让。

此外,发展中国家还认识到,如果在服务贸易自由化方面不主动应战,不提出自己关于服务贸易自由化的方案,而听任发达国家单方面提出有关服务贸易自由化建议,就会使自己处于十分被动的地位,自身利益将无法体现,也得不到有效的保护。而且如果不参与服务业自由化的多边谈判,就会受到美国等发达国家的报复,失去已经得到的优惠或被西方国家施加更多的壁垒,这将会给发展中国家的利益带来更大的损害。正是基于这样的认识,发展中国家对服务贸易自由化的态度有了较大的转变,对服务贸易政策进行了必要的调整,不仅参与服务贸易自由化谈判,而且扩大了服务市场的开放度,对服务贸易的自由化起到促进作用。

服务贸易自由化为发展中国家敲开发达国家服务市场提供了许多机会,为其提高服务效率创造了条件。但应当注意的是,一个发展中国家能在多大程度上发挥自身的比较优势,取决于发展中国家自身经济发展水平以及国际竞争环境。实际上,发展中国家较低的经济发展水平以及不利的国际竞争环境在很大程度上制约了发展中国家在国际服务贸易中获得比较利益。在当代,服务业的国际竞争越来越从劳动力成本、地理环境优势的竞争转向技术的竞争,而技术恰恰是发展中国家现实经济中最大的弱点。在旅游、运输等传统服务部门,发展中国家尚可主要依靠廉价劳动力和自然条件进行国际竞争,而在自由化中受惠最大的信息化服务部门,发展中国家由于技术能力低的制约,很难从自由化中得到利益。因为信息化服务往往依靠现代化通讯、信息处理设备,而发展中国家缺乏相应的高技术工业来提供这些设备。发展中国家提高服务业国际竞争能力的最大障碍并不在于贸易壁垒和缺乏竞争刺激,而在于技术层次和管理水平低以及缺乏必要的物质基础。

从发展中国家服务业内部产业结构看发展中国家自身最薄弱、因而最需要从国际市场引进的服务是生产性服务,特别是其中的信息化服务如金融服务、技术服务、数据处理、通信、咨询等,而信息化生产性服务恰恰是国家经济安全影响最大的领域。发展中国家如果完全任其自流,就难免在这方面依赖发达国家,以致陷入这样的困境:一方面由于现代服务与物质生产的紧密结合,发展中国家必须依靠发达国家来获得生产性服务以满足生产发展的需要,保持在物质产品方面的竞争力;另一方面,由于现代服务与先进科学技术的紧密结合,技术能力薄弱的发展中国家短期内难以发展自己的技术密集、知识密集的信息化服务,因而难以摆脱对发达国家的依赖,而这种依赖反过来又进一步抑制发展中国家本国高技术服务业的发展。在信息化生产性服务上依赖发达国家的危险不仅在于压抑本国高技术服务的发展,使发展中国家难以改变落后的服务产业结构,而且在于这可能会使发展中国家在世界信息资源的再分配系统中处于不利地位。例如发展中国家在数据处理方面依赖进口时,就可能形成由发展中国家提供未经加工的原始数据,再由发达国家进行处理的格局。在这种交换中,发展中国家一方面支付数据处理费用,另一方面又无偿输出了原始信息资料,而发达国家则在赚取信息加工的附加价值的同时还获得了无偿的信息流入。信息的无偿外流不仅使发展中国家损失了宝贵的经济资源,而且对国家安全造成了潜在的威胁。同时,服务贸易自由化造成的竞争从外部迫使发展中国家发展具有相对优势的服务业,而发展中国家具有相对优势的往往是旅游、工程建设、运输等劳动密集型的传统非信息化服务。这样,一方面发展中国家依赖从发达国家进口信息化服务,另一方面又依赖传统服务业的出口获得外汇,平衡国际支出,服务贸易自由化很可能使这种格局固定化。这种服务贸易格局的实质是发展中国家用附加价值较低的服务来换取发达国家附加价值较高的服务,用简单劳动与复杂劳动相交换。这种分工格局意味着发展中国家丰富的劳动力资源无法在国际市场上转化为更高的价值,发展中国家的服务贸易只能局限在低增值的水平上。这种建立在比较优势基础上的服务贸易格局,一旦长期延续下去,就会使发展中国家永远无法改变自身的落后地位。这是发展中国家在服务贸易自由化过程中面临的最严峻的现实问题和理论问题。

从国际竞争环境方面看,当代国际竞争环境在总体上对发展中国家来说是不利的。从理论上讲,服务贸易自由化能够向发展中国家提供更多更好的服务,以提高发展中国家出口竞争能力。但是,在实际经济生活中,发展中国家出口竞争力最强的领域往往就是发达国家贸易保护主义最盛的领域。因此发展中国家由于出

口竞争力的提高本应得到的利益可能在很大程度上被发达国家的
贸易保护主义所抵消。

　　总体上而言,由于发展中国家在整个国际经济格局中处于劣
势,如果按照发达国家主张的比较优势原则来处理服务贸易自由
化问题,就有可能出现这样的格局:发达国家成为服务贸易自由化
的主要获利者,而发展中国家则成为自由化不利影响的主要承担
者。这里的关键是发展中国家技术上的差距。如果发展中国家不
能在技术上缩短差距就难以得到自由化带来的经济效益,却要在
经济安全上付出昂贵的代价。

第三节　国际服务贸易的安全保障

　　随着国际服务贸易自由化进程的展开,国际服务贸易的安全
保障问题便被提了出来。所谓国际服务贸易的安全保障是指在国
际服务贸易自由化过程中,由于事先没有预见到的情况,导致服务
进口急剧增加,并对国内服务产业造成严重冲击,这时,该进口国
可以采取临时性紧急保障措施,在一定程度上偏离原来实行的自
由贸易政策,以避免国内服务产业全面丧失对抗进口服务的竞争
力。在采取临时性贸易保障措施经过一段时间后,当国内服务产
业恢复了一定的国际竞争力时,这种贸易保障措施将逐步减轻或
取消,该国将重新回归到自由贸易政策的轨道上来。保障措施是
一种贸易保护措施,尽管它在一定程度上会抑制贸易自由化的快
速发展,但其又是贸易自由化健康发展必不可少的保障因素。①

---

　　①　参见张汉林总主编:《保障措施争端案例》,经济日报出版社 2003 年版,
第 8 页。

　　人类发展的过程,究其实质是由约束走向自由的过程。康德宣称自由乃是"每个人据其个性所拥有的一项唯一的和原始的权利"①。国际贸易,作为人类活动的一种具体表现,也必然存在一个由约束走向自由的过程。如前所述,当代世界经济已经进入贸易自由化时代,服务贸易的自由化业已成为时代潮流,几乎所有的国家和地区都被卷入其中,任何国家都不能回避,更无法阻挡。服务贸易的自由化,对各国经济发展、技术进步、贸易增长、服务业发展以及居民福利的改善,都可能产生积极的影响,这对于广大发展中国家来说尤为重要。《服务贸易总协定》(GATS)在其序言中就明确指出,达成服务贸易协定,实行服务贸易自由化的主要目的,就是"希望建立一个服务贸易准则和规范的多边框架,从而在透明度和逐步自由化的条件下扩大该类贸易,并以此作为促进贸易伙伴经济增长和发展中国家发展的一条途径","希望有助于提高发展中国家在世界服务贸易中的参与程度,将帮助它们扩大这方面的出口,特别是通过其国内服务能力、效率和竞争力的提高"。但同时也应该清醒地认识到,服务贸易涉及国家政治、经济、文化等各个领域,世界各国在促进服务贸易自由化的同时,无一例外要考虑两个方面的因素:一是本国经济独立性的考虑。因交通运输、电力、通信、金融等服务业部门属于一国经济的命脉,一旦这些部门为外国控制,一国经济的独立性必然会受到极大影响,进而导致"依附经济"的产生,甚至使国家陷入"没有经济发展的经济增长"泥潭;二是政治和文化上的考虑。教育、新闻、影视及音像制品等服务部门均属于意识形态领域,保持本国在政治和文化上的独立

---

　　① E.博登海默著:《法理学——法律哲学与法律方法》,邓正来译,中国政法大学出版社1997年版,第279页。

性,反对外国文化的入侵,是每个国家政府与人民的任务。因此无论是对发达国家还是发展中国家而言,服务贸易自由化都是一把双刃剑,其政策取向都无一例外地需要在国家利益、国家安全利益与服务贸易利益三者间进行权衡或抉择,而这种权衡或抉择一般来自竞争力的考量。在服务贸易自由化过程中,必须得有相应的安全保障措施。正像霍布斯指出的那样,人民的安全是至高无上的法律。① 自由与安全,构成了国际服务贸易的矛盾运动。

一、贸易自由化是保障措施产生的根源

(一)保障措施是贸易自由化非均衡发展的结果

贸易自由化是许多贸易协定所规定的目标。无论是双边贸易协定还是多边贸易协定,其基本目标都是为了在一定程度上共同实行自由贸易政策。如果一个国家不存在与任何国家之间的贸易协定,根据国家主权原则,该国可以确定任何形式和内容的对外贸易政策。这种完全的自主的对外贸易政策意味着该国在理论上可以对外实施任何关税壁垒和非关税壁垒,并无自由贸易的国际法义务的约束,在此背景下,保障措施制度也就没有存在的意义,因为该国原本就可以随意提高关税和进行数量限制。因此,我们可以说,保障措施作为一种贸易保护措施,是与国际社会的自由贸易政策相伴而生,共生共长的。

目前,尽管贸易自由化正以前所未有的速度向前发展,但是,由于传统、经济、社会、政治的原因,使得国家和地区间以及一国内部不同部门间贸易自由化的发展程度很不均衡。这种不均衡主要

---

① 李双元、李先波:《世界贸易组织法律问题专题研究》,中国方正出版社2003年版,第138页。

体现在:

1. 不同经济发展水平的国家之间市场开放程度差异巨大

发达国家或地区的市场开放程度远高于发展中国家和地区。发达国家不仅大量出口,还大量进口;不仅进口初级产品,也进口制成品,甚至高科技产品;不仅从事货物贸易,还从事服务贸易、知识产权贸易。发达国家的市场开放是全方位的,而发展中国家是局部的、有限的。就国际服务贸易看,根据世贸组织的统计数据显示:1999 年世界主要国家/地区服务贸易出口额居前 10 位的除中国香港外,其他均为发达国家。尤其是美国,无疑是当今世界服务贸易出口超级大国,一国独占世界份额近 1/5,前 10 名出口服务额共 8137 亿美元,占世界服务出口总额的 60.7%。另外,在 20 世纪 90 年代发达国家的服务贸易总份额已经占据全世界的 70%。[1]在发展中国家情况则大相径庭。以中国为例,虽然 1999 年占世界服务贸易出口份额较之前几年增长至 2.0%,[2]但这一数据与主要发达国家相比显然低很多,其他经济不发达的国家的情况也可想而知了。所以在当前世界服务贸易发展过程中,虽然呈现了自由贸易不断增强、保护贸易不断削弱这样一个总体趋势,但现实中各国实行的并不是纯粹的自由服务贸易,而是或多或少都对本国的对外服务贸易进行了管理。很明显,有管理便有限制,有限制也就有了保护。若要尽快全面地消除这种保护,取消各国设置的特别管制措施是不现实的。

2. 一经济体内部不同部门间市场开放程度不同

---

① Neela Mukherjee, "*GATS and the Millennium Round of Multilateral Negotiations: Selected Issues from the Perspective of the Developing Countries*", Journal of World Trade, Vol. 33 No. 4 August 1999, p. 92.

② WTO: Annual Report 2000.

对大部分国家来说,货物贸易自由化速度要快于服务贸易自由化速度;制成品贸易自由化程度要高于农产品、初级产品的贸易自由化程度;资本、技术密集型服务贸易自由化程度要高于劳动密集型服务贸易的自由化程度,比如运输服务、技术服务的市场开放要高于国际工程承包等。

3. 经济一体化组织之间、经济一体化组织内部贸易自由化程度存在明显差异

经济同盟的贸易自由化程度高于共同市场,共同市场高于关税同盟,关税同盟又高于自由贸易区。一体化组织内的贸易自由化速度要快于非一体化国家间的自由化速度。例如,欧盟内部成员间的贸易自由化程度要远高于其成员与联盟外其他国家间的贸易自由化程度。

4. 发达国家间的贸易自由化程度高于发达国家与发展中国家间的贸易自由化程度

发达国家是世界贸易的主要参与者和获益者。发达国家的贸易伙伴主要是发达国家,发达国家之间的贸易额占据世界贸易总额的绝大部分。发展中国家之间的贸易自由化程度和速度有限,这主要是受限于发展中国家较低下的发展水平和雷同的经济结构。

贸易自由化非均衡发展的根源在于不同经济体以及同一经济体内不同产业之间国际竞争能力的不同。对一经济体而言,其强势产业越多,其对外开放的程度必定越大;对产业而言,具有越强国际竞争能力的产业,其参与国际经济交往的深度和广度则越大。可以说,经济实力的强弱是贸易自由化快慢的基础。

由于对外贸易有利于经济和产业结构的转换,有利于资本积累,有利于加速技术进步和扩散,有利于提高劳动力素质和增加人

力资本,因此,对外贸易对于促进经济增长具有举足轻重的作用。在一定意义上,对外贸易是经济增长的发动机。谁充分开动了这部发动机,谁的经济就能发展得更快一些,谁就能在国际经贸竞技台上技高一筹;哪个产业能充分利用这个发动机,哪个产业的进步就要快一些,进一步贸易自由化的潜力就要大一些。然而,由上面的介绍可知,贸易自由化在国家间和产业间是不均衡的,也就是说,不同国家和不同产业掌握和运用对外贸易这一发动机的能力的确存在显著差异。这一差异加剧了国家间、产业间经济实力和进一步贸易自由化的潜力的分化。由此可见,贸易自由化本身发展的不均衡会导致其发挥作用的不均衡。对于参与同一国际市场竞争的发达国家和发展中国家,发达国家从对外贸易中获得的好处比发展中国家要多,因为发达国家的原有经济基础要好一些,利用外贸发动机的能力要强一些。同理,对于进入同一国际市场的不同产业,优势产业的收获会大于弱势产业。因此,对发达国家而言,积极推动制造业、高技术产业、现代服务业、知识产权等的贸易自由化要远比推动农产品、初级产品、劳动密集型服务业的贸易自由化有利;而对发展中国家而言,情况正好相反。由此也可看出,在国际市场上,不只是发展中国家存在势弱的地方,发达国家也存在实力不济的一面。实力不济就会寻求保护,因此,在贸易自由化过程中,不只是发展中国家需要保护,发达国家也有需要保护的地方。

非均衡发展的贸易自由化必然促生保障措施。贸易自由化的非均衡发展以及贸易自由化作用的不均衡导致了不同国家和不同产业在国际市场的处境不同。有的国家从国际市场上捞尽好处,有的国家则感到力不从心;有的产业觉得每打入一个市场就可获得一次腾飞的良机,有的产业则发现每进来一批竞争对手,自己的地盘就会失去一块。不同的境况产生了不同的对待贸易自由化的态度。贸易利得较大的国家和产业期望贸易限制能够更少一些，贸易渠道能够更畅通一些；而贸易利得较少、甚至存在贸易亏损的国家和产业显然不愿意贸易自由化过快发展。由此而来，在国家之间和产业之间就出现了加快市场开放与限制市场开放两种态度的冲突。这种冲突具体表现为：一国要求另一国更快更全面地开放市场，而另一国自己并不愿意这样做；一国希望加强与另一国在某些产业的贸易来往，而另一国更希望加强与该国在其他领域的来往；一国内部的优势产业希望政府执行更为开放的对外贸易政策，而另一些弱势产业却指望政府加强贸易保护……如此这些矛盾如果得不到化解，必然会扰乱正常的国际贸易秩序，影响各国的经济贸易政策。这对发达国家和发展中国家无疑都是不利的，因为发达国家和发展中国家都面临着此类矛盾。那么应该如何解决这些矛盾呢？经过国际贸易实践的长期摸索，各国发现，只有制订一套既不妨碍贸易自由化进程，又不恶化弱势国家和弱势产业处境的机制，才能有效缓解上述矛盾。这样的机制就是贸易自由化中的保障措施机制。[①]

之所以称为"贸易自由化中的保障措施机制"，是因为该机制既有贸易自由化的内容又有保障措施的内容。它的基础是贸易自由化，核心是保障措施。一方面它通过给予困难产业紧急保护来减弱贸易自由化对这些产业的冲击，另一方面它通过减弱困难产业所受冲击来维护并推动贸易自由化进程。所以说，保障措施产生于贸易自由化过程之中，是贸易自由化的产物，正如美国学者杰

---

①　张汉林总主编：《保障措施争端案例》，经济日报出版社 2003 年版，第 8 页。

克逊所言,如果不存在"自由贸易"的政策与实践,就没有必要如此考虑保障措施问题。① 保障措施是抵御贸易自由化负面影响的手段,同时又是维护和推动贸易自由化向前发展的工具。值得注意的是,提倡、实行贸易自由主义最卖力的国家,往往是最适宜产生保障措施制度的土壤,无怪乎美国最早提出保障措施的设想并付诸实现,而许多发展中国家甚至贸易大国却根本没有此制度。②在 GATT 时期,援用保障措施的国家大部分是发达国家。发展中国家在 GATT 成立后 30 年间,除秘鲁和罗得西亚实施过两起保障措施外,几乎没有实施过保障措施。可以说,发展中国家在 GATT 时期的贸易自由化程度不高是造成这种状况的一个重要原因。

(二)保障措施与贸易自由化的矛盾运动

保障措施不是自古就有的,它是贸易自由化的产物,封闭半封闭经济条件下的贸易保护严格讲不能称之为保障措施。保障措施的产生充分体现了贸易自由化向前发展的内在要求。保障措施与贸易自由化相互依存,相互作用,互为条件。

1. 保障措施是抵御贸易自由化负面影响的手段,在一定程度上会延缓贸易自由化的步伐

贸易自由化是世界经济发展的必然。它的快速发展有利于促进世界经济的增长,有利于改善社会福利水平,有利于增进世界各国人民的经贸交往。尽管完全的贸易自由化思量起来是那么的难以想象和遥遥无期,但是它应该成为人类社会孜孜以求的理想。然而,与贸易自由化相伴相随的保障措施会在一定程度上延缓这

---

① [美]约翰·H.杰克逊著:《世界贸易体制——国际经济关系的法律与政策》,张乃根译,复旦大学出版社 2001 年版,第 197 页。

② 李居迁:"WTO 保障条款的源流及法律特征",载《比较法研究》1997 年第 2 期。

一进程的步伐。因为，一国使用保障措施以后，它的市场开放程度会在一定期限内下降，从而使该国的贸易自由化进程放缓；同时，由于该保障措施的实施，其他国家的对外贸易将受到抑制，从而使国际贸易活动减少，贸易增长能力受到相对削弱，这会使世界贸易自由化的总体进程放慢。正因为保障措施具有这一作用，所以保障措施的实施条件往往很严格，目的在于防止滥用。

2. 保障措施是规避贸易自由化风险的工具，为贸易自由化保驾护航

应该说，保障措施所具有的上述作用只是一种附带效应，人们创造该措施的初衷在于借此规避贸易自由化的风险，防止一国或一产业因参加国际市场活动而遭受严重损失，这是保障措施对贸易自由化进程的最大贡献。试想如果一国因扩大市场开放而导致民族产业一败涂地，大量工厂倒闭，大量工人失业，整个国家陷入严重经济危机或社会危机，这样的国家还有心思继续贸易自由化吗？如果一国政府在市场开放前就预见到风险存在，它还会继续打开国门吗？正因为如此，保障措施制度被看作是为了保证自由贸易正常发展而设立的"安全阀"（safety valve）。保障措施的安全阀作用对贸易自由化协议的存在及运作至关重要，它为政府提供了在有必要时违背特定自由化承诺的途径，同时又设置了一定条件的限制。[①] 保障措施制度使得各成员国在承担贸易自由化义务的同时，考虑到国际社会中不同类型的国家经济利益的需要，允许各国的贸易自由化义务可以在一定条件下做一些变通，使各国在承担条约义务的同时，也能维护其主权利益。在服务贸易中，当因

---

① 伯纳德·霍克曼、迈克尔·考斯泰基著：《世界贸易体制的政治经济学》，刘平、洪晓东、许明德等译，法律出版社1999年版，第159页。

贸易自由化导致的进口增加,正在威胁或可能威胁国内同类服务或直接竞争服务的提供者时,成员方应当能够采取紧急保障措施,给国内服务业提供调整适应新竞争条件的喘息空间,以消除贸易协议中的承诺和义务所产生的临时困难或压力。①

同时保障措施为成员方接受更高程度的服务贸易自由化免除了后顾之忧。由于保障措施可以确保一种"自卫性的"(defensive)利益,它将有助于促进贸易自由化,因为如果成员方知道有合适的保障措施可以援用,它们会更放心地作出减让。因此,设计新的保障机制的合理性在于它对将来的服务市场开放的贡献,这是我们在服务贸易中需要保障措施的另一层次的原因。

二、国际服务贸易的保障措施

在国际服务贸易中,保障措施也有广义和狭义之分。广义的保障措施是指在《服务贸易总协定》(GATS)中所规定的具有保障(safeguard)性质的条款,包括国际收支例外、一般例外、安全例外、政府采购和补贴例外以及紧急保障措施(Emergency Safeguard Measures,ESM);而狭义的保障措施则仅指《服务贸易总协定》(GATS)第10条所指的"紧急保障措施",即在特定的情势下,因承担协定所规定的贸易自由化义务或承诺而导致进口增加,并给成员国内服务业造成困难时暂时中止这种业已承担的义务或承诺而采取的保护措施。这里的特定情况通常是指当服务进口急剧增加并造成一成员方(进口方)国内服务业严重损害时,进口方政府可对该进口服务实施限制措施。这些具有保障措施性质的条款,使得缔约方(或成

---

① See Note by the Secretariat: *"Examples of Situations in Which Emergency Safeguard Action May Be Taken"*, 3 September 1997, S/WPGR/W/24, p. 7.

员方)可以在各种适宜的情形下,有权采取相应背离条约义务的手段、方法和措施,从而维护缔约方(或成员方)自身的利益。

(一)国际收支例外

所谓国际收支(the balance of payment)一般是指一个国家在一定的时期内(通常为一年)必须与其他国家结清的各种到期支付的差额。①《服务贸易总协定》(GATS)的宗旨和目的是为了促进服务贸易自由化,为此它给其成员施加了市场准入、国民待遇等义务。但与此同时,它也允许各成员在国际收支困难的例外情况下,暂时停止施行这些义务,对已经作出具体承诺的服务贸易采取或维持限制措施,包括对与这些承诺义务有关的支付和汇兑的限制。因此,所谓国际收支例外,是指在 GATS 的法律框架中允许各成员在国际收支困难的例外情况下,暂时停止施行 GATS 规定的服务贸易自由化义务的法律规定(GATS 第 12 条)。据此,成员方可在出现如下事实:(1)严重收支平衡困难;(2)严重的对外财政困难或受到威胁时,对其已作出具体承诺的服务部门,包括与该承诺有关交易的支付和划款,采取或维持限制措施,并且对处于经济发展或经济转型过程中的成员予以特殊考虑,即承认其收支平衡会受到特殊压力,可以就此使用限制以确保维持足以实施其经济发展或经济转型计划的财政储蓄水平。成员方可在符合该条规定的情形下对服务贸易采取一定的与其所承担的义务不符的措施,如在已作出"商业存在"准入的情况下禁止或限制外资进入,在已作出汇兑自由承诺的情况下进行外汇管制以禁止或限制外资汇出境外。从而使各成员方对服务业领域的国际资本流动保持了一定

---

① 李崇淮等主编:《西方货币银行学》(增订本),中国金融出版社 1998 年版,第 463 页。

的控制权。这一项例外对发展中国家尤其重要。

服务贸易领域的国际收支例外条款在规定了允许 WTO 成员在国际收支困难时采取贸易限制权利的同时,也规定了一系列的条件,以确保援用方成员善意行使其权利并尊重其他成员在 WTO 下的实体权利,避免滥用和错误使用。根据 GATS 第 12 条的规定,在服务贸易领域实施国际收支限制应符合下列条件:(1)不得在各成员之间造成歧视;(2)应与《国际货币基金组织协定》相一致;(3)应避免对任何其他成员的商业、经济和财政利益造成不必要的损害;(4)不得超过所必需的限度;(5)应是暂时的,并应随情况的改善而逐步取消;(6)不得为保护一特定服务部门而采取或维持限制;(7)在采取、维持或变更时,应迅速通知总理事会并受制于相应的协商和审查程序。

(二)一般例外

所谓一般例外(General Exceptions)往往是指 WTO 的成员方基于社会公共利益,如为维护公共道德、公共健康、劳工标准、实施环境保护、确保国内法律规章的遵守等而采取特定的国内措施,即使违反国际协定所规定的自由化义务也可免责的情况。《服务贸易总协定》第 14 条规定了对于实施以下一些限制贸易的措施可免除成员方所承担的义务:

1. 为保护公共道德或维护公共秩序所必需的措施。在服务贸易自由化过程中,如果服务进口违反进口方公共秩序、善良风俗、道德标准或公共利益,则任何成员都可采取或实施符合规定的措施保护自身的利益,维护社会的稳定。比如花花公子在我国上海试建俱乐部,就因为违反我国的道德标准或善良风俗而未获成功。我国对这类服务的进口采取禁止措施,即使违反自由化义务也属免责范围。

2. 为保护人类、动物或植物的生命或健康所必需的措施。在服务贸易自由化过程中,如果服务的进口危害到进口方人民的健康或者安全,不利于保护动物、植物的生命或者健康,不利于保护环境,进口方可以采取限制或者禁止措施。比如在我国发生的"肯德基涉红案"就是一例。肯德基作为"商业存在"进入中国市场后,销售额年年高得惊人,其服务质量与卫生标准情况更是国内饮食企业难以达到的。但就在 2005 年 3 月 15 日,上海市相关部门在对肯德基多家餐厅进行抽检时,发现新奥尔良鸡翅和新奥尔良鸡腿堡调料中含有"苏丹红一号"成分。最终 5 种肯德基产品因被查出含有"苏丹红一号"而被禁止销售。

3. 为使与本协定的规定不相抵触的法律或法规得到遵守所必需的措施。包括:防止欺诈行为或处理服务合同违约而产生的影响;保护与个人信息、处理和传播有关的个人隐私及保护个人账户的机密性;安全问题等。

4. 与最惠国待遇和国民待遇不一致的措施。即对其他成员方的服务提供者,只要是旨在为确保公正、有序地征收或收取直接税而实施差别待遇,不视为违反国民待遇;为避免双重征税而缔结的国际协定或其他国际安排导致差别待遇的措施,不视为违反最惠国待遇。因此,服务进口方可基于防止服务业外资企业转移定价、偷税漏税的目的而对其实施更加严格的管制措施。

按照《服务贸易总协定》的规定,成员方在为上述原因而采取例外措施时,不得在相同条件的成员方之间以构成武断的或非公正的歧视方式适用这些措施,或使这些措施对服务贸易构成隐蔽限制。

(三)安全例外

所谓安全例外(Security Exceptions)是指在服务贸易自由化过程中,成员方为了特定国家安全利益可以停止施行 GATS 所规定的自由化义务,对服务贸易采取或维持限制措施。这里所谓特定国家安全利益特指国防安全和国际和平与安全利益,而不是涵盖了诸如经济安全、食品安全、环境安全或社会安全等的广泛意义上的安全利益。根据 GATS 第 14 条的规定:(1)任何成员有权拒绝提供其认为如披露则会违背其根本安全利益的任何信息。(2)任何成员采取其认为对保护其根本安全利益所必需的任何行动,与直接或间接为军事机关提供给养的服务有关的行动,与裂变和聚变物质或衍生此类物质的物质有关的行动,在战时或国际关系中的其他紧急情况下采取的行动。(3)任何成员可以采取为履行其《联合国宪章》项下的维护国际和平与安全的义务的任何行动。在上述情况下,成员可以限制或禁止服务的进入,但应尽可能充分地通知服务贸易理事会。

《服务贸易总协定》的安全例外条款承认各成员为特定国家安全原因实施贸易限制的权利。如果没有这样的免责机制,如果 GATT/WTO 的成员不能确保它们拥有保护其国家安全免于外来威胁的权利,它们就不会同意接受和实施多边贸易规则,多边贸易体制也无从得以存在和发展。安全例外条款正是体现了多边贸易体制对主权国家至关重要的特定安全利益的承认和支持。安全例外条款也旨在确保援用方善意行使其权利和尊重其他成员在WTO 下的实体性权利。

(四)政府采购与补贴例外

政府采购和补贴是各国在服务贸易中通常的实践,基于保护本国服务产业的目的,给予本国服务业以一定补贴或政府采购上的倾斜,可以增强本国服务业的竞争力,因此这两种实践都对服务贸易自由化有影响。《服务贸易总协定》第 13 条第(1)款指出,第 2 条(最惠国待遇)、第 16 条(市场准入)和第 17 条(国民待遇)不适用于规范政府机构为实现政府目的而进行的服务采购、政府以非商业性再销售为目的的采购、或为非商业性再销售提供服务的采购,以及为非商业性销售提供服务的采购的法规、规范和要求。第13条第(2)款提出《世界贸易组织协定》生效后两年内应举行关于服务贸易政府采购的多边谈判。也就是说,《服务贸易总协定》所规范的国民待遇、最惠国待遇及市场准入条款只适用于以商业销售为目的的商业再销售或提供服务的行为,而不适用于为了政府使用目的的行为,即不适用于约束政府机构采购服务的法律、法规及要求。这意味着各国在服务采购方面可以更多地优先采购本国服务。而且《政府采购协议》属复边协议,只对自愿参加的国家才有约束力,效力有限。同时,按照 GATS 第15条的规定,成员方确认在某些情况下,补贴对服务贸易可能产生扭曲影响,并要求各方应进行多边谈判以制定必要的多边纪律来避免在这类贸易扭曲影响的前提下,也承认补贴对发展中国家计划的作用,并考虑到发展中国家成员在这一领域中所需的灵活性。从 GATS 这些规定看,它在一定程度上是承认政府采购和补贴对服务业的保护作用的。但由于利益冲突和立场的难以协调,尽管经过多哈回合对政府采购和补贴的艰苦谈判,目前发达国家和发展中国家尚未就服务贸易中的政府采购和补贴问题达成多边规则。在这种情况下,发展中国家在服务业开放过程中仍然可以对国内服务企业进行适当补贴和政府采购上的倾斜,以增强其与外资服务企业的竞争力,实现对国内服务业的有效保护。

(五)紧急保障措施(Emergency Safeguard Measures ,ESM)

《服务贸易总协定》在第10条中规定了"紧急保障措施",这里所谓紧急主要是指未预见到的变化所发生的情况或由于某一具体承诺而使某一服务的进口数量激增,以致对本国内的服务业或服务提供者造成严重损害或严重损害威胁时,该成员可以部分地或全部地中止此承诺以弥补这一损失。由于 GATS 第 10 条并未对紧急保障措施的实施条件作出具体规定,它有赖于成员方进行进一步谈判,该制度的建立对于发展中国家来说具有非常重要的意义。

从广义上说,上述例外条款与紧急保障措施条款都具有对服务产业的安全保障作用,但例外条款与紧急保障措施条款仍存在着重要的区别:

第一,保护的对象不同。例外条款在服务进口方面保护的对象主要是境内人类、动植物的健康与安全、公共道德与社会秩序,国际收支平衡以及国家的安全与和平等;而紧急保障措施条款保护的是国内服务产业的安全。

第二,实施的程序不同。就例外条款而言,只要成员方严格按照世界贸易组织的规则制订相关法律、行政法规,公布后即可实施;而紧急保障措施条款由于尚未达成具体的谈判结果,缺乏具体的规则,按照保障措施法的一般原理,它是在服务进口激增并对国内服务产业造成严重损害或严重损害威胁时,经国内产业申请,或主管部门认定后,进行立案,需要通过主管部门调查、通知保障措施委员会、与利益关系方磋商等一系列的程序,得出肯定的结论才能实施。实施紧急保障措施要受世界贸易组织有关规则的约束。

第三,受影响的利益关系方的反措施不同。一成员援引例外条款采取措施,受影响的利益关系方可以与该成员磋商,也可诉诸世界贸易组织的争端解决机构,如裁定符合世界贸易组织的规定,受影响的利益关系方不能采取相应的反措施。而受保障措施影响的成员可以与该成员磋商,要求补偿,如达不成满意的解决办法,则可诉诸世界贸易组织的争端解决机构,经争端解决机构授权后,采取中止实施实质相等的减让或其他义务的反措施。

第四,使用的期限不同。例外条款是经常使用而无期限的,保护是长期性的,即使在战时或国际关系的其他紧急情况下采取的行动,也是没有明确的实施期限,而是视情况而定;保障措施条款只有在进口激增并对国内产业造成严重损害或严重损害威胁时才可使用,并有明确的实施期,即一般为 4 年,最长不得超过 8 年,其保护是临时性的。

三、围绕紧急保障措施(ESM)的论争

《服务贸易总协定》作为管制国际服务贸易的第一个全球性多边协议,它为国际服务贸易自由化提供了一个初步的法律框架,并要求成员方通过具体承诺(specific commitment)的方式实施市场准入和国民待遇,以实现国际服务贸易逐步自由化的目标。但在国际服务贸易逐渐自由化过程中,不可避免会对一些国家尤其是服务业欠发达的发展中国家服务市场带来较大冲击和消极影响,考虑到服务业对于各国经济的极端重要性和敏感性,GATS 允许成员方建立相应的安全保障措施,包括紧急保障措施(ESM)。GATS 第 10 条规定,成员方应在非歧视原则的基础上就紧急保障措施问题进行多边谈判,其谈判的结果应在不迟于 WTO 协议生效之日起的三年内生效。据此,有关紧急保障措施的谈判应最迟于 1998 年 1 月 1 日结束。GATS 规则工作组自 1995 年 3 月成立后,就将紧急保障措施的问题列入了谈判日程。但由于 ESM 所牵涉的利益重大、各成员方之间分歧明显,GATS 规则工作组多次无法在规定期限内结束 ESM 谈判,迫使服务贸易理事会不得不一再做出决定,延长谈判期限。2004 年 3 月 15 日,WTO 服务贸易理事会通过了延长服务贸易中 ESM 谈判期限的决定,并决定 ESM 谈

判期限将不再具体确定,而采取不限定日期的方式,ESM 谈判成果应与本回合服务贸易谈判的成果同时生效。①

在 ESM 建构上所引发的发达国家与发展中国家之间的争议主要围绕下列问题展开:在 GATS 框架下是否需要建立紧急保障措施(ESM)制度? 适用紧急保障措施是采取单一部门模式,还是采取统一模式? 其可借鉴的立法模式是什么? 紧急保障措施应当仅适用于成员方在保障机制生效后所做的新承诺还是同时可适用于成员方的初始承诺? 在这些问题上,以美国为首的发达国家认为,在服务贸易领域没有必要采取保障措施,也没有必要为此制定多边规则。其理由是在 GATS 中已经对各成员规定了相当大的灵活性。根据 GATS 所设计的灵活框架,国民待遇和市场准入都是成员方自主承诺的义务,成员方如果觉得开放某一服务业的条件不成熟,则可以选择不开放该部门。而且,GATS 还规定了众多的例外性条款,它们与 GATS 义务的灵活性结合在一起,已经足以保护每个成员方在特殊情况下的利益。此外,GATS 第 21 条还允许各成员对承诺表的修改重新进行谈判。GATS 的这一灵活性框架,为各成员在事前承诺和事后修改其承诺方面提供了极大的余地。因此就没有必要再去建立紧急保障措施制度和制定紧急保障措施的具体规则,即使有这个必要,紧急保障措施的规则也应该只适用于各成员在服务贸易领域未来的承诺,而不应适用于既有承诺。② 与

---

① Fifth Decision on Negotiations on Emergency Safeguards Measures, S/L/159, 17March, 2004.

② See WTO, Working Party on GATS Rules, Communication from the United States: *"Desirability of a Safeguard Mechanism for Services: Promoting Liberalization of Trade in Services"*, 2 October 2001, S/WPGR/W/37, p. 1; also see Communication from the European Communities and Their Member States: *"Scope for Emergency Safeguard Measures in GATS"*, 3 March 2003, S/WPGR/W/41, p. 2.

发达国家的立场不同,发展中国家对建立紧急保障措施制度持积极的支持态度。在发展中国家看来,GATS 第 10 条的规定是建立紧急保障措施制度的法律依据。建立紧急保障措施制度不仅是合法的,而且是必须的。尽管在 GATS 中存在着一些灵活性条款,但并不适合处理保障措施条款所专门针对的未预见的发展。在服务贸易中,当因贸易自由化导致的进口增加,对国内同类服务或直接竞争的服务造成严重损害或严重损害的威胁时,成员方应当能够采取紧急保障措施,给国内服务业提供调整适应新竞争条件的喘息空间,以消除贸易协议中的承诺和义务所产生的临时困难或压力。另外,紧急保障机制也有助于服务贸易更高程度的自由化,因为如果有保障机制的存在,将会为各成员针对在当前未预见到的服务贸易自由化给国内产业所带来的风险提供救济,使发展中国家成员建立起承担更广泛的服务贸易自由化的信心,在今后的服务贸易谈判中更加放心地做出新的减让。

在国际服务贸易领域建立 ESM 问题上的争论,集中地反映了发达国家与发展中国家尖锐的利益冲突。发达国家在服务业领域具有强大的实力,其在国际服务贸易中的优势甚至超过其在国际货物贸易中的优势。因此,为了谋取在国际服务贸易领域巨大的经济利益,他们不遗余力地推行国际服务贸易的自由化,对于在国际服务贸易领域建立具有特殊安全保障作用的 ESM 持消极甚至反对态度。而发展中国家的服务业发展比较落后,为了在履行国际义务、开放服务市场的过程中不至于危害到国家经济安全,因而积极支持建立 ESM,以寻求进行产业结构调整和服务业发展壮大的制度保障。

发达国家与发展中国家在服务贸易领域 ESM 建构问题上的立场分歧与利益冲突,对 GATS 协议的实施和继续谈判有着重大影响。GATS 协议以推行国际服务贸易自由化为目标,但在推行国际服务贸易自由化过程中,必须同时兼顾发达国家与发展中国家的利益。如果不考虑发展中国家服务产业发展相对落后、需要借助紧急保障措施机制维护产业安全这一现实,发展中国家就不会开放本国服务市场,也不会在 GATS 框架下去作出新的承诺,这实质上有悖于 GATS 宗旨和目标的实现,甚至会使 GATS 服务贸易自由化谈判走入崩盘的境地。WTO 服务贸易理事会一再延长服务贸易中 ESM 谈判期限的决定以及 2006 年 7 月 24 日 WTO 总干事拉米宣布多哈回合的"中止",就清楚地说明了这一问题。

第三章　国际服务贸易紧急保障措施的制度建构

第一节　国际服务贸易紧急保障措施制度的模式选择

在国际服务贸易紧急保障措施制度建构的过程中，按照何种模式设计服务贸易紧急保障措施制度一直是发达国家与发展中国家争论激烈的一个问题。WTO 在货物贸易领域现有三种涉及保障措施的多边规则：第一种是 1994 年 GATT 第 19 条和《保障措施协议》；第二种是《农产品协议》第 5 条"特别保障措施条款"；第三种是《纺织品与服装协议》第 6 条"过渡性保障措施条款"。那么,这些既有规则能不能借鉴或"移植"到适用于服务贸易领域的"紧急保障措施"的多边规则呢？对此, 参与国际服务贸易紧急保障措施谈判的成员方提出了下列几种建议:第一,参照 GATT 第 19 条及《保障措施协定》的规定,采取与货物贸易领域保障措施机制类似的形式;①第二,在成员方的具体承诺表中,包含一些保障类型的规定(safeguards-type provisions),但应伴随该行业的自由化

---

① See e. g. , Communication from Hong Kong: *"Emergency Safeguard Measures in Services: A Way Forward"*, 16 May 1997, S/WPGR/W/18, p. 3.

承诺;①第三,以《农产品协议》的第 5 条作为保障措施的基础,只要符合有关的进口数量或价格触发条件,就可以实施保障措施,并不要求对国内产业造成损害;第四,以《纺织品与服装协定》的第 6 条作为建立保障措施的基础。但该规定有选择性地针对特别的出口商,因此可能有违于非歧视原则。②

对于上面几种建议,笔者认为,《农产品协议》和《纺织品与服装协定》是两类特殊的货物贸易,其中的保障措施条款专门针对于农产品和纺织品贸易的特点而设计,并不适用于服务贸易。首先,就《农产品协议》中的特别保障措施条款来看,特别保障措施条款规定了由于特定的农产品进口数量增加和进口价格下降,各成员可以援用特别保障措施。启动特别保障措施,不要求严重损害或严重损害的威胁,也不要求进口增加与严重损害或严重损害的威胁之间的因果关系。但是,援用特别保障措施要求在进口数量、进口价格以及国内消费等方面具有精确的信息资料,而在服务贸易领域,由于服务性质的无形性、服务形式的多样性和服务部门的复杂性,要在进口数量、进口价格以及国内消费等方面获得精确的统计资料是非常困难的;即使可以获得这样的资料,由于服务交易的复杂性,只基于一个简单的标准,如进口增加或进口价格减少,就决定适用紧急保障措施也是不合理的。所以,"特别保障措施模式"很难借鉴适用于紧急保障措施。其次,对于《纺织品与服

---

① See Communication from the United States: *"Desirability of a Safeguard Mechanism for Services: Promoting Liberalization of Trade in Services"*, 2 October 2001, S/WPGR/W/37, p. 4.

② 有关第三种和第四种模式的讨论,See Note by the Secretariat: *"Issues for Future Discussions on Emergency Safeguards"*, 16 September 1999, S/WPGR/W/27/Rev. 2, pp. 1~2.

装协议》第 6 条"过渡性保障措施",尽管其适用条件与《保障措施协议》的适用条件相似,但是过渡性保障措施可以选择性地适用于一个或几个出口成员,这与 GATS 第 10 条本身所明确要求的"在非歧视原则基础上的紧急保障措施"的规定相矛盾。因此,"过渡性保障措施模式"也不能适用于紧急保障措施。而且《纺织品与服装协议》已于 2005 年 1 月 1 日终止,《纺织品与服装协议》中的过渡性保障措施已成为历史。

　　第二种建议主要是美国提出的,涉及如果在服务贸易领域创设紧急保障措施体制,是采取单一部门模式还是采取统一机制的问题。单一部门模式是在各成员的承诺表中,对具体的产业规定不同的紧急保障措施条款。其好处在于能够满足单个部门的特殊需求,对紧急保障措施的适用可以有最少的限制。美国认为,由于不同服务部门和服务提供方式之间存在着巨大差异,试图制定出对成员方的所有承诺统一适用的保障措施规则有着明显的概念上和实际操作上的困难,比如如何界定"相同服务"(like services)、进口服务的数量、国内服务业受损程度等。[1] 因此,美国主张,可由成员方在服务贸易减让表中就日后可能需要援用保障措施的服务部门附加具有保障功能的规定,而在某一特定部门中列入这种规定又必须以成员方在该部门的具体承诺确实提升了自由化水平为前提。实际上,单一部门模式只会有利于具有强大谈判实力的大国,因为在众多单一部门中都处于弱势地位的发展中国家既不能切实参与谈判,也不能确保谈判结果反映它们的利益。[2] 而且,

---

　　[1]　Yong Shik Lee, *"Emergency Safeguard Measures under Article X in GATS——Applicability of the Concepts in the WTO Agreement on the Safeguard"*, *Journal of World Trade*, Vol. 33, No. 4, 1999, p. 50.

　　[2]　Ibid.

在发展中国家看来,单一部门方式将会导致灵活性过大,从而将导致紧急保障措施体制的"复杂化"和"碎片化"。此外,单一模式的主张还存在着逻辑上的矛盾。从法理上来讲,援引保障措施的一个基本前提是"情势变迁",即当初做出减让时的情势在后来发生了事先难以预见的变化。因此,成员方又怎能在情势变化之前,在做出减让承诺之时就能准确预见到将来可能需要采取保障措施的具体部门? 与此相反,统一机制(亦称为水平模式)则是多数发展中国家主张的方式。所谓统一机制即对服务贸易各部门统一适用一套紧急保障措施,它的优点是可以通过对损害的充分评估,更好地适应服务贸易的特点。在统一机制下,以 GATT 第 19 条及WTO《保障措施协定》为参照,可以较为合理地建立服务贸易紧急保障措施制度。

将 1994 年 GATT 第 19 条和 WTO《保障措施协定》中适用于货物贸易的保障措施多边规则借鉴适用于服务贸易紧急保障措施,可以将紧急保障措施定义为"作为未预见的发展和一成员履行 GATS 下的义务的结果,服务的进口数量大量增加以致对国内同类或直接竞争服务造成严重损害或严重损害的威胁,可以针对该进口采用临时性措施",紧急保障措施的具体规则,如进口服务的数量增加、同类或直接竞争服务、严重损害或严重损害的威胁的确定、调查、临时性保障措施、保障措施的期间、保障措施的复审、减让水平以及给予发展中国家优惠待遇、通知与协商、多边监督和争端解决等,都可以借鉴适用于货物贸易的保障措施多边规则来加以制定。

将 1994 年 GATT 第 19 条和 WTO《保障措施协定》中适用于货物贸易的保障措施多边规则借鉴适用于服务贸易紧急保障措施的根据在于:第一,《保障措施协定》是从 WTO 多边货物贸易法制的核心——GATT1994 第 19 条发展而来的,尽管在 WTO 法律体系中,GATS 是独立于 GATT1994 的,但从其主要内容来看,此二者的联系甚为紧密:GATS 中的最惠国待遇条款、国民待遇条款等都源自 GATT1994;而一般例外、安全例外及国际收支平衡例外等条款更是对 GATT1994 中相应规范的直接借用。所以,以《保障措施协定》作为服务贸易保障措施规则制定的蓝本有着体系上的融洽性。第二,按照《建立世界贸易组织协定》第 16 条第 1 款的规定,凡 WTO 现行法制的未尽事宜,都应该以原 GATT 体制中所形成的规定、程序和惯例为指导。据此,凡服务贸易领域中 GATS 的未尽事宜,就应参考 GATT 体制中的相关规定。① 所以,对《保障措施协定》的借鉴存在着逻辑上的必然性。第三,将水平模式下建立的紧急保障措施规则普遍适用于各个服务部门和各种服务提供方式,为所有的服务贸易部门提供了一套兼顾了各成员方利益的制度保障,避免了由于不同服务部门之间的利益冲突而造成的制度缺位,同时有利于保证服务贸易和服务贸易法律制度的完整性。

当然,将货物贸易保障措施规则借鉴适用于服务贸易也存在着一定的实际困难,这主要是由于服务贸易和货物贸易在经济禀赋上有着显著的差异。例如,货物进出口的识别标准简单明了,货物发生了跨越关税边境的转移。而 GATS 第 1 条第 2 款所界定的"服务贸易"包括通过四种形式提供的服务——"跨境提供",即从一成员方境内向任何其他成员方境内提供服务;"境外消费",即在一成员方境内向任何其他成员方的服务消费者提供服务;"商业存在",即一成员方的服务提供者在任何其他成员方境内以商

————————
① 林晶、房东:"略论 WTO 新一轮谈判中服务贸易保障措施规则的制定——兼析我国应坚持的立场",载《国际经贸探索》2002 年第 5 期。

业存在提供服务;"自然人流动",即一成员方在任何其他成员方
境内以自然人存在提供服务。显然,只有"跨境提供"这种方式才
和关税边境有一定程度的联系,而在后三种方式中,服务的提供或
消费实际上只发生在一个关税区域内。另外,"国内产业"的界定
也不容易。此外,在货物贸易保障措施的援用中,无论是进口的增
加还是国内产业损害的认定,都离不开大量统计数据的支持,而服
务贸易的无形性、不可储存性使得数据的采集更加困难。所以,服
务贸易保障措施规则的制定,就必须在强调保障措施"安全阀"属
性的同时,还要考虑到服务贸易自身的特殊性和复杂性。GATS
中紧急保障措施制度的架构,在充分考虑服务贸易本身的特点的
基础上,可以基本参照《保障措施协定》相关条款设计自己的紧急
保障措施。

第二节　国际服务贸易紧急保障
措施制度的宗旨与原则

一、国际服务贸易紧急保障措施制度的宗旨

国际服务贸易紧急保障措施制度应以适度保护、积极调整、增
强竞争、推动服务贸易自由化为其宗旨。

首先,国际服务贸易紧急保障措施制度是在适度保护的基础
上推动服务贸易自由化。服务贸易自由化是《服务贸易总协定》
(GATS)的宗旨,也是服务贸易紧急保障措施制度的宗旨。《服务
贸易总协定》在其序言中提出,"在透明和逐步自由化的条件下扩
大此类贸易",也就是说,GATS 的宗旨就是要促使成员方减少服
务贸易壁垒、扩大服务市场开放、加速服务贸易自由化。GATS 的
制定不仅规范了各成员的服务贸易行为,而且大大促进了国际服

务贸易的发展。但是,由于各个国家服务业发展的状况各不相同,甚至很不均衡,要想让服务业相对落后的国家参与到服务贸易自由化中来,就必须要建立贸易紧急保障措施制度。没有紧急保障措施制度(ESM)的贸易自由化是充满风险和摩擦的自由化。一方面,由于没有制度保障,开放后的市场就显得相当脆弱,缺乏应对国际市场惊涛骇浪的工具。这不仅不利于成员方服务贸易的健康发展,国际市场也更加容易积累风险。另一方面,紧急保障措施制度(ESM)的缺乏在激发强者开拓市场欲望的同时,压制了弱者开放本国市场的勇气,从而使得强者与弱者之间的矛盾更加突出,国际服务市场的利益冲突更加尖锐。大部分服务业不够发达的成员方为抵制外来优势服务业的冲击,更加倾向于强化本国法律保护,从而使得服务领域的单边立法与多边立法的不一致性日益突出。

国际服务贸易紧急保障措施制度是在特殊情况下,按照严格的要求和程序对其国内服务业实施贸易保护措施的制度。从本质上说,保障措施本身是一种限制进口,保护国内产业的一种保护措施,一成员一旦使用保障措施以后,它的市场开放程度在一定期限内会下降,从而会影响该国的贸易自由化进程。同时,由于该保障措施的实施,其他国家的对外贸易将受到抑制,从而使国际贸易活动减少,贸易增长能力受到相对削弱,这也会使国际服务贸易自由化在一定期限内相对减慢。但是,多边贸易体制的总目标就是促使世界贸易的自由化。国际服务贸易紧急保障措施制度作为多边贸易制度的一个重要组织部分,它的最终目标也必然是贸易自由化。这是因为这里的保障措施是在国际服务贸易自由化进程中的保护措施,服务贸易走向自由化是世界经济发展的必然,是不可阻挡的发展趋势。在这一漫长的过程中,由于传统、经济、社会、政治的原因,使得国家和地区间以及一国内部不同部门间贸易自由化的发展程度很不均衡,有些产业在一定时期内会出现困难,需要保障措施给予暂时的救济。从国际服务贸易紧急保障措施制度的角度而言,这种被许可适用的救济是通过解决暂时困难,度过特殊时期,目的是为了更好地重新开放市场,进一步加大自由化步伐。此时保障措施就像一剂强心针,如果在这一紧急时刻不允许采用保障措施,则进口大量增加,会使产业不景气,工人失业,甚至产生社会动荡和政治不稳定,成员的市场开放就成问题,这样反而会破坏服务贸易自由化。

因此,这种保障措施背后暗藏的则是贸易自由化,贸易自由化是实施保障措施的基础,是保障措施法的根源;保障措施在一定程度上会抑制贸易自由化的快速发展,但是又是贸易自由化健康发展必不可少的保护手段。从长远来说,它能为贸易自由化保驾护航。所以,可以得出国际服务贸易紧急保障措施制度的最终目标仍然是而且应该是服务贸易自由化的结论。这一结论与 WTO 为保障措施设定提高市场竞争力、调整产业结构、达到贸易自由化的总目标是相吻合的。

其次,国际服务贸易紧急保障措施制度以推动产业结构的积极调整为宗旨。保障措施与反倾销、反补贴不同,它不能像反倾销、反补贴那样强调保护。它针对的是正常贸易行为,而不是针对倾销、补贴等违法或不当行为;它所保护的是正常情况下缺乏竞争力的产业;保护措施要求无歧视性;采取保障措施是要付出代价的,要给出口方以"实质相等"的补偿,否则将面临报复。从根本上看,保障措施是一种暂时性的救济措施,是对国内弱小产业的一个阶段性的保护,从长远发展来看,这种受保护的产业迟早还是要加入到国际市场的公平竞争中去。因此不应将保障措施仅仅理解为保护国内服务产业的手段,而更应将其理解为"积极调整国内服务产业的手段",通过实施保障措施,给国内服务业提供优化结构、加强自身建设及增强国际竞争力的机会。在某些情况下,国家基于整体利益的衡量,甚至可能会在无望调整或调整无效的情况下放弃某些产业。

从已有的 GATT1994 第 19 条和《保障措施协议》的有关规定来看,其中也体现了"积极调整"的宗旨和目的。《保障措施协议》在其引言中就强调各成员"认识到结构调整的重要性和增加而非限制国际市场中竞争的必要性"[1];协议的第 5 条第 1 款强调了保障措施的实施应当限制在"防止或补救严重损害并便利调查所必需的限度内";[2]第 7 条第 2 款中规定如果进口方要延长保障措施的实施期限,不仅要确定保障措施对于防止或补救严重损害仍然有必要,而且要"有证据表明该产业正在进行调整"。[3] 在欧共体与韩国的奶制品保障措施案中,专家小组的裁决意见也指出,《保障措施协议》第 5 条第 1 款虽不意味着拟实施保障措施的成员方有考虑调整计划的义务,但是审查产业调整计划将是"一种很强的证据",能够表明进口方考虑到了所实施保障措施的适当性。这些规定和案例尽管出现在货物贸易领域,但也同样适用于服务贸易。

我们必须认识到,保障措施实施中的补救损害主要是对外国进口产品的限制,但进行进口限制本身不是产业调整手段,它只是为进口国政府、受损产业自身进行产业调整提供"喘息"的时间。

---

① 石广生:《乌拉圭回合多边贸易谈判结果:法律文本》,人民出版社 2002 年版,第 330 页。

② 同上注,第 332 页。

③ 同上注,第 334 页。

产业调整是提高国内产业竞争力的手段,保障措施的实施本身并不能直接保证产业结构调整的实现和成功,正是在这一意义上,日本政府把产业结构调整比喻为外科手术,而把保障措施比喻为有效的镇痛麻醉剂。① 产业调整手段主要包括产业和工人的自我革新、产业间的调整支援、失业救济、再就业培训、税收减免、优先贷款等。由于各国的经济制度、传统上维持产业调整的具体方法各不相同,这样一来,各国的产业调整方法只要不违反 WTO 其他协议特别是《补贴与反补贴措施协议》的规定,在 WTO 协议项下就是合法的。

最后,国际服务贸易紧急保障措施制度以增强竞争为宗旨。从表面上看,保障措施是一种限制竞争的贸易救济手段,因为其针对的是正常情况下的公平贸易行为,这似乎是有悖于公平竞争原则的。但是,从更深层次进行分析,我们认为保障措施的规则也是在最大限度地体现竞争原则,实现公平竞争。一般而言,任何一种公平竞争只有在一个成熟的市场里才可能真正地按其存在目的进行。而这个"成熟的市场"必须包含了法律、道德、国家行政、国际间合作等对竞争行为的约束和对竞争后果的某种纠正,这实际上也是保证自由竞争的基本条件。② 在国际经贸活动中不同的国家实力及产业力量的悬殊,必然会导致在国际贸易自由化的背后存在一些事实上的不公平。对于某些国家比较弱小的服务产业在一定条件下给予一定的保护,使其有一定的时间进行结构调整,增强竞争力,这是追求实质公平的表现。保障措施就是允许 WTO 成

① 日本经济产业省:"产业结构调整中的保障措施(下)",樊勇明译,载《世界贸易组织动态与研究》2003 年第 5 期。

② 石勇、谢显弟:"哈耶克之辩:'自由市场'是陷阱吗?",载《改革内参》2004 年第 22 期。

员方在履行开放服务市场的承诺时保持某些灵活性,以增强其不断开放服务市场的信心,由此来促进国际服务贸易的自由化。紧急保障措施是服务进口国经济上的一个安全阀,即当推行贸易自由化出现一些未可预见的情况时,可以合法地采取进口限制措施,为本国服务产业创造一个通过产业调整来增强国际竞争力的机会,这是在本质上促进世界经济贸易的公平竞争。

保障措施有助于恢复国内产业的竞争力。进口增加有可能导致国内产业的市场份额、销售水平、产量、生产率、设备利用率、利润等的下降,导致亏损增长、失业增长,从而丧失竞争力。通过实施保障措施,为国内产业提供临时的保护,可以为国内产业改善其原产业的竞争力或将原服务资源转移至其他服务领域提供时间。在这个意义上,保障措施的主要意义在于培育竞争者。美国学者认为,国际社会和进口国的净所得资源依赖于有效竞争者的最终出现。①

当然,保障措施的立法本意是为了维护实质意义上的公平竞争,但也不能排除一些国家滥用保障措施,使其成为贸易保护主义的“合法”手段和新的贸易壁垒。这就要求严格掌握好实施保障措施的各项实质要件和程序要求,在合理地利用保障措施法律来推动国内服务产业发展的同时,也可在别国滥用保障措施手段时积极地应对。

同时,除了在立法宗旨上体现公平竞争精神,在有关紧急保障措施的具体规定中,也要通过严格的程序规定来体现其公平竞争的原则。首先,紧急保障措施制度应规定较为严格的适用条件,以

---

① John H. Jackson, William J. Davey, Alan O. Sykes, *Legal Problems of International Economic Relations*, 4th Edition, West Group, 2002, p. 605.

保证各国不会轻易发动保障措施而损害出口国的公平利益;其次,紧急保障措施制度应规定严格的通知和磋商程序,要求发动保障措施的成员方应该对实质利益受到影响的成员方提供事先磋商的充分机会,目的是推动各方按照一定的条件达成谅解;最后,由于保障措施是针对正常贸易,被实施保障措施的成员方可以要求一定的补偿;在实施保障措施的成员方有可能没有严格遵守规定的程序和条件,违背了保障措施制度的相关规定时,被实施保障措施的成员方还可以获得授权采取一定的报复手段,以体现保障措施立法中的公平竞争精神。

二、国际服务贸易紧急保障措施制度的原则

一项法律制度的基本原则是该法律制度的核心和精髓,体现该法律制度的根本精神,指导其立法和司法的适用。国际服务贸易紧急保障措施制度的原则应体现其价值取向,对具体规则具有指导意义并构成该制度基础的具有全局性、根本性的准则,具有最高效力。国际服务贸易紧急保障措施制度的原则主要包括非歧视原则、对发展中国家的优惠待遇原则等。

（一）非歧视原则（Principle of Non-Discrimination）

所谓歧视,通常是指对可以比较的对象或者行为的不同对待并给有关当事人带来不利后果。① 歧视是与平等相对而言的,非歧视即平等或无差别。非歧视原则是世界贸易组织及其法律制度的一项首要的基本原则,也是现代国际贸易关系中最基本的准则。它是国际法上国家主权平等原则在国际贸易关系中的延伸。关贸

---

① ［德］沃尔夫刚·格拉夫·魏智通著:《国际法》,吴越、毛晓飞译,法律出版社 2002 年版,第 617 页。

总协定和世界贸易组织章程的序言中都明确规定,为实现各项宗旨,各缔约方(成员)应"在国际贸易中取消歧视待遇"。根据非歧视原则规定,世贸组织一成员方不采取任何对其他成员方所不适用的优惠和限制措施。这就表明,如果成员方一方对另一方不采取与对任何其他国家不同的限制或禁止措施时,即为无歧视待遇。但是,如果成员方一方根据公约或条约规定的某种理由(如例外规定)采用某种限制或禁止措施,而这种限制或禁止措施同样适用于其他国家时,也是符合非歧视原则的。作为世界贸易组织规则而言,非歧视原则包括了最惠国待遇原则和国民待遇原则两个方面的内容。在对外国进口采取保障措施时,也表现为最惠国待遇原则和国民待遇原则。

　　在服务贸易领域,《服务贸易总协定》第 2 条第 1 款即明确规定"每一成员方给予任何成员方的服务或服务提供者的待遇,应立即地无条件地以不低于前述待遇给予其他任何成员方相同的服务或服务提供者"。《服务贸易总协定》关于最惠国待遇的规定属于成员方的"一般义务",也就是说,最惠国待遇原则适用于服务贸易的各个部门,不论成员方是否将某个服务贸易部门开放,在采取有关的管理措施时,都必须遵循最惠国待遇原则。任何成员方在是否开放某一服务贸易部门、在何种程度上开放以及对来自国外的服务和服务提供者实行何种限制等问题上,都不能使其他成员方处于低于第三国的地位。[①] 最惠国待遇在服务贸易领域适用的范围极其广泛,GATS 所包括的任何措施都应受到最惠国待遇条款的约束。当然,紧急保障措施也不能例外。保障措施的非歧视性原则具体体现在《保障措施协议》的第 2 条第 2 款和第 5 条第

---

　　① 　曹建明、贺小勇:《世界贸易组织》,法律出版社 1999 年版,第 251 页。

2 款上。《保障措施协议》第 2 条第 2 款规定:"保障措施应针对一正在进口的产品实施,而不考虑其来源"(irrespective of its source)。尽管它是针对货物贸易保障措施的规定,但在建构服务贸易紧急保障措施时,也同样需要确认。非歧视性原则是 WTO 的一项基本原则,它所体现的自由竞争与公平竞争精神,是 WTO 的精髓所在。根据非歧视性原则,成员方在实施保障措施时不得对其他成员方实施例外或歧视性待遇,即成员方如果对另一成员方实施限制进口措施,则必须同时对其他所有成员方采取同样的限制手段。

关于保障措施是否可以"选择性"适用的问题曾有过多方的讨论。因为保障措施的实施方往往只是基于对某一个或几个成员方对其出口的大量增加的不满,若一视同仁地对出口该产品的所有成员方采取保障措施,就要承担对众多贸易伙伴予以补偿或被报复的相对更昂贵的代价。另外,在服务贸易领域关境已失去意义,对服务进口采取的保障措施一般不能采取增加关税(tariff increase)的形式,而只能采取市场准入限制等方式,但这些方式很难基于最惠国待遇原则予以执行,因为这势必对新进入该市场的国家造成歧视。为了解决在实践中出现的难题,可以将服务贸易中的"市场准入"限制等措施作为非歧视原则的例外,但需作出严格的限制,即像《保障措施协议》第 5 条第 2 款在确立作为例外条款的实施保障措施时的"配额分配的选择性制度"那样作出严格限制。在采取"市场准入"限制等非关税保障措施时,如果背离了"非歧视性原则",应有充分的理由、事实及相当证据;"市场准入"限制对"有关服务的所有新供应商是公正的"。

(二)适度适用原则

保障措施的实施可以说是对 GATS 一般义务的一种例外(exception），在符合特定情形的条件下，一国得援引保障条款而被免除 GATS 的部分义务。与贸易自由化相比，保障措施的设置在于维护成员国的特定政策目标。但是，成员国为实现这一特定政策目标而采取的手段不是任意的，而是要受到法律原则的约束。

德国学者彼德斯曼提到，目标与手段之间的成比例是一项重要的法律原则，WTO 法律并不要求任何缔约方放弃对任何经济或社会政策目标的追求，它仅仅限制了为实现此类目标而对非透明、歧视性和特别有害的手段的使用。① 目标与手段的成比例性问题，体现在保障措施问题上即保障措施的适度适用问题。保障措施作为一项贸易救济措施，其对产业的保护是建立在正常贸易的前提下，本质上有限制竞争的性质，因此，它的实施必须坚持适度保护的原则。WTO《保障措施协议》有一个基本性的要求，即一成员应仅在防止或补救严重损害并便利调整所必需的限度和期限内实施保障措施（第 5 条第 1 款、第 7 条第 1 款）。保障措施实施的程度应当与国内产业受损害的程度相一致，当国内产业的严重损害被弥补或威胁被消除，保障措施即应终止。保障措施的实施手段与其所实现的政策目标具有的一致性，确保保障措施只是作为一种贸易救济的暂时性工具，防止保障措施被进口国滥用为一种贸易保护主义的工具。

由《保障措施协议》所规定的适度适用的具体要求，可以借鉴到服务贸易紧急保障措施之中。适度适用首先体现在数量限制的适当性上。《保障措施协议》第 5 条第 1 款规定："一成员方应仅在防止或补救严重损害并便利调整所必需的限度内实施保障措

① ［德］E.U.彼德斯曼著：《国际经济法的宪法功能与宪法问题》，何志鹏、孙璐、王彦志译，高等教育出版社 2004 年版，第 309 页。

施。如使用数量限制,则该措施不得使进口量减少至低于最近一段时间的水平,该水平应是可获得统计数字的、最近 3 个代表年份的平均进口,除非提出明确的正当理由表明为防止或补救严重损害而有必要采取不同的水平。"其次,适度适用体现在适用时间的适当性上。保障措施应在防止或补救严重损害和便利产业调整必需的期限内实施,其实施期限一般不应超过 4 年;如果经过重新调查,认为保障措施对防止损害或补救损害仍有必要,而且有证据表明受救济的产业正处于调整之中,则实施期限可以延长,但总期限(包括临时措施的实施期和最初实施期限在内)不应超过 8 年,发展中国家成员方可以延长到 10 年。第三,适度适用体现在适用强度的递减性上。《保障措施协议》规定,实施期为 1 年以上的保障措施,"为便利调整,实施该措施的成员方应在实施期内按固定时间间隔逐渐放宽该措施"。① 实施期如果超过 3 年的,"则实施该措施的成员方应在不迟于该措施实施期的中期审议有关情况,如适当应撤销该措施或加快放宽速度"。② 关于保障措施的再次适用问题,《保障措施协议》规定,不能两次对同一进口适用保障措施,除非两次保障措施之间的不适用期超过 2 年。此外,如果进口国对某一进口产品采取保障措施已过去至少 1 年,且自采用该保障措施之日起 5 年内,该措施未对同一产品实施 2 次以上的,则进口国可以再次采取保障措施,但实施保障措施的期限应等于或少于 180 天。③

(三)补偿原则

与反倾销、反补贴措施不同,由于反倾销、反补贴针对的是不

_____

① 《保障措施协议》第 7 条第 4 款。
② 《保障措施协议》第 7 条第 4 款。
③ 《保障措施协议》第 7 条第 6 款。

公平贸易行为,因此,补偿与报复问题在反倾销、反补贴措施中是不存在的。紧急保障措施并非针对出口成员或出口商的不公平贸易行为,因此,为了维持各方在 GATS 项下权利与义务的平衡,实施紧急保障措施的一方必须给予受影响成员方实质相等的补偿。否则,利益受损的出口方可以暂时中止实质相等的减让或其他义务(即贸易报复)。补偿方式一般通过磋商和仲裁解决。

补偿是校正紧急保障措施对公平贸易扭曲的手段。没有补偿的紧急保障措施带有贸易保护主义的烙印,也缺乏足够的约束力,容易造成成员的滥用,并引发范围广泛的贸易争端。

补偿原则的确立使得进口成员在决定是否采取保障措施时有所顾忌,从而从反面进一步限制了保障措施的实施,使得准备实施保障措施的国家不得不考虑本国出口利益与进口利益之间、不同产品的进口利益之间的平衡问题。保障措施在结果上讲求利益的平衡,要求给予出口方补偿(Compensation),并赋予其报复措施。对于进口方而言,这是一项相当大的经济代价,尤其是当它和非歧视性原则相结合时,其政治代价更是相当昂贵的。成员方为实施保障措施而进行谈判所达成的协议,事实上就是双方经济力量相互博弈的结果,是经济利益的相互妥协。

(四)透明度原则

透明度原则(Principle of Transparency)是世界贸易组织要求各成员方公开其关于贸易的法律、规章、政策、决定和裁决的一项基本原则。其实质是使政府行为具有公开性、明确性和可预期性,其主要目的是监督成员方政府执行世界贸易组织各项协定和履行市场开放的承诺,防止因贸易法规不明晰而造成贸易歧视,从而确保国民待遇原则和最惠国待遇原则的实施。它针对政府信息不公开、暗箱操作等情况,要求成员方在不妨碍执法或不违背公共利益或不损害特定公私企业合法商业利益的前提下,公开本国货物贸易(trade in goods)、服务贸易(trade in services)、与贸易有关的知识产权(trade-related aspects of intellectual property rights)、与贸易有关的投资措施(trade-related investment measures)等方面的信息,增加本国贸易环境的透明度和可预期性。贸易透明度首先由1947年的关贸总协定提出和规定,GATT第10条是透明度原则的核心体现,[①]它要求各成员方及时公布有关国际货物贸易的法律(laws)、法规(regulations)、司法判决(judicial decisions)、行政裁决(administrative rulings)以及影响国际贸易政策的协议(agreements affecting international trade policy),不公布的贸易政策不得实施。透明度原则经过乌拉圭回合谈判被纳入了各个多边贸易协定,现在已经适用于国际贸易的所有领域,成为货物贸易、服务贸易和知识产权保护中普遍实行的一项基本原则。更为重要的是,乌拉圭回合还建立了世界贸易组织的贸易政策评审机制,审查机制的作用是审查成员方贸易政策和惯例对多边贸易体制的影响。实行贸易政策和其他贸易管理措施的透明度制度,也是中国加入世界贸易组织多边谈判中的重大问题之一和中国的入世承诺之一。

在《服务贸易总协定》中,需要实行透明度的范围更为广泛。《服务贸易总协定》第3条规定,除了紧急情况以外,每一成员方必须将有关和影响服务贸易总协定实施的法律、法规、行政命令

---

①　GATT第10条第1款规定:"任何缔约方实施的关于下列内容的普遍适用的法律、法规、司法判决和行政裁定应迅速公布,使各国政府和贸易商能够知晓:产品的海关归类或海关估价;关税税率、国内税税率和其他费用;有关进出口产品或其支付转账,或影响其销售、分销、运输、保险、仓储检验、展览、加工、混合或其他用途的要求、限制或禁止任何缔约方政府或政府机构与另一缔约方政府或政府机构之间实施的影响国际贸易政策的协定也应予以公布。"

（不论是中央政府还是地方政府作出的，或是由非政府有关制定规章的机构作出的）以及签订的所有有关服务贸易的双边或多边协议，都最迟在它们生效时予以公布；如不能公布，也应将不能公布的理由予以公布；并且应将对上述各方面的任何修改和对服务贸易有实质性影响的任何新的法律、法规或者行政命令迅速并且至少每年一次通知服务贸易理事会；此外，还应设立咨询点提供影响服务贸易总协定实施的信息等。但是服务贸易总协定第 3 条也规定，不要求任何成员方提供那些一旦公布就会妨碍其法律实施、违反公共利益或损害公私企业合法利益的机密资料。

　　具体到保障措施领域，由于保障措施是在公平竞争的条件下采取的一种贸易救济措施，一旦滥用会给相关利害方造成巨大的利益损失，并从根本上破坏 WTO 所倡导的贸易自由化精神。因此，无论在货物贸易还是在服务贸易中，保障措施的实施要求具有高度的透明性，并为相关利害方提供平衡利益的机会。在关贸总协定时期，GATT 第 19 条第 2 款①就有对某些产品进口的紧急措施履行书面通知义务的规定，但这些规定大多过于原则。此后，在吸收了 GATT 第 19 条合理内核的基础上，《保障措施协议》对紧急措施的公布、通知程序做了更为详尽及可操作性的规定，专门规定了通知与磋商制度，确立了对调查、调查结果、实施保障措施迅速公布的要求。这些制度与要求，完全适用于服务贸易的紧急保障措施。

　　信息披露（information disclosure）是《保障措施协议》中对在调

---

　　①　GATT 第 19 条第 2 款规定：缔约方在根据本条第 1 款的规定采取行动以前，应尽可能提前用书面通知缔约方全体，以便缔约方全体及与这项产品的出口有实质利害关系的缔约方，有机会与它就拟采取的行动进行协商。

查过程中对保密信息进行处理的特殊规则,是透明度原则的具体表现。即如果信息提供方要求对其所提供的信息按保密信息处理,主管机关可以要求他同时提供一份可公开的保密信息(confidential information)摘要或者不能提供摘要的理由。如果主管机关认为有关保密的请求缺乏理由,且信息提供方不愿披露该信息,或不愿授权以概括或摘要形式披露该信息,则主管机关可以忽略该信息,除非从其他来源可以证明该信息是正确的。①

第三节　"既得权"保护与对发展中
国家的特殊与差别待遇

保障措施制度中的"既得权"保护与对发展中国家的特殊与差别待遇分别涉及服务业领先的发达国家利益与服务业落后的发展中国家利益,是服务贸易紧急保障措施建构中必须解决的问题。

一、对发展中国家的特殊与差别待遇

由于历史原因,加上各国经济、政治、文化等方面发展的差异,造成各国在经济发展上出现严重不平衡,因而有了发达国家与发展中国家之分。为了克服这种较为严重的经济发展不平衡现象,各种国际组织,尤其是世界贸易组织,在其制度设计方面给予发展中国家特殊与差别待遇,这反映了多边贸易体制的一种普遍的立法倾向。

世界贸易组织在世界经济贸易发展中作用重大,发展中国家要想在世界贸易中保持增长势头,显然不可能脱离世贸组织。世

---

① 《保障措施协议》第3条第2款。

界贸易组织的各项协定、协议作为重要的国际经济竞争与合作规则,覆盖了世界经济贸易的众多领域,是各国多年谈判协商一致的结果,也是各国利益间的相互协调和平衡。考虑到各国政治、经济、社会文化体制的差异,发展上的阶段性、现时目标取向和政策的抉择等多方面因素,所以在遵循世贸组织基本原则时必然存在一定的差异,现实的做法应该是在坚持原则的同时,承认各成员方的差异,在一定严格条件下,给予特殊与差别待遇。因此,在世贸组织规则中强调对发展中国家成员的特殊待遇,并保留贸易保护的"例外",也就是说,在主张促进贸易自由化的同时,基于世界经济发展并不平衡、各国的经济发展阶段也不相同的现实状况,在WTO 体制内,应对发展中国家给予优惠安排。世贸组织对发展中国家的优惠主要体现在五个方面:承担较低水平的义务;实行较长的过渡期安排;发达国家尽最大努力对发展中国家成员开放其货物和服务;给最不发达国家最优惠的待遇;提供技术援助和人力资源培训。这些优惠安排具体体现在一些协议中。

《1994 年关贸总协定》中第 12 条、第 18 条规定,发展中国家成员为预防货币储备严重下降的威胁,或货币不足的成员方为使其储备合理增长,如果出现国际收支严重不平衡或对外金融地位受到严重威胁时,可以为国际收支平衡目的采取进口限制,并可实行简化的磋商程序。在第 18 条第 2 款中还要求给予发展中国家成员额外便利,使他们在关税结构方面保持足够的弹性,以便为某一特定产业的建立提供需要的关税保护。由此可见,关贸总协定允许发展中国家为提高生活水平和经济发展,用关税来保护特定产业即幼稚产业,允许它们以国际收支失衡为理由来实施数量限制。

《保障措施协定》中第 9 条针对"发展中国家成员"规定,"对于来自发展中国家成员的产品,只要其有关产品的进口份额在进口成员中不超过3%,即不得对该产品实施保障措施,但是进口份额不超过3%的发展中国家成员份额总计不得超过有关产品总进口的9%"。同时发展中国家实施保障措施,其实施期限最高可达10年,而发达国家一般为4年,经授权一般也不超过8年。

《反倾销协议》第15条明确规定,"根据本协议在考虑适用反倾销措施时,应认识到发达国家对发展中国家的特殊情况必须给予特别的考虑",并应当尽可能考虑采用协议规定的建设性救济措施。

《补贴与反补贴措施协定》第27条"发展中国家成员的特殊和差别待遇"中规定了发展中国家成员在补贴与反补贴方面的优惠,主要包括:(1)出口补贴待遇。目前联合国确定了48个最不发达国家和20个人均GNP低于1000美元的发展中国家,这些国家可以长期保留出口补贴。但有两个条件:人均GNP达到和超过1000美元,不得再保留出口补贴;一成员在某一产品达到"有出口竞争力的产品",即该产品出口连续两年达到和超过该产品世界贸易额的3.25%的份额,该成员(属48个最不发达国家)必须在8年内(其他发展中国家必须在2年内)取消对这一产品的任何补贴。(2)反补贴措施差别待遇。如果一项补贴措施被认定代表产品价值的2%及以下,那么针对一发展中国家产品的反补贴措施必须停止;如果补贴产品占进口国市场不足4%,那么反补贴措施必须停止;如果几个发展中国家的补贴产品加在一起占进口国市场的9%,那么反补贴措施可以继续使用。

《与贸易有关的投资措施协定》附件的"例示清单"规定了禁止使用的与贸易有关的投资措施,但规定发达国家成员在两年内取消,发展中国家成员为五年。这些措施主要包括:当地成分要求、贸易平衡要求、外汇平衡要求、外汇管制、国内销售要求、出口实绩要求、技术转让要求、汇款限制、当地股份要求等。

《技术性贸易壁垒协定》第 12 条专门规定对发展中国家和地区成员的特殊和差别待遇。发展中国家成员可采用某些技术法规、标准或合格评定程序,旨在保护与其发展需要相适应的本国技术、生产方法和工艺。对此,不应要求发展中国家成员使用不适合其发展、财政和贸易需要的国际标准作为其技术法规或标准,包括试验方法的依据。并且在技术法规、标准和合格评定程序的制定和实施方面的特殊问题,可在限定的时间内全部或部分地免除发展中国家对该协议应履行的义务。协定还规定应向发展中国家成员提供技术援助,以保证技术法规、标准和合格评定程序的制定和实施不对发展中国家成员出口的扩大和多样化造成不必要的障碍。

《实施卫生与植物卫生措施协定》第 10 条规定了发达国家不能以卫生与植物卫生措施限制发展中国家成员和地区产品的出口,应给予较长的过渡期以符合该措施,从而维持其出口机会;并应发展中国家成员的请求,给予其全部或部分义务特定的和有时限的例外。

《农产品协议》充分认识到发展中国家农产品出口及补贴对其农业和经济发展的重要意义,规定在履行减让协议等方面给予发展中国家成员一系列优惠安排,即发展中国家的一些国内支持措施可免除减让承诺。

《与贸易有关的知识产权协定》第 65、66、67 条均有对发展中国家成员的优惠安排,允许发展中国家成员有较长的过渡期。如果一发展中国家成员按协定有义务把产品专利保护扩大到技术领域,而协定生效时该技术领域在本国不受法律保护,则成员可再延长 5 年将专利部分的规定适用于该技术领域。

以上体现在各协定当中的对发展中国家成员的优惠安排是多次谈判的成果。作为一个多边贸易谈判场所和论坛组织,关贸总协定/世贸组织为所有成员提供了多边的合作和参与的机会。尤其对发展中国家来说,通过谈判达成协议,在履行义务与承诺的同时,享受相应的权利和特殊优惠。发展中国家成员可以充分运用各项协议的规定和条款,恰当、合理地进行有效的贸易保护,它已成为发展中国家成员维护自身利益的重要场所和手段。

在服务贸易领域,GATS 旨在逐步实现国际服务贸易自由化,但考虑到当前发展中国家与发达国家在服务贸易领域的巨大差距,为促进发展中国家服务业发展,在市场准入方面为发展中国家提供了诸多特殊待遇。这具体表现在以下几方面:(1)鼓励发展中国家更多参与。GATS 第 4 条指出发展中国家与发达国家在服务贸易领域的不平衡状态,要求发达国家在对发展中国家有出口利益的部门和服务方式上提供有效市场准入。该条还要求发达国家成员方和其他有能力的成员方在 WTO 生效日起两年内建立联系点,以便发展中国家获取有关市场准入的资料。最后,该条还规定,在履行以上义务时,应特别优先考虑最不发达国家成员方,同时对最不发达国家成员方在接受谈判达成的具体承诺方面存在的严重困难予以特别考虑。(2)义务的减轻。发展中国家市场开放义务的减轻主要由 GATS 第 19 条规定。该条第 2 款规定,在自由化过程中,应考虑到各国政策目标以及其整体和各个服务部门的发展水平,对个别成员,特别是发展中国家,允许其少开放一些部门,对较少的几类交易进行自由化,根据其发展状况逐步扩大市场准入,并在附加市场准入条件方面给予发展中国家适当的灵活性。(3)发展中国家的具体承诺。作为各成员方具体承诺谈判的实质性结果,具体承诺减让表是 GATS 重要组成部分,具有法律效力。在具体承诺减让表中,发展中国家因其经济状况被允许做出较低水平承诺。仅就做出承诺的部分而言,在 GATS 服务分类表所列的所有服务部门中,发达国家占 47%,而发展中国家仅占 16%。① 而在各具体部门中,做出开放承诺的发展中国家的比重也很小,如承诺允许设立外资银行的发展中国家为匈牙利、埃及等 30 个国家,而承诺允许设立外资证券公司的发展中国家仅为 21 个。② 可见,在具体承诺减让表中,GATS 也顾及了发展中国家利益,给予其特殊待遇。

　　因此,在建构服务贸易紧急保障措施时,必须根据发展中国家服务贸易发展的具体情况,给予特殊与差别待遇。在这方面可以参照《保障措施协议》作出如下安排:(1)最低适用门槛。鉴于发展中成员服务出口能力的弱小,同时为了鼓励发展中成员坚持发展服务产业,服务贸易 ESM 应该针对发展中成员的服务出口规定一个最低适用门槛,即在一成员的某种服务进口中,如果来自另一发展中成员的该类服务的出口所占比例未达到进口成员方该类服务进口总量的 3%,或者来自所有发展中成员的该类服务出口的总和所占比例没有达到进口成员方该类服务进口总量的 9%,则另一发展中成员或所有发展中成员的出口应免于受到紧急保障措施的限制。(2)延长的最长实施期限。发展中成员实施同一紧急保障措施的最长期限可以达到 10 年,而发达国家一般为 4 年,经授权一般也不超过 8 年。(3)更低的再次适用限制。在某一发展

<hr>

① 许军珂:《国际服务贸易法律与实务》,人民法院出版社 2000 年版,第 96 页。

② 顾经仪、候放:《WTO 法律规则与中国服务贸易》,上海财经大学出版社 2000 年版,第 35 页。

中成员作为进口方拟将对某种服务实施紧急保障措施时,发展中成员只要在间隔了等于前次紧急保障措施实施期限的一半,且该时间间隔至少 2 年的情况下,就可以实施紧急保障措施。

二、关于"既得权"保护问题

在对已经设立商业存在的外国服务提供者实施紧急保障措施时,它们所取得的国民待遇和市场准入资格将被中止或撤销,这在一定程度上影响到它们所获得的既得权利(acquired rights),甚至可能会导致它们的撤资(disinvestment)。这里所谓"既得权利"是指在服务进口国已设立商业存在的外国服务提供者已经获得的商业权利或利益。对于外国服务提供者已经获得的"既得权利"在启动紧急保障措施时应不应该保护? 如果应当保护,又该如何进行保护? 这些问题是在建构服务贸易紧急保障措施制度时所无法回避的问题。

笔者认为,对于在服务进口国已设立商业存在的外国服务提供者已经获得的"既得权利"在启动紧急保障措施时应当给予适当的保护。因为在经济全球化快速发展的今天,任何一个国家都不可能独立发展,外资已成为促进经济发展和社会进步的重要动力。尤其是对发展中国家而言,一方面他们已经认识到服务产业对于提升和改造传统产业的极端重要性,另一方面他们的服务产业又普遍落后,因此,他们对外资服务提供者尤为重视。尽管他们对外资进入本国服务市场控制尤严,但是他们对允许进入的外资服务机构期望尤高,因此,他们不希望紧急保障措施将已经进来的这部分赶跑,更不希望将想要进来的吓跑。因此,即使是在启动紧急保障措施时,也应当给予已设立商业存在的外国服务提供者已经获得的"既得权利"适当的保护。所谓适当保护指的是将他们与要求新设立商业存在的外国服务提供者区别对待,即对要求新设立商业存在的外国服务提供者采取市场准入限制甚至禁止,对已设立商业存在的外国服务提供者只进行国民待遇限制,即限制其扩张经营的权利,比如设立分支机构、追加股份等。这意味着,一方面,在启动紧急保障措施时,这些已设立商业存在的外国服务提供不能被视为“国内产业”的范围,紧急保障措施应当对其适用,因为国内产业的损害在一定程度上也是由那些已设立商业存在的外国服务提供商造成的。另一方面,它们与要求新设立商业存在的外国服务提供者又有所不同,它们的权利或利益只是部分地受到限制或削弱,而要求新设立商业存在的外国服务提供者则在保障措施实施期间完全丧失获得权利或利益的机会。

国家采取紧急保障措施的目的是为了国内服务产业的健康发展,也是维护国家的经济安全。因此,在实施紧急保障措施的过程中,国家会背离自己所承担的国民待遇和最惠国待遇义务,会对已设立商业存在的外国服务提供者已经获得的“既得权利”和对要求新设立商业存在的外国服务提供者的获利机会造成不利影响,但紧急保障措施的实施具有暂时性,采取这样的措施是符合包括WTO法律在内的国际法原则和精神的。从长远的观点看,紧急保障措施更有利于国际服务贸易自由化目标的最终实现。

第四节　国际服务贸易紧急保障措施制度的构成

一、货物贸易与服务贸易中两种保障措施制度的关系

在货物贸易领域,其保障措施规则伴随着多边贸易体制的发展,经历了一个从无到有,从少到多,从含糊、抽象到清楚、具体的

长期发展过程,最终形成了现有的以 GATT1994 第 19 条和《保障措施协议》为核心的保障措施制度。其内容包括了一个较为完善的体系,涉及实施保障措施的条件、保障措施调查、严重损害或损害威胁的确定、保障措施的实施、临时保障措施、保障措施的期限和审议、补偿谈判与报复、对发展中成员的特殊待遇、禁止"灰色区域"措施、通知和磋商、多边监督及争端解决等内容。可以说,在货物贸易领域已经形成了一个较为完善的国际保障措施法律制度。

相对于货物贸易较为完善的保障措施制度而言,服务贸易领域的紧急保障措施制度则处于建构的起步阶段。服务贸易紧急保障措施的制度建设明显滞后于服务贸易自由化的进程和实践发展。由于缺乏紧急保障措施的制度保障,开放后的国际服务市场就显得相当脆弱,缺乏应对国际服务市场惊涛骇浪的工具,墨西哥、东南亚等国爆发的金融风暴就是最好的说明。这不仅不利于 WTO 成员方服务贸易的健康发展,而且也使得国际市场更加容易积累风险。

货物贸易与服务贸易在建立保障措施制度上的巨大反差,从另一个侧面说明了加快服务贸易紧急保障措施制度的重要性。而货物贸易较为完善的保障措施制度为建构服务贸易紧急保障措施制度提供了良好借鉴。

虽然服务贸易与货物贸易在表现形态上存有差异,但是它们的本质是一样的,都是有形或无形商品在国家或地区间的等价交换,也都存在比较劣势下本国产业遭受潜在冲击的可能,因此也都存在贸易保护的问题。可以说,由 GATT1994 第 19 条和《保障措施协议》所规定的保障措施制度内容大部分都可直接借鉴适用于服务贸易紧急保障措施制度中。比如,实施保障措施的核心条件

（进口增加、严重损害或严重损害威胁、二者间的因果关系）、保障措施调查、通知和磋商、保障措施的期限和审议、补偿谈判与报复、对发展中成员的特殊待遇、多边监督及争端解决等等。当然，毕竟服务贸易不能等同于货物贸易，货物贸易的保障措施制度也不能完全照搬适用于服务贸易。比如，服务贸易中的进口增加、国内产业界定、保障措施的类型及其实施在很大程度上就区别于货物贸易。就货物贸易而言，由于货物产品的有形性、可转移性和易监管性等特点，有关产品的原产地、产品的进口数量激增、类似产品，对国内相关产业的损害或损害威胁的计算相对容易一些。相反，服务产品的无形性、生产与消费的同步性和不易监管性等特点，使得对服务产品的原产地、服务进口数量的激增、同类服务的确定，以及对国内相关服务部门的损害或损害威胁的计算等困难重重。

二、服务贸易紧急保障措施制度的内容

不管哪一种法律制度都是由一定数量相互联系、相互作用的法律规范构成的。这个构成体系必须具备一些条件而形成和存在，从法理上说，其条件应该至少有三个：第一，有一定数量的法律规范作为构成的基础；第二，这些法律规范之间在客观上相互作用和相互联系；第三，各法律规范之间所形成的法律关系具有相对稳定性。具备了这些条件的法律制度都应该有三个方面的内容：作为构成要素的法律规范；各法律规范在特定制度中的地位与作用；各法律规范之间的相互联系与相互作用的方式。

紧急保障措施制度通常要规定紧急保障措施的适用对象、实施条件、实施程序、实施期限、对部分对象的优惠待遇、与有关利害关系方的磋商及对其的补偿、向利害关系方和监督管理部门通知的义务等等。

就规范层面而言,服务贸易紧急保障措施法律制度的内容主要包括保障措施的实施条件、实施程序和实施方式等法律规范构成。

保障措施实体法规范涉及保障措施的主体、对象、实施条件、具体手段及其限制等。紧急保障措施的主体是主权国家或非主权的经济体。从紧急保障措施的作用对象上看,由于服务及服务贸易的无形性,因此服务商品不能像货物商品那样被清楚地进行数量界定,因此,紧急保障措施的作用对象只能是与服务有关系的人,包括法人和自然人。大多数情况下,应该是作用于服务提供者。但是,在模式2(跨境消费)下,由于是本国消费者到国外购买服务,国外服务提供者是在该服务"进口者"所在国行政管辖范围之外提供服务,此时紧急保障措施就不能作用于国外服务提供者,只能是作用于本国服务消费者。比如,限制本国出境旅游人数或出国留学人数等。由此可见,在服务贸易领域,紧急保障措施既限"进",又限"出"。

保障措施的要旨在于,保障国内相关产业不受到公平贸易所导致的、事先不可预见的进口激增的冲击。因此,同货物贸易保障措施的实施条件一样,服务贸易保障措施的实施也包括三项条件:即(1)因未预见的发展或承担条约义务所造成的服务进口大量增长;(2)国内服务产业遭受严重损害或严重损害威胁;(3)进口增长与严重损害或严重损害威胁之间存在着因果关系。保障措施的具体手段包括市场准入和国民待遇义务的中止等。保障措施实施的程度限于防止或救济严重损害并便利调整所必需的范围内。由于保障措施本身是例外性措施,是 WTO 成员对条约义务的一种特殊的逃避,因此服务贸易紧急保障措施的适用条件也必须是严格的,否则频繁而无限制地援用保障措施,必然造成对条约义务的根本破坏,从而将例外性扭变为普遍性。所以,在建构服务贸易紧急保障措施制度的实体规则时,要注意符合保障措施适用条件的严格性、适用对象的非歧视性和效能上的利益平衡性这三项基本要求。

就国际服务贸易保障措施的程序规范看,由于国际服务贸易保障措施程序的适用主要结合国内法进行,而且从程序法的国际法原则来看,程序法一般具有属地性质,习惯允许适用国内法。从各国保障措施有关程序法的内容规定看,它主要包括保障措施的调查、保障措施实施过程和审议、通知和磋商、监督和争端解决等几个方面。程序规定的目的主要在于保证调查程序的公正和透明,给利害关系方磋商和抗辩的机会,减少因保障措施造成的贸易扭曲。

就国际服务贸易保障措施的争端解决机制而言,由于国际服务贸易保障措施制度应属于 WTO 多边机制的重要组成部分,构成其重要组成部分的被证明能公平正常运作的 WTO 争端解决机制同样适用于国际服务贸易保障措施的争端领域。也就是说,WTO 下的《争端解决程序谅解》和 GATT1994 第 22 条和第 23 条的规定均适用于因国际服务贸易保障措施所产生的磋商和争端解决。

有关服务贸易紧急保障措施制度的实施条件、实施程序和实施方式等方面的详细内容将在后面几章中展开。

第四章 国际服务贸易紧急保障措施的实体要件

按照保障措施法的一般原理,启动保障措施通常需要满足"进口增加"、"产业损害"和"因果关系"这样三个实体要件,这三个实体要件不仅适用于货物贸易,而且也适用于服务贸易。按照GATT1994第19条和WTO《保障措施协议》的规定,在货物贸易领域实施保障措施的实体要件是:由于未预见的发展或因履行GATT义务而使一缔约国某一产品的进口数量大为增加,对其生产相同产品或直接竞争产品的国内生产者造成重大的损害或产生重大损害的威胁,该缔约国即可采取相应的保障措施。适用于货物贸易领域的保障措施的实体要件可根据服务贸易的特点,引入服务贸易领域,即WTO某一成员若要在服务贸易中采取紧急保障措施必须满足三个条件:因承担GATS义务而出现未预见的发展导致服务进口骤然增加;进口增加造成国内服务产业的严重损害或严重损害威胁;在未预见发展与进口增加、进口增加与国内服务产业的严重损害或严重损害威胁之间存在着因果关系。在这三个实体要件中存在两层因果关系,第一层因果关系即服务进口增加是由于承担GATS义务导致未预见的发展而引起的;第二层因果关系即服务进口增加造成国内服务产业的严重损害或严重损害威胁。为了明确这一实体规则,需要具体界定以下核心问题:未预见发展、服务进口增加、严重损害与严重损害的威胁、因果关系等。

第一节 未预见发展

紧急保障措施的启动应当是基于紧急情况,这里的紧急情况即因承担 GATS 义务而出现未预见的发展导致服务进口骤然增加。由于在货物贸易领域实施保障措施曾经因"未预见发展"问题引发过重大争议,因此在确定服务贸易紧急保障措施启动的实体要件时,也必须对"未预见发展"问题作出明确界定。

一、货物贸易保障措施中"未预见发展"问题引起的争议

事实上,货物贸易保障措施中"未预见发展"问题引起的争议来源于 GATT1994 第 19 条与《保障措施协议》就保障措施实施条件在规定上的差异。保障措施的实施条件主要是由 GATT1994 第 19 条与《保障措施协议》规定的。GATT1994 第 19 条第 1 款(a)项规定,"如因未预见的发展和一缔约方承担本协定包括关税减让在内义务的影响,使某一产品输入到这一缔约方领土的数量大为增加,对这一领土内相同产品或与它直接竞争产品的国内生产者造成重大的损害或产生重大的威胁",那么一个成员可以采取保障措施。《保障措施协议》第 2 条第 1 款规定:"一成员只有在根据下列规定确定正在进口至其领土的一产品的数量与国内生产相比绝对或相对增加,且对生产同类或直接竞争产品的国内产业造成严重损害或严重损害威胁,方可对该产品实施保障措施"。

上述两个条款均清楚表明,进口增加是实施保障措施的前提

条件之一,而且在国际实践中将其作为援用保障措施的一个条件
也是没有任何争议的。然而,经过对比我们不难发现,GATT 第 19
条对数量的增加的规定与 WTO《保障措施协议》第 2 条的规定存
在着差别,即前者要求数量增加是由于"未预见的发展"所导致
(as a result of unforeseen developments),而在《保障措施协议》中则
没有这样的规定。由此,在理论界和实务界就引发了若干争议,这
种争议的核心问题是围绕着是否应证明"进口增长"是"未预见发
展"所导致的,即"未预见的发展"是否成为援用保障措施的一个
条件而展开的。在以往的 WTO 保障措施争端案件中包括申诉
方、被诉方、专家小组和上诉机构在内的各方都曾经对此作出过不
同的解释。譬如在韩国奶制品保障措施案和阿根廷鞋类保障措施
案中,申诉方①主要认为,GATT 第 19 条第 1 款(a)项仍然适用于
保障措施的实施,该项规定是在《保障措施协议》之外对保障措施
的适用附加了额外的条件;被诉方②则主要认为,GATT 第 19 条与
《保障措施协议》之间存在冲突,解决冲突的方法是坚持《保障措
施协议》的唯一适用性。因为《保障措施协议》并没有说 GATT 第
19 条中的不同规定或额外规定必须适用于保障措施的实施,在
WTO 成立后,《保障措施协议》是规范保障措施实施的唯一规则;
专家小组认为只要有进口产品的数量增加对生产同类产品和直接
竞争产品的相关产业造成严重损害或者严重损害威胁,成员方就
可以实施保障措施。也就是说,只要符合了《保障措施协议》的要
求,就满足了 GATT 第 19 条的条件;这两个案件的上诉机构随后

---

　　①　韩国奶制品保障措施案(WT/DS98)和阿根廷鞋类保障措施案(WT/DS/
121)中的欧共体。
　　②　韩国奶制品保障措施案(WT/DS98)中的韩国和阿根廷鞋类保障措施案
(WT/DS/121)中的阿根廷。

又都推翻了专家小组的结论,对保障措施的提起条件作出了限制性的解释,即认定 GATT 第 19 条第 1 款(a)项的规定对成员方有约束力,虽然 GATT 第 19 条第 1 款(a)项的前半句(即"未预见发展")不构成实施保障措施的独立条件,但在实施保障措施时必须证明出现了这样的事实,即由于履行 GATT 义务而出现的情况是未预见到的。因为 WTO 协定是一项单一的承诺,WTO 的所有义务都是叠加的,成员方必须同时遵守所有义务,除非存在冲突。GATT1994 已经被并入了 WTO 协定,WTO 协定是一个公约,GATT1994 和《保障措施协议》都是附件 1A 中的多边货物贸易协议,它们都是该公约所必需的组成部分,并对 WTO 的所有成员具有同样的约束力,因此,GATT1994 和《保障措施协议》必须结合起来考虑。上诉机构的这一解释在其后一系列案件中得到了进一步的阐释。在美国羊肉保障措施案(WT/DS177、178)中,上诉机构明确指出对于"未预见发展"的论证应当在保障措施实施之前进行,否则成员方实施的保障措施将被认为是没有法律依据的,[1]并要求调查机关在裁决报告中公布所有对相关事实和法律的认定以及推理的过程和结论。[2]

专家组在 2003 年 11 月结案的欧共体、日本、韩国、中国等 8 个国家成员诉美国的某些钢铁产品保障措施案中再次确认,意图采取保障措施的成员方必须证明存在导致进口增长的"未预见发展"。专家组认为,在《保障措施协议》中没有提到"未预见的发展"问题,然而《保障措施协议》第 1 条和第 11 条第 1 款(a)项表明了 GATT 第 19 条的继续适用性。该解释确保《保障措施协议》

① WT/DS177、178/AB /R, para72.
② WT/DS177、178/AB /R, para76.

和 GATT1994 第 19 条的规定在 WTO 协定的范围内具有完整的意义并实现了完整的法律效果。在采取保障措施前,在主管机关的报告中,GATT1994 第 19 条第 1 款(a)项意义上的"未预见发展"的情况必须作为一个事实问题得到说明。

由此可见,根据 GATT 第 19 条和《保障措施协议》的规定及WTO 保障措施争端解决实践,"未预见发展"虽然不是实施保障措施的一个独立条件,它的存在必须作为一个事实问题(a matter of fact)被主管机关证明,否则,一成员不得采取保障措施。这是GATT 和《保障措施协议》的宗旨和目标的要求,也是贸易自由化的要求。

二、"未预见发展"问题的确定

在服务贸易紧急保障措施制度中,是否也需要确定"未预见发展"导致进口增加的问题?"未预见发展"的属性或法律性质是什么? 我们应该如何确定"未预见发展"?

与货物贸易保障措施一样,在服务贸易紧急保障措施制度中,也需要确定"未预见发展"导致进口增加的问题。实施紧急保障措施的根本目的在于防止国内产业遭受进口大量增加造成的严重损害或严重损害威胁,不管这种进口大量增加是因何而起。紧急保障措施针对的是出现紧急情况,即因承担 GATS 义务而出现未预见的发展导致服务进口骤然增加。在服务贸易紧急保障措施制度中研究"未预见发展"问题即是要探究服务进口增加的原因,即把导致服务进口增加的"未预见发展"作为一项事实(a matter of fact)来加以证明,这一证明属于保障措施调查机关应尽的义务。由于在保障措施已有的条约或协议中并没有对"未预见发展"的法律性质和确定标准作出规定,在 WTO 大多数成员(包括中国)

的保障措施立法中,都没有"未预见发展"的规定,①但是,韩国、日本、挪威等国的国内法中有此规定。美国1951年贸易协定延长法(The Trade Agreements Extension Act of 1951)删除了1947年行政命令中的"未预见的发展"条款。各国已有的保障措施决定中严重缺乏对"未预见的发展"的认定,只有少数相关保障措施案例明确地讨论了该问题,②因此,在建构服务贸易紧急保障措施制度时必须对"未预见发展"的概念、法律性质和确定标准给予必要的说明。

"未遇见发展"规定在 WTO 保障措施法中仅仅出现在 GATT1994 第19条第1款第1项中,但它并没有就"未遇见发展"的概念、确定方法、确定标准以及确定的形式等方面进行任何的界定和说明。后来,由于在有关保障措施的纠纷案例中涉及"未遇见发展"问题,其专家小组才对"未遇见发展"作出了说明。比如在美国羊肉保障措施案中,专家小组就引用权威词典对"未遇见发展"作出了词义解释。按照专家小组的意见,unforeseen developments 中的 unforeseen 一词是指未预见的、意外的、没想到的,与英文 unexpected 是同义词,但区别于 unforeseeable(不可预见的),unforeseeable 在英文中是指"不可预知的"(unpredictable)或"不可能被预见的"(incapable of being foreseen, foretold or anticipated)。美国羊肉保障措施案的专家组确认了"未预见"(unforeseen)的证明

---

① Yong-Shik Lee, *"Critical Issues in the Application of the WTO Rules on Safeguards"*, Journal of World Trade, Vol. 34, No. 2, 2000, p. 136.

② See Cliff Stevenson, *"Are World Trade Organization Members Correctly Applying World Trade Organization Rules in Safeguard Determinations?"*, Journal of World Trade, Vol. 38, No. 2, 2004, p. 326.

标准低于"不可预见"(unforeseeable)的证明标准。①

"未预见发展"根源于私法中的情事变更原则。② 所谓情事变更原则是指合同有效成立以后,因当事人不可预见的事情的发生(或不可归责于双方当事人的原因发生情事变更),导致合同的基础动摇或丧失,或继续维持合同原有效力有悖于诚实信用原则(显失公平)时,则允许变更或者解除合同的法理。该原则是民法关于民事法律效力的重要原则,其中,情事是指在合同成立后,履行前出现的不可预见、影响社会全体或部分的事实或情况;变更是指合同当事人订立合同时的基础或环境发生了显著、异常的变动。究其实质,情事变更原则为诚实信用原则的具体运用,其目的在于消除合同因情事变更所产生的不公平后果。③ 情事变更原则后来也被作为条约法上的"安全阀"。国际法院(ICJ)在匈牙利/斯洛伐克案中也强调:情事根本变更必须是不可预见的。情事变更原则是对约定必须信守原则的例外,缔约国缔结某条约时是以缔结条约的情事作为判断依据的,如果在缔约后发生了与缔约时的情事相比根本的变更,并且超出了各当事国在缔约时的预见的,当事国得终止或退出条约。《维也纳条约法公约》规定了"未为该条约各当事国所预见"这一条件,意指条约主观基础的丧失。④ 因为,如果情事变更为条约各当事国在缔约时所能预见,各当事国就不应当缔结该条约。

---

① WT/DS177R, WT/DS/178R, para. 7. 22 原文为:"We find the distinction drawn by the Appellate Body between unforeseen and unforeseeable to be important. In our view, the former term implies a lesser threshold than the latter one…"

② 彭万林:《民法学》,中国政法大学出版社 1997 年版,第 636 页。

③ 梁慧星:《中国民法经济法诸问题》,中国法制出版社 1999 年版,第 170 页。

④ 万鄂湘等:《国际条约法》,武汉大学出版社 1998 年版,第 382 页。

保障措施法的一般原理及 WTO 有关保障措施争端案例的实践均已说明,"未预见发展"不是实施保障措施的一个独立条件,但却是在实施保障措施时必须由主管机关加以说明的一个事实,因为它是导致进口增加的重要原因。但要对"未预见发展"给予说明却存在一定的困难,因为"未预见发展"本身主观性很强,不同的人有不同的预见能力,在不同的情况下有不同的预见效果,那么如何确定判断的标准?有学者认为,"未预见发展"是有关成员在承担 WTO 有关义务后所发生的,且是不曾预见的情况。① 也有学者认为,预见可分为两种:一种是概括预见,即对某种情况变化的一种总体性、方向性把握;另一种是具体预见,即对某种情况的发展变化的具体形式等方面量化的预见。如果以具体预见为标准,所有情况都可以归入未预见的情况,随时都可以援用保障措施,这显然不符合其例外性的本质,因此,"未预见的发展"只能以概括预见为标准。② 当然,这都只是学理上的解释。事实上,"未预见发展"应依赖于特定的主体、实际的情况来确定什么是或不是实际上(actually)预见到的,而不是看理论上是否可能预见到。尽管"未预见"标准具有一定的主观性,但主观性不能使进口成员免于通过一个合理和足够的解释来证明"发展"的"意外性"这一事实。因此,对"未预见发展"的说明首先是一个主观标准,是否"未预见",其主体为特定成员,"未预见发展"可能在理论上通过大致的、科学的预测是可以被预见的,但不一定为特定条件下的特定成员所预见到。但是,进口成员并不能因"未预见"的主观性而

---

① 曾令良:《世界贸易组织法》,武汉大学出版社 1996 年版,第 232 页。

② 李居迁:"WTO 保障条款的源流及法律特征",载《比较法研究》1997 年第 2 期。

任意滥用保障措施,它必须在报告中将"未预见发展"作为用事实证明的特定情事,必须用合理的、充分的解释来证明其未预见到。"未预见发展"标准的主观性并不影响进口成员用具体的事实作出充分合理解释的义务。在此意义上,"未预见"标准又包含了客观因素。"未预见的发展"属于《保障措施协议》第 3 条第 1 款所说的"所有有关的事实问题和法律问题",进口成员主管机关的报告中必须包括对它的认定和充分的合理解释。由于"未预见发展"是进行服务贸易自由化谈判国家的谈判者在谈判时无法预见的,所以,"未预见发展"一般应当发生在自由化谈判之后。而说明"未预见发展"的时间,成员方必须在采取保障措施之前说明"未预见发展"的存在,主管机关公布的报告中应当包括这一内容。主管机关可以分阶段发布报告,但是这些报告中至少有一份包含对"未预见发展"问题的说明。如果主管机关在采取保障措施后或争端解决程序开始后才补充说明"未预见发展"问题,则是无济于事的。

第二节　服务进口增加

一、服务进口与国内产业

(一)服务进口

"进口"的概念在货物贸易和服务贸易领域是完全不同的。货物"进口"是指有形(visible)商品进入一经济体关税边境的行为,而服务"进口"则因服务的无形性特征而使关税边境失去了意义。在这种情况下,服务进口会因服务提供模式的不同而不同,呈现出与货物进口完全不同的特征,因此是不能用货物贸易的进口概念来界定服务进口的。

　　四种服务提供模式决定了服务的四种"进口"形态。对于第一种服务提供模式即跨境提供（cross-border supply）而言，它是指服务提供者跨越边境进入到消费者所在领土提供服务，"进口"的定义似乎没有产生特别的概念上的困难。因为在传统意义上，通过这种方式提供服务时，实际上是有"进口"发生的。在第二种服务提供模式即境外消费（consumption abroad）模式下，由于它不是服务或服务提供者的"进口"或"进入"，而是消费者出境消费国外服务，因此，"进口"实际上发生于出口方的市场。对于第三种模式即商业存在（commercial presence）而言，服务"进口"的问题更为复杂一些。外国服务提供者通过在东道国境内设立的商业存在提供服务，服务的生产和提供均发生在本国境内。实际上，这里的"进口"定义依赖于如何对"国内产业"进行定义。在服务业的情况下，"国内产业"一词是否应当包括位于东道国境内的所有服务提供者？或者，已经在东道国设立商业存在的外国服务提供者应当被排除在"国内产业"之外？如果国内产业包括一成员方境内的所有服务提供者，则在第三种模式下只有新设立商业存在才涉及"进口"问题。如果"国内产业"排除在本国境内已经设立的商业存在，则无论已设立或新设立的商业存在所提供的服务都将被视为"进口"。在第四种模式即自然人流动（movement of natural persons）模式下，外国的服务提供者移动到本国境内提供服务，这种服务的"进口"伴随着人的移动，与传统的"进口"概念也不一致。

　　与服务进口相对应的是服务出口。我国有学者将服务出口分为直接出口、间接出口及国外当地生产当地销售三种。① 直接出

---

　　① 卢进勇、虞和军、朱晞颜：《国际服务贸易与跨国公司》，对外经济贸易大学出版社2002年版，第5页。

口即跨境提供型服务贸易,间接出口即境外消费型服务贸易,国外当地生产当地销售包括商业存在及自然人移动两种类型的服务贸易。其中,商业存在方式的服务出口是当前世界服务出口的主要方式。

(二)国内产业

1."国内产业"的法律地位

"国内产业"(domestic industry)的概念及含义在整个多边贸易体制中具有极其重要的作用。毋庸置疑,它也是国际保障措施制度中的一个关键性的法律概念和一项重要的法律制度。这是因为:

首先,国内产业是保障措施的保护对象,也是实施保障措施法的目的所在。紧急保障措施制度的建立和实施是为了指导和协调WTO成员对其国内产业的保护限度,成员的国内保障措施法则在国际保障措施法许可的框架内制定和执行,以达到适当保护其国内产业的目的。在考虑采用何种保障措施,不管是进行市场准入限制,还是国民待遇限制,以及选择哪些成员的服务进口作为实施对象时,也将不得不关系到国内产业这一概念。

其次,在实施紧急保障措施的操作实践中,它是寻找和证明适用保障措施的重要前提条件之一的"严重损害或严重损害威胁"所要首先解决的问题。因为保障措施所针对的由服务进口大量增加所造成的严重损害是指国内产业的损害。如果将国内产业界定得太窄,实施保障措施的目的将难以或不能完全达到。如果国内产业确定得太宽又会产生滥用保障措施,有进行贸易保护主义之嫌,将会受到其他成员的指责,甚至引发国际贸易争端。

第三,在保障措施调查中,有关主管机关在确定提起要求进行保障措施调查的主体资格时,就涉及国内产业问题,即主管机关要对相关产业保障措施申请人进行资格筛选并确认。

最后,为了保护国内产业,需要对服务的进口实施某种程度的限制,而需要对其实施限制的服务进口范围的确定有赖于国内产业概念的界定,因为保障措施所针对的进口服务必须存在与国内服务产业有竞争关系,或者属于同类服务。

在多边保障措施制度的历史上,由于国际保障措施制度的基础性条款 GATT1994 第 19 条过于简单,操作性差,特别是对包括国内产业在内的相关概念和含义缺乏明确的界定,从而导致了三个直接后果:一是保障措施手段被滥用,使保障措施正当的安全阀作用的本义被扭曲,使其被当作贸易保护主义手段来使用;二是缔约方对保障措施及其实施各执一词,成为贸易纷争产生的源头之一,破坏了业已建立的国际贸易体制的稳定性和平衡性;三是为了避开可允许使用的保障措施而产生了大量的诸如"自愿出口限制"(Voluntary Export Restraint)、"有秩序销售安排"(Orderly Marketing Arrangement)等所谓"灰色区域"措施。由此,从一个侧面说明了进一步规范和澄清"国内产业"概念的重要性。

2. "国内产业"的界定

鉴于有效地发挥保障措施制度对国际贸易的应有作用的考虑,重建对保障机制的多边控制,并消除由于"国内产业"等概念和规定的含糊不清而产生的种种漏洞和缺陷,WTO《保障措施协议》第 4 条第 1 款第 3 项对国内产业作了概念性规定:"在确定严重损害或严重损害威胁时,'国内产业'应理解为指一成员领土内进行经营的同类产品或直接竞争产品的生产者全体,或者指同类产品或直接竞争产品的总产量占这些产品主要部分的生产者。"尽管《保障措施协议》仅仅是在货物贸易领域对"国内产业"作出了界定,但它对在服务贸易领域界定"国内产业"提供了重要的借鉴。

　　在服务贸易领域,紧急保障措施机制发动的前提条件也是"国内产业"因服务进口的猛增而遭受严重损害或严重损害的威胁,而服务领域"国内产业"的界定却存在着一定的特殊性。在货物贸易中,外国产品的界定是以其来自境外为标准的,因此"国内产业"既包括土生土长的本国生产者,也包括外国投资者在内国所设企业,这些企业往往取得了内国法人资格,而且其产品是在内国境内生产的。如果将货物贸易中"国内产业"的界定标准适用于服务贸易的四种模式,在模式1(跨境提供)和模式2(境外消费)的情况下尚可适用,因为这两种模式下没有外国在本国投资的服务提供者,所以,此时的"国内产业"只包括土生土长的本国服务提供者。

　　但是,在服务供给模式3(商业存在)和模式4(自然人流动)下,情况就不一样了。此时,在本国领土内提供服务的不仅有土生土长的本国服务企业或个人,还有在本国投资设立公司提供服务的外国法人或自然人。如果按照上述货物领域"国内产业"的定义来划分,则这些外来服务提供者也应该被纳入"国内产业"的范围之内。但是,根据服务贸易的定义,在模式3和模式4下,外国法人在本国设立公司提供服务或外国自然人在本国境内提供服务应算着"服务进口",也就是说这些外国法人和自然人应算着服务的"出口方",而且他们可能正是国内产业"严重损害"或"严重损害威胁"的"缔造者"。那么,"出口方"又如何能够被归入"国内产业"而受到紧急保障措施的保护呢?而且,GATS第10条明确规定,"应在非歧视原则基础上"(on the principle of non-discrimination)就服务ESM进行谈判。由于不论是已经设立的商业存在还是将要设立的商业存在都是服务的"出口方",如果只对将要设立商业存在这部分"出口方"实施紧急保障措施,而放过已设立商业存在那部分,则构成了"歧视",这是不符合最惠国待遇原则的。但是,如果不把他们归入"国内产业"而对他们实施紧急保障措施,那他们在本国的"国民待遇"地位又如何得到保障呢? 进一步地说,如果一国不能保障外来投资的"国民待遇",那它又如何能够吸引到外资呢?

在已进行的服务贸易 ESM 多边谈判中,各成员就模式 3 和模式 4 下的"国内产业"表达了不同的主张。有的主张将已设立外国商业存在排除在"国内产业"范围之外,纳入紧急保障措施的限制之中;有的则主张将之纳入到"国内产业"范畴中来,排除对其实施紧急保障措施的可能。前者的理由是保护民族服务业,而后者的理由则是保护外资。事实上,早在 WTO 诞生之前,就已存在着对"民族产业"这一概念的争论。一些学者不同意"民族产业"的提法。无国籍跨国公司理论的早期创始人 G. W. 鲍尔在 1970 年提出了"宇宙公司"的概念。他认为宇宙公司的重要性在于无国籍,跨国公司应当是多国籍的国际性公司或称无国籍的国际性公司(即宇宙公司)。鲍尔提出,鉴于世界经济一体化的发展趋势和国民待遇原则在世界大多数国家普遍实施的事实,必须以一种"天下大同"和"世界国家"的逻辑思路来理解不同国家之间的经济利益关系与文化融合。另一些学者认为跨国公司是具有单一明确的国籍的,"民族产业"的提法是有益的,在界定"民族产业"时,不应该将那些国外投资者拥有主导控制权的外资企业纳入,因为这类国外分支机构在国家经济利益实现与政府政策意图贯彻上遵循的是母国意图。

显然,在服务贸易领域界定"国内产业"会存在一定的困难,甚至会出现一定的利益冲突。但是,基于实施保障措施的目的,必须对本国和外国服务提供者加以区分,将国内产业界定为只包括本国服务提供者提供服务的产业即"民族产业",不能将提供这种服务的外国"商业存在"看成是"国内产业"(或"民族产业")的一部分,即使该"商业存在"已经取得了内国法人资格。笔者认为,只要国家和民族及其独立的权益还存在,民族产业就具有特定的含义,民族产业的提法就没有过时,由经济强国所渲染的"全球产业"和"全球企业"就只在一定范围内是有意义的,不能替代民族产业。把外资服务企业中由中方控股的外国子公司纳入民族产业的范畴是可以的,但并不能据此否定民族产业的客观存在及其意义。服务业跨国公司既不是无国籍的宇宙公司,也不必然完全代表其母国利益并贯彻母国意图,跨国公司在世界各国投资的目的就是逐利,或是眼前利益或是长远利益。然而,跨国公司毕竟是一个遍布各国的国际性网络组织,它在货币政策、财务政策、销售安排等方面的影响,东道国往往难以左右。服务业跨国公司对东道国的货币政策作出的反应有限,因为它能够在别处筹集资金。东道国政府的财政政策可能遭受跨国公司转移定价的损害,贸易政策可能受服务业跨国公司母公司的市场考虑和投资国政府规定的政治条件的破坏,等等。如果一个发展中国家在特定时期在服务业中引进外资、设立商业存在的规模过大,资本流向过于集中,则必然导致某些服务产业被外国投资者所控制,抑制民族产业的发展。"跨国公司的规模、集中控制和可能的全球战略,使它们具有一定的与国家政府抗衡的力量,这也是(发展中国家的)国内企业所不具备的"。[①] 因此,只有将国内产业界定为只包括本国服务提供者提供服务的产业即"民族产业",才能使紧急保障措施起到保

---

①　崔新健:《外商对华直接投资的决定因素》,中国发展出版社 2001 年版,第 160 页。

护"国内产业"应有的作用。

不可否认,对已经取得内国法人资格的外国服务提供者与本国服务提供者区别对待,只对外国服务提供者采取紧急保障措施会背离国民待遇原则;限制设立新的"商业存在"会背离最惠国待遇原则。但是,紧急保障措施的采取具有临时性,该制度设立的基础是允许采取紧急保障措施的国家暂时背离其所承担的国际义务,包括实施最惠国待遇和国民待遇的义务。

3. 同类或直接竞争的服务

在货物贸易领域,按照 WTO《保障措施协议》的规定,国内产业必须是生产特定产品的产业,是进口产品的同类产品或直接竞争产品的生产者。也就是说,国内产业的定义必须是产品导向。确定国内产业范围的第一步必须是对哪些产品属于进口产品的同类产品或直接竞争产品进行界定。从整个《保障措施协议》的内容看,保障措施是施加于特定一类进口产品的贸易限制措施,实施保障措施的合法性基础在于特定的进口产品对相关产品的国内生产者造成损害。国内生产者生产的产品与进口产品必须存在某种法律上的联系:同类产品或直接竞争产品。什么是同类产品(like product)和直接竞争产品(directly competitive product)? WTO《保障措施协议》和 GATT1994 第 19 条均未作详细的解释。这不仅造成货物贸易中适用保障措施的困难,也造成服务贸易紧急保障措施在借鉴上的困难。

服务领域有其特殊性,由于消费者需求的不同导致服务产品(如金融服务)的高度区分,甚至有的服务是专门为消费者"量身定做"的;同时,服务的无形性使比较一项跨境提供的外国服务和在当地提供的国内服务之间是否同类或直接竞争更为困难。有学者认为,GATS 承诺减让表中的服务分类体现了服务产品的"同类性"。① 由于承诺减让表不可能穷尽所有服务部门,因此也难以作为确定服务"同类性"的标准。笔者认为,确定服务产品是否具有同类性,应该坚持"替代原则"或者"竞争原则",即如果某两项服务产品具有同样的效果(使用价值),或者在效果(使用价值)方面该两项服务产品可以互相替代。因为,只有两项服务产品具有同样的效果(使用价值),或者在效果(使用价值)方面可以互相替代,该两项服务产品之间才能在服务市场中构成竞争关系,才可能对国内相关服务部门造成损害或损害威胁。有鉴于此,在服务贸易领域对同类产品的认定需要强调服务产品基本特征和产品用途方面相同性的比较。服务产品尽管存在着高度区分和"量身定做"的情况,但都应当具有相似或者同一产品作为该特定"产品"的主要特征,且消费市场相同。直接竞争的服务则强调服务之间的可替代性,主要是它们之间的市场地位比较。直接竞争的服务其主要功能和作用一定具有相似性,否则不能产生直接竞争。实际上国内产业所遭受的损害或损害威胁只有通过市场才能体现,因此,同类或直接竞争服务必须通过其市场消费、提供渠道、提供情况等方面的因素按照"替代原则"或者"竞争原则",加以综合认定。

二、服务进口增加的确定

作为贸易救济工具,保障措施以进口增加作为其独立的实施条件之一,体现了保障措施不同于反倾销、反补贴措施的特殊性。反倾销、反补贴措施分别针对出口国企业的倾销行为、出口国政府或公共机构的补贴行为造成进口国国内产业损害。它们针对的对

---

① Aly K. Abu-Akeel, *"The MFN as it Applies to Service Trade-New Problem for an Old Concept"*, Journal of World Trade 33(4), 2000, p. 115.

象均为不公平竞争行为,出口是否存在倾销或补贴是反倾销、反补贴措施成立的首要条件,而进口增加不是反倾销、反补贴措施独立的实施条件,而只是作为确定进口国国内产业实质性损害的考虑因素之一。

　　一般而言,在国际贸易自由化的趋势下,进口增长是正常的情况。但是,由于各国特定的经济情况,当进口增长达到一定程度,就可能对国内产业产生冲击,一旦这种冲击达到产生"严重损害或严重损害威胁"的程度,该国可以合法地采取暂时性的进口限制措施,以救济国内产业。从已有保障条款的立法宗旨来看,进口增加当然是一项独立的实施条件。只要由于该国承担贸易自由化的义务引起一定程度的进口增加,再加上符合其他实施条件,该国就可以合法地实施保障措施,至于进口增加是否由出口国的不公平贸易行为所导致,在所不问。正是由于保障措施主要是考虑进口增加和国内产业损害的因素,与反倾销反补贴相比,进口国进行保障措施调查根本不需要出口国的协助。

　　既然进口增加是保障措施的一项独立的实施条件,为防止保障措施的滥用,作为启动保障措施条件之一的进口增加必须被进口方证明为达到一定的程度。因为保障措施作为多边贸易体制的"安全阀",它仅针对贸易自由化义务导致个别国家受进口增加严重冲击的紧急情势,如果保障措施可以适用于发生进口增加的任何情势,那么,这种保障措施将演变为贸易保护主义手段。保障措施条款作为 GATT/WTO 协议的例外条款,在实施条件上应满足对贸易的限制降低到最小程度的要求,相应地,在进口增加实施条件的设定上,也应予以严格的限制。

　　进口增加包括进口数量的绝对增加和相对增加。绝对增加是指进口数量比过去某个时间点的数量绝对增加了。绝对数量的增加一般能直观地反映进口量的变化趋势。但是,对时间点的选择,可能影响对进口趋势的判断,因为进口数量不一定直线上升,总是以一定的振幅交替变化,所以应当结合调查期间的总体趋势判断进口是否增加。相对增加是指在某一段时期内产品或服务的进口数量相对于进口方国内生产或提供而言的相对增加,这往往从市场份额的变化方面得以反映。同样,对相对增长的判断也需要考虑整个调查期间的进口趋势,时间点的选择非常重要。不管是相对进口增加还是绝对进口增加,从法律规定上看,它仅指"数量增加",而不是进口价值或金额的增长。换言之,保障措施法律意义上的进口增加,其判断标准是从数量角度进行,而不是从产品或服务价值或金额的角度衡量。

"进口增加"的认定是个数量问题。由于保障措施是一种紧急措施,其目的是为因进口大增而造成严重损害的国内产业提供暂时的救济,所以对能够导致严重损害的起因——进口增长必定有足够程度上的要求。那种在很长时间内才在数量上缓慢增加的进口是不应该对其实施保障措施的手段加以限制的。进口增长的确定标准概括而言,要求在整体上进口趋势是增长的,且这种在数量和质量上的增加是足够迫近的、足够急剧的和足够显著的。要解决"进口增加"的认定问题,就必须掌握充足的统计资料,包括"国内产业"的生产部分和进口部分。在服务贸易领域由于模式1(跨境提供)与货物贸易形式接近,因此数据比较好掌握。而在模式2(境外消费)下,要求掌握境外消费的人数、金额的增加和外汇流出的增加,以及这些增加了的境外消费如果不增加,则有多少会在国内消费;模式3(商业存在)下,需要掌握已设立商业存在的数量增加以及它们的业务增加量,例如,税收增量、金融交易指标、资本流量等等;模式4(自然人流动)下,需要掌握提供相关服务的外国自然人流入数量以及他们所从事交易的金额。由于在服务领域进出口都不是由海关监控，上述数据不能像货物领域那样通过海关就可调查清楚。而服务领域的上述数据不仅分散在各个部门，而且有些项目根本就没有统计，即使统计了，也由于服务贸易的复杂性而缺乏足够的精确性。因此，要使服务 ESM 可行实用，就必须解决数据统计的准确性问题。

第三节　严重损害与严重损害的威胁

无损害，则无救济。保障措施作为一种贸易救济手段，与反倾销、反补贴措施一样，均以进口国国内产业遭受损害作为实施条件。保障措施是多边贸易体制下的一种例外措施，它不能仅仅针对进口增加，而应以缓冲进口增加对国内产业造成的损害为特定政策目标。进口增加本是贸易自由化的题中应有之义，但是如果由于进口增加导致国内产业损害，将会限制该国进一步承担贸易自由化的义务。通过保障措施的制度设计，进口国可以暂时限制进口，缓解国内产业的损害，并推动国内产业结构调整。WTO 争端解决机构要求保障措施下的进口增加不仅仅是一般的进口增加，而要达到足以引起国内产业损害的程度。不仅如此，WTO 保障措施制度还将国内产业存在严重损害或严重损害威胁、进口增加与产业损害之间存在因果关系作为独立的实施条件。在保障措施领域，产业损害不但是一个独立的实施条件，而且还作为限制保障措施实施方式和实施期限的标准。①

---

①　参见《保障措施协议》第 5 条、第 7 条规定：一成员应仅在防止或补救严重损害并便利调整所必需的限度和期限内实施保障措施。

　　无论是国际保障措施法的理论还是国际保障措施法的实践，国内产业"严重损害"的确定是整个保障措施制度及其实施过程中的核心问题。一成员主管机关在实施具体保障措施前，除了确定进口增长条件外，还必须证实进口增长造成国内产业"严重损害"或"严重损害威胁"。

一、严重损害与严重损害威胁的含义

（一）严重损害

　　根据《保障措施协议》第 4 条第 1 款第 1 项规定，"严重损害"应指对一国内产业状况的重大的全面的减损（a significant overall impairment）。"严重"（serious）这一措词强调了国内产业必须正在遭受或即将遭受的显著全面损害的范围和程度。与《反倾销协议》、《补贴与反补贴措施协议》和 1994 年 GATT 第 6 条中规定的"实质损害"（material injury）的标准相比，"严重"这一措词所包含的损害标准要高得多。因此，在评估严重损害时，对是否存在严重损害的衡量标准在于所谓的减损是否已达到了"重大的"和"全面的"的程度。评估对象是国内产业的整体状况，而不是国内产业的局部状况，要综合分析和评估与国内产业有关的所有因素，而不是仅仅看其中的几个因素。

　　由于服务业属于国内产业之一，《保障措施协议》对"严重损害"的界定当然适用于服务产业。具体而言，服务产业"严重损害"应被理解为对一国内服务产业状况的重大全面减损。

（二）严重损害的威胁

　　《保障措施协议》第 4 条第 1 款第 3 项规定："严重损害威胁应理解为指符合第 2 款规定的明显迫近的严重损害（serious injury that is clearly imminent）。对存在严重损害威胁的确定应根据事实,而非仅凭指控、推测或极小的可能性。"据此,简单地讲,严重损害威胁就是指明显迫近的严重损害。

上述规定表明,严重损害威胁仍然具有严重损害的性质,这意味着"严重损害的威胁"与"严重损害"一样,隐含着非常高的损害标准,而不能将要求降格为像反倾销和反补贴领域的"实质性损害"(material injury)的程度。同时,严重损害威胁是尚未发生的"严重损害","实际上是一项其是否将变为现实还不能保证的未来事件",也就是讲,从时间界线上划分,它仍然属于将来范畴的事件;但这种"威胁"的发生是"明显的",不会在遥远的将来。"迫近的"是指"威胁"可能变为现实的时间很短,也指"威胁"变为现实的可能性。"明显的"一词道出了可能性的程度,即是指严重损害在非常近的未来变为现实具有高度的可能性。

由于严重损害威胁是"明显迫近"的严重损害,"明显迫近"一词意味着严重损害没有实际发生,但是很有可能即将发生。从即将发生这个角度讲,确定严重损害威胁是对国内产业状况未来的一种趋势预测,其中包含了进口国主管机关的一种主观判断。但是,这种主观判断不能是任意的,《保障措施协议》要求"应根据事实,而不能仅凭指控、推测或极小的可能性"。按照字面意义的理解,指控(allegation)是指没有证据而作出的主张,推测(conjecture)是指基于不充分的证据作出的观点或结论。也就是说,严重损害威胁分析这种主观判断仍然应以客观事实为依据。

(三)严重损害与严重损害威胁的区别

虽然严重损害与严重损害威胁两者之间在法律地位和作用、对反映国内产业状况的评估因素、具体的评估方法等方面具有共性,相互之间存在着相互联系的一面。但是,两者之间毕竟是有区别的,其重要区别主要体现在损害发生的时间不同。既然严重损害指国内产业重大的全面的减损,证明产业的减损在过去或正在发生,在作出严重损害裁定时已经发生了;而严重损害威胁指的是国内产业严重损害即将明显迫近地发生,从时间分析属于未来的事件,尽管这种"未来"与现在的时间差距很短,它毕竟尚未发生,因此两者不能相互转换适用。

因此,作为保障措施的适用条件之一,严重损害威胁与严重损害条件相比较是一种较低的门槛。《保障措施协议》设置严重损害威胁条件,其目的是使得进口成员有权在进口增加没有造成严重损害但可能即将发生严重损害时,较早地实施保障措施。

二、严重损害与严重损害威胁的确定

(一)严重损害的确定

为了尽量给予成员国实施保障措施以比较明确的指导,《保障措施协议》第 4 条第 2 款 a 项中详细列举了进口成员在确定严重损害中的若干考虑因素:"主管机关应评估影响该产业状况的所有有关的客观的和可量化的因素,特别是有关产品进口绝对增长和相对增长的比例和数量、增长的进口产品在国内所占市场份额、销售水平、总产量、生产率、设备利用率、利润和亏损及就业的变化"。

这些评估因素的设置有一个共同的要求:"客观和可量化的因素"(factors of an objective and quantifiable nature)。"客观"意味着进口国主管机关调查数据的真实性,不能存在伪造和倾向性调查。这一要求对于制止保障措施的滥用非常重要。虽然出口国政府、出口商等可以作为利害关系方参加进口国主管机关的调查,提

供他们这一方面的数据和意见,但产业损害的调查数据主要来自进口国国内。如果进口国主管机关对上述因素的调查是不客观的,出口国难以提出质疑,WTO 争端解决机构也不可能代替进口国主管机关重新进行调查。

同时,该规定特别明确指出主管机构须评估"有关产品进口绝对增长和相对增长的比例和数量、增长的进口产品在国内所占市场份额、销售水平、总产量、生产率、设备利用率、利润和亏损及就业的变化"。这 8 个因素属于法律强制性的特别要求。换言之,评估该规定列明的 8 个因素是主管机构必须履行的法定义务,尽管不一定这 8 个因素在每一个案件中与国内产业都有关系,也不见得这 8 个因素在每一个案件中都显得特别重要,至少在被认为无关系不重要而被剔除之前应该要如此做。

可以说,《保障措施协议》的这些规定为成员国主管机关确定严重损害或其威胁时提供了相对明确、详细的标准。但是,不容否认的是,这些解释实际上仍然比较原则和抽象。其基本原因是:产业状况的损害因素因具体条件而不同,法律很难为各种损害因素确定一个划一的数据标准。比如就生产率而言,每种产业的生产率要求本来就各不相同,那么什么数量的生产率达到损害条件也就难以确定。这也正体现了法律的弹性的特点。美国关税委员会曾经对"损害"的程度问题作出如下解释:国会在法律中使用"损害"一词而未对"损害"的程度加以限定,表明可以合理引用的唯一例外是一句古老的法律格言——"法律不关心琐事"。法律规则在调整纷繁复杂的社会现象中具有不确定性,特别是 WTO 规则需要适应不同成员国的实际情况,这种不确定性尤为明显。WTO 上诉机构曾经对 WTO 规则的性质作出著名的判断:"WTO 规则是可依赖的、可理解的、可执行的,面对现实世界中的现实案例中的现实事实永无休止地不断变化,WTO 规则并非如此的僵硬和刚性以至于不能留下合理裁判的空间"。①

(二)严重损害威胁的确定

《保障措施协议》第 4 条第 1 款第 2 项在界定严重损害威胁时指出:严重损害威胁应理解为符合第 2 款规定的(in accordance with the provisions of paragraph 2.)明显逼近的严重损害。这里的第 2 款规定就是本条款关于"严重损害"确立的内容。无疑,法律要求在确立严重损害威胁时,有关评估的经济因素应符合《保障措施协议》第 4 条第 2 款第 1 项有关经济因素评估的范围之规定。即主管机关应评估影响国内产业状况的所有有关的客观的和可量化的经济因素,特别是有关产品或服务按绝对值和相对值计算的进口增长的比率和进口数量增长所占国内市场的份额,以及经济水平、产量、生产率、设备使用率、利润和亏损以及就业的变化。也就是说,在需要评估的经济因素范围方面与确立严重损害时需要评估经济因素的范围的要求相同。

在确定"严重损害威胁"过程中,要求反映的产业状况是指整个国内产业的状况,而在实践中往往不太可能收集到整个产业的所有数据,这就极容易产生引发争议的经济数据代表性问题。因此,在收集有关经济数据时应做到:第一,在数量上,应收集尽量多的数据;第二,在收集证据的目标上,应尽量确定属于"国内产业"范围;第三,申请调查的发起者不等于就是国内产业的主要部分,其提供的数据不自动代表了国内产业的主要部分的证据。

---

① 　Edwin Vermulst, Petros C. Maveoidis, Paul Wear, *"The Functioning of the Appellate Body after Four Years"*,　Journal of World Trade, Vol. 33, No. 2, 1999, p. 1.

三、严重损害与严重损害威胁适用于服务贸易的特殊性

对于服务业严重损害与严重损害威胁的确定过程中,首先也应坚持与货物贸易大致相同的认定原则,即:(1)损害认定必须基于主管机关的损害调查做出;(2)主管机关必须审查所有与其他成员提供的服务数量或与该服务的消费数量相关的指标和信息资源,以确定供给或消费的增长;(3)评估影响国内产业状况的所有有关的客观的和可量化的指标,以确定严重损害或严重损害威胁的存在;(4)严重损害威胁存在的认定应基于事实,而非仅凭指控、推测或极小的可能性。

在认定服务产业损害是否存在时,应该参考如下指标:利润的减少或亏损的增加、设备利用率的下降、产能的降低、部门销售的下降、生产率的降低、价格下降或价格结构的变化、国内提供者数量的减少、库存水平的变化、出口的下降、(相对)工资及就业的下降。

由于服务业本身的特殊性,在认定服务进口增加对其造成的严重损害与严重损害威胁时应注意以下几个问题:

第一,上述指标需要区分"本国(national)"和"国内(domestic)"。由于服务产业的损害不仅源自境外,还可能源自境内,即在本地已设立的外国商业存在造成了国内服务市场的损害。如果是前者造成的,则在调查时,应该调查包括本国土生土长的服务提供者和已设立外国服务提供者(即国内产业)的共同情况;如果是后者造成的,则在调查时,应只调查本国土生土长服务提供者(即本国产业)的情况。

第二,由于服务贸易提供模式的多样化以及巨大的行业差异,因此,上述指标并不是在任何行业都是造成损害的相关因素。在

服务业中,判定严重损害或损害威胁的因素将依赖于引起损害的服务提供模式。在服务贸易的四种模式中,其所造成的严重损害或严重损害的威胁可能会出现较大的差异,应充分注意其差异性,做到有的放矢。比如,餐饮业存在库存的问题,而旅游、教育、咨询就没有库存问题。因此,上述指标只是参考,而不是必须审查的相关项目。在实践中,应该具体行业具体分析。当然,这种灵活性不能否定"必须审查所有相关因素"这个原则。

　　第三,关于服务贸易的数据统计的准确性问题。由于服务贸易本身的无形性及提供方式的复杂性,加上国际上缺乏对服务业的统一分类和统计,使及时搜集到足够信息,以确定进口是否大量增加以及是否对国内产业造成严重损害或损害威胁,变得非常困难。① 为了解决数据统计的准确性问题,国家主管机关在进行服务贸易的数据统计时应以联合国、欧洲委员会、国际货币基金组织、经济合作与发展组织、联合国贸易与发展会议及世界贸易组织六大国际组织于 2002 年出版的《国际服务贸易统计手册》作为重要的参照。②

　　第四,服务贸易造成的损害不同于货物贸易中实时的损害,具有很强的时间延续性,而且在货物贸易中用以确定严重损害和严重损害威胁的一些经济数据指标并不能完全反映服务业的特殊性。因为,首先,服务贸易的结算虽然也以货币价值进行,但不同的服务之间其价值不具有可比性,加上服务价值本身的不稳定性,

---

　　① See Note by the Secretariat: *"Emergency Safeguard Measures in GATS: The Applicability of Concepts Applied in the WTO Agreement on Safeguards"*, 6 March 1996, S/WPGR/W/8, p. 1.

　　② See UN, EC, IMF, OECD, UNCTAD and WTO: Statistics Papers: Manual on Statistics of International Trade in Services, Series M. No. 86.

在数量上对服务增加造成的损害进行评定意义不大。其次,服务行业所受损害,不以即时损害结果发生作为唯一体现形式,损害的潜在性和不确定性,令 WTO 各成员方无法提供充分的证据以适用现有的救济手段来排除损害的后果。既然 GATS 鼓励服务贸易的自由化,自然也需要提供相应的替代制度来保护国内服务行业的利益,在损害的界定上也须突破货物贸易领域中一贯的标准。再次,服务贸易更多地牵涉文化领域,对于服务进口国的社会文化难免形成一定的影响。当进口国为维护自身特殊的社会公益但又未涉及公共安全而不能适用安全例外措施时,不严格要求在经济意义上具有固定标准的保障措施便适时地成为临时手段。

第四节　因果关系

因果关系是保障措施的一个实施条件。进口国主管机关在确定了进口增加与产业损害实施条件后,下一个步骤就是要审查进口增加与国内产业的严重损害或严重损害威胁之间是否存在法律上的因果关系。《保障措施协议》第 4 条第 2 款 b 项要求各成员根据客观证据证明有关产品进口的增加与严重损害或严重损害威胁之间存在因果关系。因果关系的审查非常重要,因为国内产业的损害有可能是由于多种原因造成的,如果它与进口增加不存在因果关系,那么作为贸易限制措施的保障措施也就缺乏合法性的基础。WTO 协议中的因果关系条件规定比较简单,但是,因果关系在保障措施调查中的实践是一个非常艰难和复杂的问题,也是极容易引起争端的实施条件。

在服务贸易紧急保障措施制度的建构过程中,需要揭示两层因果关系,第一层因果关系即承担 GATS 义务后的未预见发展与

服务进口增加之间的因果关系;第二层因果关系即服务进口增加
与严重损害和严重损害威胁之间的因果关系。对服务贸易实施紧
急保障措施的第三个条件应该是服务进口增加与严重损害或严重
损害威胁之间必须存在因果关系,否则不得做出实施紧急保障措
施的决定。如果服务进口增长之外的因素也正在造成国内服务产
业的损害,则该损害不得归因于服务进口增长。

一、因果关系的含义

一般而言,因果关系(causal link;causality)就是指原因和结果
之间的关系。其中,原因(cause)是指产生或带来影响或结果的东
西(something that precedes and brings about an effect or a result);结
果(result;effect)是指一个特定行为、操作或过程的带来的后果或
影响。① 在法律上,原因又可分为近因(immediate cause;proximate
cause)和远因(remote cause),直接原因(direct cause)和间接原因
(indirect cause)。一般来说,只有一个结果的近因和直接原因,才
对该结果负法律上的责任。

不同范畴中的因果关系具有不同的内涵。在哲学范畴,因果
关系是指在两个现象当中,一个是原因,另一个是结果,结果由原
因所引起。哲学因果关系研究的目的在于发现现象之间的普遍联
系,以揭示事物发展的内在规律。在法律范畴,因果关系是指行为
与结果之间的联系,研究法律因果关系的目的,是为了确定特定的
行为将引起什么样的法律责任。法律因果关系是一种法律的拟

---

① Henry Campbell Black, M. A. , *Black's Law Dictionary*, West Publishing Co. ,
1979, fifth edition, p. 200.

制,是一种法律现实。① 法律因果关系是法律(包括立法和司法)对法律行为与法律结果之间一种联系的确定,它与哲学因果关系不完全相同。在不同的法律部门和学说中,因果关系的判断标准也不尽相同。

在保障措施中,因果关系用以审查进口增加(进口商、出口商的行为)与国内产业严重损害或严重损害威胁之间(结果)的联系,并藉此最终确定进口国能否实施保障措施,以救济或防止上述结果。严格来说,保障措施不是一种法律责任,因为进口增加行为不是违法行为,保障措施的实施不具有惩罚性和制裁性。WTO《保障措施协议》设定因果关系条件,其目的是规范和限制各成员国的保障措施行为,进口成员在符合 WTO 协议因果关系条件和其他条件的前提下,有权合法地实施保障措施。因果关系既然已经成为《保障措施协议》的规范内容,那么它的规则是一种法律上的因果关系,是 WTO 协议起草者们对进口增加与国内产业损害之间客观联系的一种抽象和拟制。

在民法上,探究因果关系具有双重意义:确定民事责任的成立和确定民事责任的范围限制。② 在保障措施法上,因果关系也具有与之相对应的双重意义:一方面,它具有判断保障措施能否采取的意义,如果没有进口增加与国内产业严重损害或严重损害威胁的因果关系,进口国无权实施保障措施;另一方面,它还具有判断保障措施的程度与期限的意义。《保障措施协议》第 5 条和第 7 条规定:一成员应仅在防止或补救严重损害并便利调整所必需的

---

① 李川、王景山:"论法律因果关系",载《山东大学学报》1999 年第 4 期。

② 江朝国:《保险法基础理论》,中国政法大学出版社 2002 年版,第 338 ~ 339 页。

限度和期限内实施保障措施。保障措施作为进口限制措施，只能防止或补救由进口增加造成的严重损害。①

二、因果关系存在的确定

WTO《保障措施协议》第 4 条第 2 款 b 项规定："除非调查根据客观证据（objective evidence）证明有关产品增加的进口与严重损害或严重损害威胁之间存在因果关系（causal link），否则不得作出（a）项所指的确定。如进口增加以外的因素正在同时对国内产业造成损害，则此类损害不得归因于进口增加（such injury shall not be attributed to increased imports）。"该条款为这种因果关系存在（existence of the causal link）的确定提供了原则性的依据。按照该条款的规定，WTO 成员在确定因果关系时要满足两个基本要求：第一，虽然因果关系是进口国主管机关的一种主观判断，但主管机关必须以客观证据予以证明，应当提供调查结果和理由充分的结论；第二，要满足"不归因"标准。所谓"不归因"标准是指若在同一时期国内产业所受损害系由进口增加以外的各类因素所致，此类损害不得归咎于进口增加。由于严重损害或其威胁可以由各种原因造成，其他原因造成的损害不得归因于进口增加，这是对"多因一果"现象中因果关系的法律规范。

这里的问题是：多因一果是一个客观现实，但是进口国主管机关究竟应该审查哪些因素并作出结论是主观的。对于进口增加以外的需要审查的其他因素因个案而异，《保障措施协议》没有列

---

① 在美国钢管保障措施案中，上诉机构主张保障措施仅仅只能补救归因于进口增加的损害，而不是归因于其他因素的损害。See WT/DS202/AB/R, para. 260.

举,WTO 争端解决机构的报告也没有给予具体的指导。①

《保障措施协议》承认进口增加可以与其他经济因素共同造成严重损害或其威胁,这并不排除因果关系的存在。但是,进口增加因素究竟在所有的原因中应当占据什么地位,它是否应当是一个"主要原因"或者仅仅是"原因之一",《保障措施协议》未予明确。同时,对于到底采用什么具体方法来确定进口增长与严重损害和严重损害威胁之间存在因果关系,法律对此并没有详细的规定,由此造成实践中的困难,这就给 WTO 专家小组和上诉机构解释有关因果关系主要的法律要求,以及评定成员主管机关有关因果关系的做法,留下了自由裁量的空间。

值得注意的是,WTO 成立以后的货物贸易保障措施争端案例中大都涉及了因果关系的裁定与解释。虽然在有些案件中,基于司法经济原则,因果关系问题不需要予以单独裁决,但是 WTO 争端解决机构为了更好地澄清《保障措施协议》因果关系条件的适用,仍然不遗余力地对它作出很大篇幅的司法解释。尽管 WTO 争端解决机构没有权力对 WTO 各适用协议作出有普遍拘束力的解释,但是,不容否认的是,争端解决机构前案的裁决对后案具有较强的"说服力"(persuasive power),因而这些司法解释也为后案争端解决中的争端当事方、专家小组、上诉机构所反复援引。

尽管 WTO《保障措施协议》对确定因果关系的基本要求和其

---

①　值得注意的是,《保障措施协议》关于因果关系的规定与《反倾销协议》第 3 条第 5 款基本相同,但后者明确列举了主管机关需要特别审查的其他因素:以非倾销价格出售的进口产品数量和价格、需求的减少或者消费模式的变化、国外与国内生产商之间的竞争、贸易限制措施、技术的发展、出口实绩和国内产业的生产能力。笔者认为,由于保障措施并不能适用于特定来源的进口,上述第一种"其他因素"不能适用于保障措施因果关系的考察。

争端解决机构对因果关系的裁定与解释主要是针对货物贸易的，但适用于服务贸易领域的紧急保障措施时不会产生任何障碍。因此，在服务贸易领域，基于采取紧急保障措施的目的，在证明因果关系存在的过程中，首先要分析造成服务业损害的因素是什么，然后再证明进口增长与这些因素之间是否存在因果关系，并将与进口增长之间不存在因果关系的因素剔除，最后决定服务进口增长与服务产业损害之间是否存在因果关系。

第五章　国际服务贸易紧急保障
措施的程序要件

保障措施作为 WTO 成员方在紧急情况下撤销或者停止履行协定义务的一种例外制度,在适用上有着严格的纪律,否则必将对 WTO 所倡导的自由贸易秩序造成极大的扭曲。无论是在货物贸易还是在服务贸易领域,程序严格均是保障措施适用的一项重要原则。

就货物贸易领域保障措施制度形成的过程看,在 GATT 时期,GATT1994 第 19 条并未对准备实施保障措施的成员方应遵循的程序加以明确规定,只是原则性的要求拟实施保障措施的缔约国"应尽可能提前书面通知缔约国全体,以便缔约国全体及与这项产品的出口有实质利害关系的缔约国,有机会与它就拟采取的行动进行协商"。[①] 而对通知的内容以及违反通知义务应承担的责任等重要问题没有任何规定。程序的缺陷给缔约国滥用保障措施提供了方便,最终导致保障措施适用的任意性及由此引发的贸易冲突不断增加。[②] 在认识到 GATT1994 第 19 条对程序规定的不足

---

① GATT1994 第 19 条第 2 款。
② 黄建华:"WTO《保障措施协议》及其对我国的意义",载《南方经济》2000年第 6 期。

后,各成员方在签订《保障措施协议》的过程中,完善了对程序问题的规定,加强了对实施保障措施透明度的要求,并在《保障措施协议》第 3 条和 12 条中明确规定,WTO 成员方若要实施保障措施必须经过调查、通知和磋商等步骤。

在程序性问题上,货物贸易保障措施实施的程序要求与服务贸易紧急保障措施并无大的区别,适用于货物贸易保障措施中的程序要件同样适用于服务贸易领域的紧急保障措施。

为了对 WTO 成员国履行保障措施的程序义务,目前,在世贸组织货物贸易理事会下已经设立了一个保障措施委员会。该委员会的职能只限于监督货物贸易保障措施的实施,而不适用于服务领域。那么,在服务贸易紧急保障措施制度建立和完善以后,如何对其实施监督呢? 监督显然是有必要的,但是没有必要再在服务贸易理事会下设立一个主管服务贸易紧急保障措施的委员会。为了统一管理、提高效率,比较合理的方案是将现有紧急保障措施委员会的职能扩大,使其既对货物贸易也对服务贸易领域的保障措施实施监督和管理,并直接隶属于 WTO 总理事会,而不再隶属于货物贸易理事会。

第一节　调查程序

由于实施保障措施所进行的调查,属于 WTO 成员内部的行政执法程序问题,涉及成员内部的产业信息,这种程序上的调查活动的属地性比较明显,所涉及的问题也比较敏感,由国内法律对其进行调整已成为惯例;WTO 成员也很难就调查所涉及的问题和环节均达成共识,将其升为国际法规范。所以, 仅在《保障措施协议》第 3 条"调查"中对调查程序作了原则性规定,即成员方只有在主管机关根据以往制定的程序①进行调查,并且按照 GATT1994 第 10 条②进行公开后,才能实施保障措施。从这条原则性规定可以看出,调查是实施保障措施的必经步骤。

一、调查的发起

对到底由什么机构负责国内保障措施的调查问题,国际上不存在统一的强制性规定。从有关国家的实践看,一般都由国内行政机构负责这项事务。例如,美国《1924 年贸易法》第 201 条规定:国际贸易委员会(USITC)主要负责保障措施的调查并提出实施保障措施的建议;总统决定是否采取保障措施及措施的程度;参与其中的有时还有美国贸易代表(USTR)众议院筹款委员会或参议院财政委员会。在欧盟,负责参与保障措施的机构主要是欧盟委员会、咨询委员会和欧盟部长理事会。具体调查和裁决的工作主要由欧盟委员会及其下属的贸易总司第 C 司一处负责。在澳大利亚,其生产委员会(Australian Productivity Commission)负责对保障措施事务进行咨询和调查并提交报告,由内阁会议作出决定。在印度,有专门的保障措施机构,即"保障措施局局长办公室",负责保障措施的调查和决定。加拿大则比较特殊,负责保障措施事务的调查和裁决的机构则是其国际贸易法院(International Trade Court)。

从各国实施保障措施的情况看,保障措施调查的启动有两种

---

① 由于《保障措施协议》并没有对于何谓"以往制定的程序"进行解释,在实践中,各成员方一般在其国内立法上对保障措施调查的具体程序进行规定。

② GATT1994 第 10 条第 1 款规定:任何缔约方实施的关于下列内容的普遍适用的法律、法规、司法判决和行政裁定应迅速公布,使各国政府和贸易商能够知晓。

方式,一是主管机关应申请人的申请决定立案,进行保障措施调
查;二是由主管机关自行决定立案,进行保障措施调查。对此,我
国亦是如此规定的。①

　　关于申请人的资格,目前大部分 WTO 成员方在国内立法中
都予以了规定②。墨西哥在其国内法中规定,提起保障措施申请
的申请人为产量占全国同类产品总产量不少于 25% 的合法的自
然人或者法人。埃及在国内法中规定,提起保障措施申请的申请
人应为产量占全国总产量主要份额的生产商、各工商会、各生产者
联合会、监督相关生产企业的各部门。阿根廷在国内法中规定,申
请人具有代表性,即必须联合该行业 30% 以上的企业共同提出申
请。我国在立法上对申请人的问题规定得比较简单,即申请人为
"与国内产业有关的自然人、法人或者其他组织"③,没有对申请人
代表性作出量化规定。美国在国内法中规定,可向国际贸易委员
会提出调查申请的申请人应是具有"代表性"的国内产业协会、厂
商、注册或公认的工会或公认组织,但是立法没有对"代表性"
(representative)进行解释④。总结各个国家对申请人资格的规定,
我们可以看出,对申请人的限定主要有两个方面:一是限定可以提
起申请的法律主体,大部分国家规定国内生产商、生产商协会或联
合会具备提出申请的条件;二是限定申请人的代表性,各国都规定
申请人要有一定的国内产业代表性,但是所规定的代表性比例不
同。实践中,往往是在总产量中占受损害产业产量主要部分的生
产者或代表其利益的协会提出保障措施调查申请。

---

①　《中华人民共和国保障措施调查立案暂行规则》第 3 条。

②　欧盟规定企业不能向欧盟委员会直接提起保障措施调查申请。

③　《保障措施条例》第 3 条,《保障措施立案暂行规则》第 4 条。

④　19USCA,§2252(a)(1)(1998)。

对于因申请而发起的保障措施调查,在决定是否立案前一般主管机关要对申请进行初步审查。在程序方面都要求递交书面申请报告;在实体方面的要求,各成员做法有不一致,但大多要求申请的材料应涉及出口商、进口商及其进出口具体情况,产业面临的经济状况,要求实施保障措施的目的及产业调整计划,说明进口增长及其对国内产业造成损害或损害威胁的初步证据和分析等等。例如:墨西哥保障措施法要求申请必须提供以下信息:申请者在国内同类产品产量中的份额;销售量和销售额;最近3年国内同类产品受到严重损害或严重损害威胁的情况;同类产品国内消费情况;申请者企业财政情况;同类产品企业倒闭情况;企业亏损情况以及固定资产和投资情况等。另外,申请者还要提交本产业领域竞争能力的分析报告,以及如何提高竞争力的改造方案。

二、立案后的调查

调查是发动保障措施的重要环节,调查是采取与实施保障措施的前提与基础。发动调查,首先是要确定有关进口产品或服务的进口数量的增长情况,国内产业受到严重损害或者严重损害威胁的产业状况,分析进口数量增长与国内产业受损害之间的因果关系状况以及对国内产业造成影响的一切因素。但是对于确定这些调查对象的具体方法,在《保障措施协议》中却没有进行规定,通常由各国在其国内立法中予以规定。

(一)调查方式

通常调查机关在发布保障措施调查立案公告后,将按下列途径展开调查工作。

1. 初步调查

调查机关在发布的立案公告中,一般会规定国外出口商、国外生产商以及其他利害关系方参加调查应诉的报名期限,国外出口商、生产商、国内进口商等利害关系方应当在规定的期限内以书面的形式报名应诉。

报名应诉书一般包括以下内容:(1)应诉方的名称、住所、详细通讯地址及其法定代表人;(2)应诉方的联系人姓名、职务、通讯地址、电话、传真;为了联系的方便和及时,并与现代通信技术相适应,应诉书中一般要列明联系人的电子信箱;(3)应诉人生产或出口被调查产品的名称;(4)应诉方被调查产品在前三年的生产出口量及其金额;(5)如果应诉方委托律师事务所参加保障措施调查,应当列明代理律师事务所的名称、地址、电话、传真以及代理律师的姓名。报名应诉文件应有应诉方的盖章和(或)其法定代表人的签字。

调查机关将对在规定时间内递交保障措施调查应诉书,并对应诉书主要内容完备的利害关系方予以登记,调查将针对参加应诉并予以登记的利害关系方展开。

2. 问卷调查

保障措施调查进行应诉登记后,调查机关将全面展开调查。调查一般是以填写保障措施调查问卷的方式进行的。调查机关分别向所有已知的国外出口商和生产商、国内生产商和进口商、消费者等有关利害关系方发放调查问卷,以收集必要资料。调查问卷一般在报名应诉截止后的数个工作日内向应诉方发放。应诉方应按照调查机关的要求,完整而准确地回答调查问卷中所列问题,提交调查问卷中所要求的信息和资料。

答卷应在规定的时间内递交调查机关,而答卷期限一般在问卷中予以规定。在规定时间内因客观原因不能提交答卷的,答卷人应当在规定提交答卷截止日前,及时向调查机关提交延期申请并说明理由,调查机关可以给予答卷人适当的答卷延期,但一般最长不超过 1 个月。应诉方应在提交答卷的同时,按照答卷要求提供一份确认书,声明应诉方提供的信息是准确和完整的,并由应诉方法定代表人或其授权人签署。调查机关收到答卷之日为答卷送达日。答卷送达日是否在规定的提交答卷期限内,将会作为调查机关考察应诉方是否合作的重要参考因素之一。

3. 实地核查

调查机关在继续调查的过程中一般会采用实地核查和举行听证会等方式,对进口产品或服务的数量增加、产业损害、上述二者之间的因果关系、公共利益等方面展开全面调查,同时核实初裁的调查结果。

在继续调查过程中,调查机关会派出工作人员到国外生产商、国外出口商、国内进口商、国内生产商以及最终用户等利害关系方所在地,核实所提交材料的真实性、准确性和完整性,并进一步搜集其他信息材料。实地核查通常在作出初步裁定后进行,也可以根据案件的具体情况,在作出初步裁定之前进行。经过核实的答卷和补充答卷中提供的信息和材料,以及实地核查搜集的信息和材料,为调查机关作出裁决提供了基本的事实依据。

(二)透明度要求

提高透明度是整个 WTO 体制的基本原则之一。要求实施保障措施前"按照 GATT1994 第 10 条进行公开"是透明度原则在保障措施调查中的具体运用,也是 WTO 要求成员在进行整个保障措施调查程序中应给予贯彻或体现的保障措施程序法的一项原则。

为了能在保障措施调查过程中更好地做到或达到透明度提高的要求或标准,《保障措施协议》第 3 条规定了一些特别要求,即:

"该调查应包括对所有利害关系方作出的合理公告……公开听证会……"据此,主管机关在调查过程中应做到:

第一,关于保障措施调查过程中的立案、初裁及其他相关事项应当对"所有利害关系方"作出合理公告(包括通知);第二,通过为进口商、出口商和其他利害关系方举行听证会的方式或进行其他适当的方式,让他们展示有关证据,发表意见及对其他利害关系方的陈述进行答复或进行抗辩;第三,征求"公共利益"方面的意见,以决定是否实施具体的保障措施。这里的被征求意见的对象往往是带来普遍性的消费者及其他组织或团体。

这几项《保障措施协议》强制性的规定事项,一方面,在得到国内主管机关实施后有利于透明度原则的提高和贯彻;另一方面,也是国际保障措施法所要求的国内主管机关必须履行的保障措施调查活动中的义务。

(三)公共利益的审查

《保障措施协议》规定,保障措施主管机关应当审查保障措施的实施是否符合公共利益①。因此,调查机关在初步认为进口数量增加并已对国内产业造成严重损害或严重损害威胁时,将进一步审查实施保障措施对公共利益的影响。

保障措施的目的是为了防止或补救因未预见的发展导致进口数量增加给国内产业造成严重损害或严重损害威胁并防止国内产业状况的进一步恶化,但是保障措施的实施往往对消费者及其他组织或团体不利。因而调查机关除了审查未预见发展、进口增加、严重损害或严重损害威胁以外,在调查中通常还要审查是否存在实施保障措施可能不符合国家公共利益的情况。调查机关对公共

---

① 《保障措施协议》第3条第1款。

利益的审查主要通过比较保障措施对国内产业带来的利益和对国内消费者及其他组织或团体造成的不利影响之间的关系,从而决定实施保障措施的必要性和所应采取的形式。这是因为保障措施的实施,就是要为正在受到损害或者损害威胁的国内产业赢得一个进行产业调整的期间。但由于成员方加入世贸组织的首要目标是促进自己经济和社会利益的共同提高,这种利益往往是基于一种整体性的考虑,而非局限于某一个产业。因此,美国著名的世贸组织法学者曾指出,事实上,(美国)总统有权力采取有效的救济行动这一点不成问题,问题在于,总统基于整体和长远的考虑是否愿意使用这一权力①。

（四）机密信息的处理

机密信息(confidential information)的确定和处理是国内保障措施调查中经常会遇到的而且也是令主管机关和 WTO 争端程序中的专家组和上诉机构处于两难境地的问题。在法律程序中对其处理得不妥当可能会导致两种后果:一是,该属于机密性质的没有当作机密来处理,会使一些信息失去商业的价值或产生某种麻烦,损害信息提供方(主要是国内产业)的利益,从而因担心出现上述情况而使得信息提供方不愿提供充分的证据信息,由此又导致保障措施案件的处理对其产生不利的后果;二是,不该是机密性质的信息都当作机密信息来处理,会使信息提供者的对方不了解信息,尤其是关键性的证据信息,无法据此评议建立在这些信息基础上的案件认定或裁决的合法性,影响其应诉能力、最终导致案件的处

<hr>

① John H. Jackson, William J. Davey, Alan O. Sykes, Gr, *Legal Problems of International Economic Relations: Cases, Materials and Text*, West publishing Company (Third Edition), p. 643.

理对其不利,同时也对企图借机密信息之名牟利起着纵容作用。从法律上讲,这种情况会造成对 WTO 透明度原则的破坏,而上述两种情况也都会影响到整个保障措施制度的如实实施和制度的权威性。

因此,正确地、妥当地认定并处理机密信息问题在保障措施调查或相关案件的处理中具有极其重要的意义。要做到这一点,笔者认为,应遵循"机密信息的保护与透明度提高相平衡原则",因为它源自"法律崇尚公平"的公理。

《保障措施协议》第 3 条第 2 款规定了机密信息的确定与处理。其内容为:"任何属机密性质的信息或在保密基础上提供的信息,在说明理由后,主管机关应将其视为机密信息。此类信息未经提供方允许不得披露。可要求机密信息的提供方提供一份此类信息的非机密摘要,或如果此类提供方表明此类信息无法摘要,则应提供不能提供摘要的理由。但是,如主管机关认为有关保密的请求缺乏理由,且如果有关方不愿披露该信息,或不愿授权以概括或摘要形式披露该信息,则主管机关可忽略此类信息,除非它们可从有关来源满意地证明该信息是正确的。"

根据该款规定,首先应清楚什么是"机密信息";其次要按规定的方法和方式进行业已确定的机密信息的处理。

1. 机密信息的确定

《保障措施协议》第 3 条第 2 款第一句"任何属机密性质的信息或在保密基础上提供的信息,在说明理由后,主管机关应将其视为机密信息。"这里没有就机密信息的概念作明确的定义,但规定了两种情况属于机密信息:

第一,任何属于机密性质的信息是保障措施法意义上的机密信息。从条款中"机密性质的"的英文"which is by nature confidential"去理解,应该是这种信息本身性质决定了具有机密性的意思,一般认为诸如符合法律定性的商业秘密,影响国家执法或公共安全的非公开的信息或资料等属于这种情况。这可以从《保障措施协议》第 12 条第 11 款的规定得以证实。这一类机密信息似乎要求的规格较高,在实践中争议也相对少一些。

第二,在保密基础上提供的信息属于第二种情况,这种机密信息从本质要求上讲具有一定程度的保密性但其保密性没有达到第一种机密信息的程度,但又需要进行保密而且要借助本身性质以外的人为行动或外力将其视为机密信息。由此,可将其称为"视为机密信息"。这里的外力来自两个方面:一是,信息提供者在提供时按保密信息特有的方式进行提供;二是,信息提供者说明理由后,主管机关根据理由进行判断并同意将其作为机密信息看待。

在第二种情况下,具有一定程序保密性的信息能否取得"可视为机密信息"的资格或地位关键取决于两个方面:一方面,信息提供者说明的理由是否充分并具有说服力,这也决定于主观上的努力和客观因素的具备;另一方面,主管机关在考虑了"理由"之后的内心倾向性,而这种内心倾向性来源于国际保障措施法对主管机关默示授予的自由裁量权(即《保障措施协议》第 3 条第 1 款"主管机关应将其视为机密信息"的规定)。

这种"可视为机密信息"的规格要比第一种机密信息低,但享有与第一种相同的机密信息法律保护资格。

2. 机密信息的处理

不管是机密性质的信息还是属于被视为机密的信息,只要是保障措施法律意义上的机密信息,负责保障措施调查或者处理的有关机构就应按照法律规定的方式或方法进行处理。

按照《保障协议》第 3 条第 2 款第 2 句规定,应对机密信息进行如下处理或对待:

第一,被认定为机密信息的,一般不允许披露,除非信息提供者同意公开。

第二,如确实需要公开,或主管机关认为公开此类信息在保障措施调查过程中或处理相关案件中显得很重要,则可以要求机密信息的提供者提供一份此类信息的非机密摘要。但是,如果不愿提供机密信息摘要的,则有义务说明理由。

第三,主管机关或审案机构可“忽略此类信息”,即不采用该机密信息,也就是说,既不将其视为定案依据,也不让其作为有关当事方请求和抗辩的材料,除非从有关来源满意地证明该信息是正确的。但是,法律规定作不采用的处理要具备下面两个条件中的至少一个:一是主管机关认为要求保密的请求缺乏理由,又不愿按要求进行披露信息:二是在没有理由的情况下不愿授权用概括或摘要方式或方法披露信息。

由以上分析可知,《保障措施协议》第 3 条第 2 款对有关机密信息的规定,从总体上看,比较偏向于保护机密信息提供者的利益,即常常是国内产业申请保障措施调查方的利益。然而《保障措施协议》第 4 条第 2 款第 3 项又要求主管机关应依照第 3 条的规定,迅速公布对被调查案件的详细分析和对已审查因素相关性的确定。这就要在实践中协调好这两处的法律规定,并平衡申请方与被诉方在保密信息方面的有关利益。如果主管机关在认定“可视为机密信息”的对象和信息提供方不提供信息摘要的理由判定方面的自由裁量权太大,而且在“机密信息”处理方面缺乏一个明确的操作程序规则,就会导致申请方与被诉方之间有关利益的失衡。因此,有的学者提出应严格“机密信息”确定标准,把“机密信息"的范围设定在尽可能小的限度内,并规定明确的处理方法以防滥用"保密信息"者"制造机密信息"现象的出现①。

三、保障措施裁决

由于《保障措施协议》对保障措施调查程序没有进行具体约定,保障措施的裁决程序也是由有关国家的国内法进行规定,我国的相关立法也规定了这方面的内容。

（一）初步裁决

调查机关在初步问卷调查后,根据各有关利害关系方提供的材料及数据,可以作出关于保障措施的初步裁决。调查机关的初步裁决可能有如下两种结果:

一是终止案件审理。调查机关在对案件进行初步调查时,通过审查有关利害关系方提交的一切材料,发现明显缺乏表明进口数量激增或者国内产业遭受严重损害或者严重损害威胁的证据,没有必要采取任何保护措施时,可以裁定终止调查,并应将初裁结果予以公告。

二是继续调查,并且可以实施临时保障措施。如果调查机关在初步调查时,认为存在能够证明进口数量激增或者国内产业遭受严重损害或者严重损害威胁以及二者之间存在因果关系的证据的,就会作出肯定性裁定。依据肯定性初裁,调查机关应当继续进行调查,在必要情况下还可以实施临时保障措施②。通常,肯定性

---

① Yong-shik Lee, *"Safeguard Measures in world Trade"*, Kluwer Law International, 2003, pp. 145 ~ 147.

② 我国《保障措施条例》第16条规定,有明确证据表明进口产品数量增加,在不采取临时保障措施将对国内产业造成难以补救的损害的紧急情况下可以作出初裁决定,并采取临时保障措施。

初裁往往是最终实施保障措施的序曲。

(二)最终裁决

根据肯定性初裁结果,调查机关应继续调查并作出保障措施最终裁决,同时予以公告。同初步裁决相类似,最终裁决也会得出肯定性或者否定性两种结果。如果终裁是否定性的,即进口数量激增不构成对国内产业的损害,那么调查机关将不对进口产品实施保障措施;如果终裁是肯定性的,即调查发现进口数量确实激增且国内产业遭受严重损害或严重损害威胁,并且二者之间存在因果关系,那么调查机关将会对进口产品采取诸如数量限制等形式的保障措施。

在实践中,调查机关对保障措施裁决有具体的要求。通常,初步裁决包括下述几个必备部分:(1)对包括申请程序、材料审查结果、初步调查等方面在内的调查程序的说明;(2)对被调查产品(或服务)、国内同类或直接竞争产品(或服务)和国内产业的认定;(3)对未预见发展的分析;(4)通过对被调查产品(或服务)进口增长的调查,确认是否存在绝对或相对的进口数量增长;(5)通过对国内同类或直接竞争产品(或服务)的产业损害情况进行调查,确认国内产业是否存在严重损害或严重损害威胁;(6)通过对国内产业是否受到进口增长的损害,是否存在其他因素造成国内产业损害等方面的分析,确定进口产品(或服务)数量增加与国内产业的损害之间是否存在因果关系;(7)通过对进口增长的未来发展趋势、国内产业的情况、国际经济状况等方面的有关证据分析,确认是否存在如不实施临时保障措施将对国内产业造成难以补救的损害的紧急情况;(8)根据对进口数量增加、国内产业损害、上述两者的因果关系、紧急情况的分析结果,决定是否需要对被调查产品实施临时保障措施。

最终裁决的格式与初裁基本相同,在内容上除包含初步调查确定的内容,还包括在继续调查时进一步确定的信息:第一,对调查程序的描述方面,除初裁中包含的内容外,还包括对临时保障措施的实施、通知 WTO 保障措施委员会、为有关利害关系方提供发表意见的机会的程序、与有关利害关系成员方举行磋商、公共利益考察等方面的描述;第二,除对被调查产品(或服务)、国内同类或直接竞争产品(或服务)和国内产业进行认定外,还要对国内生产的同类或直接竞争产品(或服务)与被调查产品(或服务)进行详细比较;第三,通过对未可预见的发展以及调查期内国内国际经济形势变化的分析,确定进口数量增加是否由未可预见的发展以及履行 WTO 的减让义务所引起的;第四,确定进口数量的增加、国内产业及其损害,确定进口数量增加和国内产业损害之间的因果关系;第五,对实施保障措施可能对国内产业带来的利益以及可能对消费者及其他组织或团体利益的损害进行比较,分析实施保障措施是否符合公共利益;第六,根据上述分析结果,决定是否实施保障措施以及实施保障措施的方式及期限。

第二节　通知与磋商程序

在关贸总协定时期,GATT 第 19 条的规定已经涉及通知和磋商(notification and consultation)问题,但仅有原则性的规定。正因为这个原因,在 GATT 历史上,缔约方在实施保障措施过程中,往往不就有关事项通知 GATT,有通知的也是"先斩后奏",这大大地弱化了 GATT 对缔约方保障措施的多边控制和监督,也不利于充分磋商。在 WTO 时代,这一状况有了极大改观。WTO 原则中有别于其他国际协定的最大特点在于它的透明度原则,它要求成员方政府的贸易行为应当公示于众,以最大限度地防止贸易歧视措施的产生,和确保国民待遇原则和最惠国待遇原则的实施。通知与磋商程序就是透明度原则的最集中体现。GATT1994 第 19 条"对某些产品进口的紧急措施"第 2 款首先将透明度原则引入到保障措施的程序中。它要求各成员方须在实施保障措施行动之前,书面通知全体成员方,并且应与全体成员方和与被实施保障措施的产品有实质利害关系的出口成员方就拟采取的行动进行磋商。该款对通知与磋商的时间性也作了原则性规定,即一般都应在采取行动之前进行,但同时也规定了可以事后磋商的条件,即在紧急情况下,可以不经事先磋商而采取临时行动。关于紧急情况的通常解释为,如果迟延会造成难以弥补的损害的情况。

《保障措施协议》是在 GATT1994 第 19 条基础上达成的专门协议。《保障措施协议》在第 12 条中以专章对通知与磋商作了详细具体规定,分别规定了通知与磋商的时间、通知的内容以及磋商的充分性等内容,更加明确了通知与磋商程序是实施保障措施的必经程序,对于各成员方的保障措施国内立法起到了指导作用。

我国《保障措施条例》对通知与磋商虽然没有设立专章规定,但是在保障措施调查及裁定的各个程序中,都严格规定了通知与磋商的程序。

一、关于通知

按照《保障措施协议》第 12 条的规定,成员在实施保障措施之前,应向保障措施委员会(the Committee on Safeguards)进行有关的通知。进行这些通知是成员主管机关在保障措施调查程序中的一项义务性要求。因为保障措施的实施将影响各有关当事方的利益,将调查过程的进展情况及时反馈给他们,以便于了解并为达到可能的结果而采取的必要措施。因此,进行适当的通知对保证透明度提高、充分磋商以及调查和实施保障措施的公平性均是必要的。

(一)通知的事项和内容

在 WTO 保障措施法中,要求成员履行义务的通知,主要是成员的主管机关在保障措施的调查和执行的程序中的通知,它规定在《保障措施协议》第 12 条第 1 款、第 2 款、第 4 款和第 5 款中。为了便于通知的操作,保障措施委员会制定了《保障措施通知格式》,WTO 秘书处颁发了《关于通知要求的技术手册》。由于这两份文件均声明"不对各个协议下有关通知义务作出法律解释",而且在韩国牛奶保障措施案中,专家组已对它们的适用予以明确,故有关通知的规定应优先适用《保障措施协议》,这两份文件可作补充适用。

1. 通知的事项

《保障措施协议》第 12 条第 1 款规定:"一成员在下列情况下应立即通知保障措施委员会:(a)发起与严重损害或严重损害威胁相关的调查程序及其原因;(b)就因增加的进口所造成的严重损害或严重损害威胁提出调查结果;以及(c)就实施或延长保障措施作出决定。"

根据这一款以及该条第 4 款和第 5 款规定,在成员主管机关保障措施调查和执行程序中应向保障措施委员会通知的事项有:

第一,一般意义上的保障措施发起及其原因。这里的"发起",法律未明确表明是成员主管机关的受理申请还是立案,一般的理解应当是成员主管机关作出保障措施调查发起的决定。在韩国牛奶保障措施案中,专家组有关认定的一句表述"在调查发起之前不需要通知……"这里对"发起"的含义也就作与此相同的理解。

第二,对增加的进口造成严重损害或严重损害威胁的调查结论或结果。换言之,就是严重损害或严重损害威胁是否存在的结论。

第三,调查后所作出的实施具体保障措施的决定,以及如果需要延长,作出延长保障措施的决定。

第四,实施《保障措施协议》第6条规定的临时保障措施。

第五,在保障措施调查过程中有关当事方进行磋商的结果,保障措施实施中的中期审查结果,任何形式的保障措施补偿以及第8条规定的提议减让或其他义务的中止,即所谓的报复。这些事项要求有关方面向保障措施委员会和WTO货物贸易理事会进行通知。

2. 通知的内容

通知的内容是指法律规定通知所涉及的具体内容,这就是被认为容易产生争端的通知内容的完整性问题。

《保障措施协议》第12条第2款规定:"在作出第1款(b)项和(c)项所指的通知时,提议实施或延长保障措施的成员应向保障措施委员会提供所有有关信息,其中应包括增加的进口所造成严重损害或严重损害威胁的证据、对所涉及的产品和拟议措施的准确描述、拟议采取措施的日期、预计的期限以及逐步放宽的时间表。在延长措施的情况下,还应提供有关产业正在进行调整的证据。货物贸易理事会或保障措施委员会可要求提议实施或延长该措施的成员提供其认为必要的额外信息。"

据此,协议规定对通知内容作出特别具体要求的仅限在以下两种情况的通知,即:一是对进口增加造成国内产业严重损害或严重损害威胁的结果;二是对实施或延长保障措施作出的决定。

关于这两种情况进行的通知的具体内容的硬性规定是要求进行保障措施调查或实施的成员向保障措施委员会提供"所有有关信息"（all pertinent information）。这里的"所有有关信息"是一种概括性的要求。这一规定因在实践中具有弹性而容易引发争议。在韩国奶制品保障措施案和阿根廷鞋类保障措施案专家小组和上诉机构作出的裁决中，专家小组认为："所有相关信息"应通过第12 条的全部内容和《保障措施协议》及通知的目标和宗旨来解释。"信息"的通常含义是其他成员方应获得的、与拟实施的保障措施有关的知识。通知的目的是提供透明度和信息，其关键作用是确保利害关系方能够采取他们视为适当的措施来保护自己，并不是给拟实施保障措施的成员方造成过重负担①。在这一意义上，只要通知的信息足够多，对相关利益方有用即符合要求。因此通知内容中的"所有相关信息"比国内必须公布的最终报告上的"所有相关的事实和法律问题"的要求要宽松一些②。上诉机构进一步指出："所有有关信息，应包括《保障措施协议》第 12 条第 2 款所列举的项目，即进口增长造成严重损害和严重损害威胁的证据，对所涉产品的准确描述，拟实施的保障措施及其生效日期、期限，逐步放松的时间表等。并且《保障措施协议》所列举的这些项目只是构成了判断一项通知是否符合通知要求的最低标准"③。货物贸易理事会或保障措施委员会还可以要求拟实施保障措施的成员方提供其认为必要的额外信息。

（二）通知的时间

---

① 　WT/DS121/R，para205.

② 　WT/DS98/R，para189.

③ 　WT/DS98/AB/R，para33.

关于通知的时间问题，GATT1994 第 19 条就曾作出过规定，即各成员方在实施保障措施前"应尽可能提前通知"全体成员方①。从该条规定可看出，由于"尽可能"的规定过于弹性，各成员方在作出实施保障措施的决定后、实施保障措施行动前多少天通知全体成员方，完全由各成员方决定，且都可以解释为已尽最大可能。这样对于有关利害关系方来讲，有可能被剥夺了参与磋商的机会，削弱了透明度原则的实质意义。

《保障措施协议》第 12 条对通知所作的规定充实了许多。其中在关于通知的时间性问题上，出现了几个关键词汇，即立即通知（immediate notify）、迅速通知（notify promptly）和通知（notify）。这几种通知的内容均不相同，通知的对象也存在差异。其中所谓"立即通知"的内容包含两类，一是成员方就其保障措施的立案决定、调查结果以及实施或者延长实施保障措施的决定，应向保障措施委员会作出通知②；一是成员方就磋商的结果应向货物贸易理事会作出通知③。所谓"迅速通知"为成员方就其国内有关保障措施立法及修改问题向保障措施委员会作出的通知④。所谓"通知"有三种情况：一是成员方在实施临时保障措施之前通知保障措施委员会⑤；二是任何成员方对任何其他成员方通知义务的监督向保障措施委员会作出的通知⑥；三是任何成员方就任何类似"灰色区域措施"的非政府措施向保障措施委员会作出的通知⑦。

---

① GATT1994 第 19 条第 2 款。
② 《保障措施协议》第 12 条第 1 款。
③ 《保障措施协议》第 12 条第 5 款。
④ 《保障措施协议》第 12 条第 6 款。
⑤ 《保障措施协议》第 12 条第 4 款。
⑥ 《保障措施协议》第 12 条第 8 款。
⑦ 《保障措施协议》第 12 条第 9 款。

但在实践中,各成员方对如何理解"立即"含义的问题上存在着很大争议。我们可以根据申诉到世界贸易组织争端解决机构(DSB)的韩国奶制品保障措施案和美国小麦面筋保障措施案中,各成员方、专家小组以及上诉机构对"立即"所作的解释,来理解"立即"一词的含义。在上述两案中,争端解决机构认为《保障措施协议》第12条未规定通知的具体期限,意味着《保障措施协议》需要平衡信息的内容要求和通知要求。争端解决机构认为对通知内容要求的详细程度与成员方履行通知义务的期限呈相反趋势,即对通知内容要求得越详细就越难做到"立即"通知。争端解决机构认为"立即"一词的含义是表明事态紧急,即通知应在磋商之前并且应在作出决定后最短的时间范围内发出。

二、关于磋商

磋商,也即协商,指实施保障措施的成员与受这些拟议保障措施影响的成员之间就保障措施程序中的有关事项进行商议,以期达成某种结果,它也是保障措施调查程序中的一项基本要求。从实践中看,磋商的内容可以是拟采取的具体保障措施,也可以是保障措施调查中所涉及的问题,还可以是贸易补偿问题。《保障措施协议》鼓励成员方通过充分磋商达成谅解。一方面,达成谅解之后,可以确保保障措施的实施不会引起成员方之间的对抗,增加保障措施的实施效益;另一方面,通过磋商,其他成员方可以更多地了解关于调查或最终措施的信息,有利于进一步提高透明度。

《保障措施协议》第12条第3款规定:"提议实施或延长保障措施的成员应向作为有关产品的出口方对其有实质利益的成员提供事先磋商的充分机会,目的特别在于包括审议根据第2款提供的信息、就该措施交换意见以及就实现第8条第1款所列目标的方式达成谅解。"据此可知,磋商的法定目的有三个:一是就法律强制性要求进口方所作的通知内容进行审议;二是对保障措施问题交换意见;三是与特定出口成员就补偿性质的减让相等水平达成谅解。

为了达成上述磋商的目的,它要求"提议实施或延长保障措施成员应向有关出口方提供事先磋商的充分机会。"但这一规定中,对于如何理解"充分机会(adequate opportunity)"以及进行何种程度的磋商可以满足充分的条件,却没有给予可实际操作的指示,因此各成员方在此问题上也存在着不同的理解和实践。在美国小麦面筋案中,上诉机构指出,"充分机会"是指提议实施保障措施的成员方在磋商之前提供足够的信息和时间,以使双方能就前述事项进行磋商,并且磋商必须在进口成员方通知之后和实际实施保障措施之前举行。在美国碳钢管案中,上诉机构强调成员方提供磋商的"充分机会"不是确保相关出口方获得充分详细的信息,而是提供"足够的时间和信息"以尽可能保证各方在磋商中可就具体问题进行有意义的实质性交流。但磋商包括审议根据《保障措施协议》第 12 条第 2 款要求的信息,进口方提供的信息中必须包括该款规定的"所有有关信息"。

《保障措施协议》对磋商的时间性也作出了规定,即上述磋商的期限为 30 天,如果未能达成谅解,那么有实质利害关系的出口成员方有权对实施保障措施的成员方中止减让或其他义务①。

对于因迟延会造成难以补救的紧急情况下实施的临时保障措施,《保障措施协议》规定磋商应在实施保障措施后立即开始②。

---

① 《保障措施协议》第 8 条第 2 款。
② 《保障措施协议》第 12 条第 4 款。

此处的"立即"一词,笔者认为应当与通知中的"立即"状态作同样的理解,即应当在实施保障措施后的最短时间内开始磋商。

作为《保障措施协议》明文规定的程序之一,由于协议本身和争端解决机构对程序的高度重视,磋商已经变成了一个必不可少的步骤。虽然很多符合 WTO 规则的磋商最终都未达成双方满意的解决方案,但是如果没有进行协议所要求的磋商,则会被争端解决机构认为违反了《保障措施协议》第 12 条的规定。

三、我国法律对通知和磋商义务的规定

我国在《保障措施条例》中虽然没有专章对通知与磋商进行规定,但《保障措施条例》第 5 条、第 14 条、第 17 条、第 20 条、第 21 条、第 24 条分别对保障措施调查及裁定的各个程序中的通知与磋商义务作了规定。

（一）通知

根据《保障措施条例》的规定,保障措施主管调查机关应当及时将立案调查的决定①、调查结果及有关情况②、实施临时保障措施的决定③、最终实施保障措施的决定及有关情况④通知保障措施委员会,以尽到通知义务。

实践中,主管调查机关在履行通知义务时,还要遵循《保障措

---

① 《保障措施条例》第 5 条规定,"商务部应当将立案调查的决定及时通知世界贸易组织保障措施委员会。"

② 《保障措施条例》第 14 条规定,"商务部应当将调查结果及有关情况及时通知保障措施委员会。"

③ 《保障措施条例》第 17 条规定,"在采取临时保障措施前,商务部应当将有关情况通知保障措施委员会。"

④ 《保障措施条例》第 20 条规定,"商务部应当将采取保障措施的决定及有关情况及时通知保障措施委员会。"

施协议》中对通知的要求。因此,主管调查机关在通知立案决定的时候同时要对立案理由进行说明。在作出调查结果及有关情况的通知时,有关情况应包括调查过程中所有审查的各种相关因素以及对调查结论的充分解释和论证。在通知实施临时保障措施的决定时,还应当就迟延会造成难以弥补的损害这一情况进行必要的说明。在通知最终实施保障措施的决定及有关情况时,有关情况应至少包括《保障措施协议》第 12 条第 2 款所列举的事项①。

（二）磋商

根据《保障措施条例》的规定,保障措施主管调查机关在实施保障措施前,应当给予与进口产品的出口经营者有实质利益的其他成员方充分磋商的机会②;在采取数量限制式的保障措施时,应与有关产品的出口经营者有实质利益的其他成员方就数量的分配进行磋商③。实践中在对数量限制的分配进行磋商时,可以参照《保障措施协议》第 5 条第 2 款(a)项的规定,即根据在供应被调查产品方面具有实质利益的各成员方在以往一个有代表性的时期内的供应量占该产品进口总量或进口总值的比例,将配额分配给

---

①　《保障措施协议》第 12 条第 2 款规定,在作出第 1 款(b)项和(c)项所指的通知时,提议实施或延长保障措施的成员方应向保障措施委员会提供所有有关信息,其中应包括增加的进口所造成严重损害或严重损害威胁的证据、对所涉及的产品和拟实施的保障措施的准确描述、拟实施保障措施的日期、预计的期限以及逐步放宽的时间表。在延长措施的情况下,还应提供有关产业正在进行调整的证据。货物贸易理事会或保障措施委员会可要求提议实施或延长该措施的成员方提供其认为必要的额外信息。

②　《保障措施条例》第 24 条规定,"在采取保障措施前商务部应当为与有关产品的出口经营者有实质利益的国家(地区)政府提供磋商的充分机会。"

③　《保障措施条例》第 21 条规定,"采取数量限制措施,需要在有关出口国(地区)或者原产国(地区)之间进行数量分配的,商务部可以与有关出口国(地区)或原产国(地区)就数量的分配进行磋商。"

此类成员方,同时适当考虑可能已经或正在影响该产品贸易的任何特殊因素。

此外,我国在履行磋商义务时,还应当遵循《保障措施协议》第12条和第8条的相关规定,充分实现磋商的目的。即通过磋商,审议通知保障措施委员会的所有有关信息;通过磋商,就拟实施的保障措施交换意见;通过磋商,就贸易补偿进行谈判。

从《保障措施协议》中有关通知与磋商义务的规定以及争端解决机构专家小组和上诉机构的裁决结论中,我们可以看出,被诉一方往往因为或多或少的程序问题而被裁定违反《保障措施协议》的规定,特别是专家小组和上诉机构往往对调查程序的透明度要求和通知义务要求从严解释,针对这一情况,我们应在日后进行的保障措施调查时注意这一问题,尽量避免因程序义务的不履行而遭到其他国家的申诉。

第三节　保障措施的限度与救济

一、实施保障措施的限度

实施保障措施的根本目的在于使受到进口增长严重损害或严重损害威胁的国内产业赢得时间来调整其产业状况,增强其竞争力,从而达到使其适应自由化条件下的竞争环境。保障措施的实施不能没有限度,否则就会造成贸易保护主义,与贸易自由化最终目标背道而驰。因此,《保障措施协议》规定了保障措施的实施必须符合必要的限度这一原则[①],希望以此限制成员方滥用保障措

---

① 《保障措施协议》第5条第1款规定,"一成员方应仅在防止或补救严重损害并便利调整所必需的限度内实施保障措施。"

施这一手段实行贸易保护政策。保障措施的必要限度原则,在我国的《保障措施条例》中也有所体现,条例中明文规定了"采取保障措施应当限于防止、补救严重损害并便利调整国内产业所必要的范围内"。①

(一)临时保障措施

在紧急情况下,如果迟延会造成难以弥补的损失,采取紧急保障措施的国家可根据明确证明了的进口增长已经或正在威胁造成严重损害的初步裁定,采取临时保障措施。之所以称为临时保障措施是因为它强调时间的紧迫性和损害的难以弥补性,而且实施程序简单。在货物贸易保障措施中,按照《保障措施协议》的规定,临时保障措施只能采取提高关税的形式,这是考虑到实施临时保障措施时所依据的调查尚不够充分,因而选择了对贸易扭曲作用相对较小的提高关税的形式。但是如果在随后的调查中不能确定增加的进口对本国产业已经造成或威胁造成严重损害,则提高的关税应予迅速退还。而在服务贸易的紧急保障措施中,由于对服务的进口无法征收关税,因此其临时保障措施也只能采取数量限制的形式。但无论是在货物贸易还是在服务贸易中,其临时保障措施的期限均不得超过200天,并应在实施临时保障措施之前,向保障措施委员会作出通知。临时保障措施一经实施则应立即与利害关系方进行磋商。

由于保障措施针对的是正常贸易行为,实施保障措施的目的在于促进对外贸易健康发展,增强国内产业在正常贸易条件下的自身竞争能力,其本身就具有暂时性。而实施临时保障措施的决定,是在紧急情况下作出的,其实施期限理应更短,因此其实施期

---

① 《保障措施条例》第23条。

限严格限定在 200 天之内并且不得延长,这点与反倾销措施的规定截然不同①。与一般保障措施相比,临时保障措施并不是免除了进口成员方的某些义务,只是基于情况紧急,允许其先实施保障措施,再继续完成详细的调查与磋商。并且,如果在随后的调查中能够证明增加的进口对本国产业已经造成严重损害或严重损害威胁,实施临时保障措施的期间应该计算在实施保障措施的总的期间内。

在实践中,各成员方在国内立法中对临时保障措施的规定基本参照《保障措施协议》第 6 条的规定,但也存在着差异性。美国在《1974 年贸易法》中就明确规定,临时救济是针对生产与进口的易腐农产品或柑橘产品同类或直接竞争的农产品或柑橘产品的国内产业,在调查时,主管机关首先要确定进口产品是否属于易腐农产品或柑橘产品。日本关于临时保障措施的规定基本与《保障措施协议》一致,但需要特别说明的是,日本对来自发展中成员方的进口产品存在特别优惠的规定,即如果准备实施临时保障措施的进口产品中包含有发展中成员方的少量进口时,对该少量进口产品不适用临时保障措施。另外,日本对紧急情况下施加的特别关税也有明确规定,即该特别关税是指在指定的期间内进口的被指定货物的全部或部分或超过一定额度的部分,除了附表的关税以外,征收该货物的课税价格和与此同类的本国适当批发价格的差额扣除税率关税额以外的关税②。韩国关于临时保障措施的实施,规定了临时保障措施可以依职权发动,也可以依申请发动。如

---

① 《反倾销协议》第 7 条第 4 款规定,反倾销临时措施的实施期限为 4 个月,但可以延长至不超过 9 个月。

② 日本《关税定率法》第 9 条第 8 款。

果依申请而发动,则申请人应当提供能够证明其要求合理性的信息①。韩国贸易委员会在接受申请人提出的实施临时保障措施的请求、征询有关的中央政府主管机关首长和产业协会的意见后,应当在 1 个月内(如果被调查的事件过于复杂,可以延长 1 个月)作出是否提出实施临时保障措施建议的决定,有关的中央政府部门首长在收到韩国贸易委员会的建议后,应当在 1 个月内(如果建议涉及农业、渔业、林业等由于产品的季节性或者产品的易腐性特征而有必要实施紧急措施时,应当在收到申请日起 5 天内)作出是否实施临时措施的决定,并且规定实施临时保障措施的期限不应超过 20 日。

我国的《保障措施条例》分别在第 16 条、第 17 条、第 18 条对临时保障措施的实施进行了规定。《保障措施条例》规定实施临时保障措施要符合两个条件:第一,初步裁定有明确证据表明增加的进口已经造成或威胁造成严重损害;第二,情况紧急,如迟延实施临时措施将给国内产业带来难以弥补的损害②。在实施临时保障措施之前,主管调查机关应当将实施保障措施的决定及有关情况通知保障措施委员会,在实施临时保障措施之后,应当立即同与被调查产品的出口经营者有实质利害关系的国家(地区)进行磋商③。

对于临时保障措施的实施期限,我国《保障措施条例》规定为

---

① 韩国《不公正国际贸易行为调查和产业损害补救法施行令》第 19 条规定,申请人提供的、能够证明其要求合理的信息至少包括以下内容:(1)进口增长对本国产业损害的程度;(2)临时保障措施实施的内容、程度、期间;(3)实施临时保障措施的必要性。

② 《保障措施条例》第 16 条第 1 款。

③ 《保障措施条例》第 17 条。

自临时保障措施公告实施之日起,不超过 200 天①,与《保障措施协议》第 6 条的规定一致。

（二）最终保障措施

《保障措施协议》规定了实施保障措施的必要限度,至于保障措施的实施形式,《保障措施协议》没有明确规定,但根据GATT1994 第 19 条第 1 款、《保障措施协议》第 56 条的规定,保障措施包括但不限于撤销或修改减让、提高关税、实行数量限制及关税与数量限制相结合的措施。当然,这是适用于货物贸易的保障措施形式,而服务贸易的紧急保障措施则只能采取撤销或修改减让、实行数量限制的措施。

《保障措施协议》还规定了保障措施的期限应为 4 年,但在有证据表明保障措施对于防止或者补救损害仍有必要,并且国内产业正在进行积极的产业调整时可将保障措施延长至最多不超过 8 年(发展中成员方为不超过 10 年)。《保障措施协议》第 7 条严格地规定了延长保障措施的实施期限所必需的几个条件:第一,根据对是否存在进口增长、产业损害和因果关系的各项指标的审查,确定保障措施对于防止或补救损害仍然有必要;第二,有证据表明该产业正在进行积极调整,以适应国际市场中的自由竞争;第三,履行了有关对外通知、磋商的义务;第四,延长后的保障措施不得严于延长前的保障措施。同时《保障措施协议》第 12 条也规定了决定实施保障措施的有关情况应立即通知保障措施委员会,并应当在实施保障措施前与所有有利害关系的成员方就拟实施的保障措施进行充分的磋商。

保障措施实施期限的长短也就是受损产业需要多久的保护。

---

① 《保障措施条例》第 18 条。

如果理解得更深入一点,它就是国内产业需要多长期限的自我调整期。显然,产业不同,需求不同;国家经济基础不同,需求也不同。服务贸易紧急保障措施的实施期限在总体上与货物贸易相同,即一般为 4 年,经过延长可以达到 8 年,发展中国家还可达到 10 年。但由于服务产业是一个国际互融的产业,它的升级换代较快,国际依赖较强,因此,对服务贸易所采取的紧急保障措施一般不应延长。同时,由于服务领域的部门差异较大,如金融服务与旅游服务就差异明显。这就要求在服务领域采取紧急保障措施时,其期限的确定应根据部门的不同而作出不同的安排,即对于关系国计民生的重要服务部门,保护期限可以长一些,而对于非战略部门,保护期限就可以短些。其中,需较长保护期限的部门应该包括:通信服务(邮政、信件、电信、视听)、分销服务(佣金代理、批发销售、零售、特许权)、教育服务(初级教育、中等教育、高等教育)、金融服务(保险、银行及其他金融服务)、与医疗有关的服务和社会服务(医院、社会服务)、运输服务(海运、空运、铁路运输、内水运输、公路运输、太空运输、管道运输)。不需较长保护期限的部门应该包括:职业服务(专业服务、计算机及相关服务、研究与开发服务、不动产服务、无操作人员的租赁服务、其他职业服务)、建筑与相关工程服务、环境服务、旅游和与旅行相关的服务、娱乐、文化和体育服务(不含视听服务)以及上述部门中未列入的子部门。

需要特别指出的是,由于发展中国家与发达国家的服务业发展基础不同,各自需要的保护程度也不相同。发展中国家需要较长保护,而发达国家则不需长时间保护。因此,在保护期限方面,应该给予发展中成员特殊和差别待遇,即在保障措施的延长及再次实施方面,发展中国家应享有特别待遇,其最长的实施期限可达 10 年。而且对来自发展中国家的产品(或服务),只要其有关产品

（或服务）的进口份额在进口成员的该产品（或服务）的进口中不超过 3%,来自该发展中国家的进口份额总计不超过有关产品（或服务）总进口的 9%,则保障措施不得适用于来自该发展中国家的产品（或服务）。

我国《保障措施条例》规定了实施保障措施的条件,如果主管调查机关根据《保障措施条例》规定的条件作出了肯定性终裁,即可采取保障措施。同时,主管调查机关应当将实施保障措施的决定以及有关情况及时通知保障措施委员会[1]。此处的"及时"应当理解为立即通知;"有关情况"即为"所有有关信息",其中至少包括增加的进口所造成的严重损害或严重损害威胁的证据、对所涉及的产品和拟实施保障措施的准确描述、拟实施保障措施的日期、预计的期限以及逐步放宽的时间表。

同时我国《保障措施条例》规定的保障措施实施期限与《保障措施协议》的规定一致,即保障措施的实施期限为 4 年,对于进口增长对国内产业的严重损害仍然存在以及国内产业正在积极进行产业调整的,可以最多延长保障措施的实施期限不超过 10 年,并应当逐步放宽限制措施。

按照《保障措施条例》规定,在实施临时保障措施之后,主管调查机关还要进行进一步的调查,并作出终裁决定。如果终裁决定不实施保障措施,意味着损害不存在,或进口增长与损害之间不存在因果关系,或者虽然存在进口增长、产业损害和因果关系,但是基于公共利益的衡量而放弃实施保障措施。

（三）中期复查与再发动限制

保障措施的实施目的是对进口产品（或服务）的激增行为进

---

[1] 《保障措施条例》第 20 条第 2 款。

行必要的限制,从而为国内产业赢取有限的时间进行产业调整,以最终适应产品(或服务)市场的竞争环境。因此保障措施不仅不是对进口产品(或服务)的一种惩罚措施,要严格按程序发动与实施,而且基于公平竞争的要求,保障措施应在实施中逐步放宽措施的限制并进行复审,并要对受到进口限制的成员方进行补偿。

1. 中期复审

《保障措施协议》规定了逐步降低保障措施强度的要求,使贸易条件逐步接近非保护性的正常贸易条件,使产业逐步适应正常贸易竞争①。逐步放宽限制通常指按固定时间间隔放宽,但是,协议没有对时间间隔的长度作出具体的规定。显然,协议将把握该固定时间间隔的裁量权留给了各成员方。因为,客观而言,不同国家、不同产业、不同竞争条件下,产业竞争力的恢复程度必然有所差异,故而无法制定一个简单划一的时间间隔规定。我国《保障措施条例》也有逐步放宽保障措施实施限制的规定②,实践中,主管调查机关往往根据每个个案中保障措施对产业的影响,来确定时间间隔。

另一方面,基于保障措施的实施原则与实施目的,对于实施期限较长的保障措施,在已经实施了一定时间之后,调查机关需要对产业现状进行重新评估,以确定保障措施是否还是必需的。中期复审制度的设立,就是调查机关在措施实施后,审查决定是否应撤销该保障措施或加快放宽速度,以尽可能地减少保障措施给正常

① 《保障措施协议》第7条第4款规定,"……一保障措施的预计期限超过1年的情况下,为便利调整,实施该措施的成员方应在实施期内按固定时间间隔逐渐放宽该措施。"

② 《保障措施条例》第28条规定,"保障措施实施期限超过1年的,应当在实施期间内按固定时间间隔逐步放宽。"

贸易带来的扭曲,从而减少实施保障措施的成员方所作出的补偿安排和受到的贸易报复。因此《保障措施协议》规定了实施保障措施的成员方应当进行中期复审的程序①。

与《保障措施协议》相对应,我国《保障措施条例》也规定,如果实施的保障措施期限超过 3 年,主管调查机关应在不迟于该措施实施期的中期进行复审,如必要则应当撤销该措施或者加快放宽速度②。《保障措施条例》还详细规定了应当审议的内容,包括:第一,通过分析保障措施调查时列出的各项因素,评估国内产业现在是否仍然面临严重损害,损害程度是否有所降低,保障措施是否取得预期效果;第二,通过分析国内产业竞争力的各项因素,判断产业是否已经完成调整并可以适应正常的贸易竞争。衡量产业调整是否已经达到目的的标准,一般视产业情况的不同特点而有所分别。

2. 再发动限制

基于实施保障措施的贸易的影响及特殊性,《保障措施协议》对同一产品再次发动保障措施调查的条件作了比较严格的规定。《保障措施协议》首先规定,对同一进口产品再次发动保障措施的,与先前实施的保障措施的时间间隔不得少于先前的保障措施期限,并且这个时间间隔至少为 2 年③;同时,对实施期限较短的保障措施也进行了特别规定,即前次实施期限不足 180 天的,再发

---

① 《保障措施协议》第 7 条第 4 款规定,如措施的期限超过 3 年,则实施该措施的成员方应在不迟于该措施实施期的中期审议有关情况,如适当应撤销该措施或加快放宽速度。根据第 2 款延长的措施不得比在最初期限结束时更加严格,而应继续放宽。

② 《保障措施条例》第 28 条。

③ 《保障措施协议》第 7 条第 5 款。

动条件为与前次保障措施的时间间隔至少为 1 年且自前次保障措施实施起 5 年内未实施 2 次以上的[①];另外,还对发展中成员方的再发动保障措施的限制给予了一些优惠,即对再发动与前次措施的时间间隔给予一定减少——不少于前次实施期限的一半,但时间间隔至少仍为 2 年[②]。我国在《保障措施条例》中对再发动机制给予的限制与《保障措施协议》的规定基本一致[③]。

二、保障措施的救济

(一)补偿与报复

由于保障措施的实施必然影响出口方的正当利益,为此,《保障措施协议》第 8 条规定,实施保障措施的成员方与其他有利害关系的成员方可就贸易补偿问题进行谈判。

《保障措施协议》规定,提议实施或者寻求延长保障措施的成员方,应当按照磋商义务的程序要求,尽力维持与所有利害关系方在 GATT1994 项下达成的减让和其他义务水平,同时规定了为了实现上一目标,实施保障措施的成员方应与有利害关系的其他成员方磋商弥补不利影响的贸易补偿[④]。

对于就贸易补偿进行磋商的期限,《保障措施协议》规定是 30 日。如各方就补偿方案的磋商在 30 日内没有达成协议,那么受到

---

① 《保障措施协议》第 7 条第 6 款。

② 《保障措施协议》第 9 条第 2 款。

③ 对同一进口产品再次采取保障措施的,与前次采取保障措施的时间间隔应当不短于前次采取保障措施的实施期限,并且至少为 2 年。符合下列条件的,对一产品实施的期限为 180 天或者少于 180 天的保障措施,不受前款限制:(一)自对该进口产品实施保障措施之日起,已经超过 1 年;(二)自实施该保障措施之日起 5 年内,未对同一产品实施 2 次以上保障措施。

④ 《保障措施协议》第 8 条第 1 款。

不利影响的利害关系方可以在保障措施实施满 90 日后,并同时满足在货物贸易理事会收到有关中止减让或其他义务的通知满 30 日后,对实施保障措施的一方中止与不利影响实质相等的减让或其他义务①。另外,《保障措施协议》特别规定了由于进口绝对增长引起的保障措施,受不利影响的利害关系方应当在保障措施实施满 3 年后才能够中止相应的减让或其他义务②。

(二) 争端解决机制的救济

争端解决机制是 WTO 独有的、处理与解决成员方贸易纠纷的法律体制。对此,WTO 首任总干事鲁杰罗先生曾这样评价过:"如果不提及争端解决机制,任何对 WTO 成就的评论都是不完整的。从许多方面来讲,争端解决机制是多边贸易体制的主要支柱,是 WTO 对全球经济稳定作出的最为独特的贡献。"③与 1979 年 11 月 GATT 东京回合谈判通过的《关于通知、协商争端解决和监督的谅解》相比,WTO 争端解决机制既保留了 GATT 较为成熟、有效的做法,又对原来的机制进行了重大修正。特别是将后来论坛式的争端解决机制转变为现行的庭审式格局,赋予专家组、上诉机构裁定的强制执行的法律约束力等,从而使得争端解决机制的公信力与权威性得到了空前提高。

为防止成员方滥用保障措施,损害 WTO 所倡导的贸易自由化的宗旨,在《保障措施协议》的最后部分一方面规定 WTO 建立一个隶属于货物贸易理事会的保障措施委员会,以及时将各成员方每年执行《保障措施协议》的情况向货物贸易理事会报告,并履

---

① 《保障措施协议》第 8 条第 2 款。
② 《保障措施协议》第 8 条第 3 款。
③ 宋和平、黄文俊编:《反倾销法律制度概论》,中国检察出版社 2001 年版,第 178 页。

行日常的调查、监督、审议、指导任务;另一方面对基于《保障措施协议》而产生的磋商和争端解决,也专门规定了适用《争端解决规则和程序谅解》和 GATT1994 第 22 条和第 23 条的有关规定。这项规定为《保障措施协议》的法律义务或规则的遵守,提供了有力的国际司法上的保证。

1. 申请设立专家小组

《争端解决规则和程序谅解》规定了为解决争端而申请设立专家小组的程序,即申诉方应当以书面形式提出成立专家小组的申请,并在请求中指明是否已进行了磋商的程序,明确存在争论的措施,并随附一份使专家小组足够明确所陈述问题的、据以申诉的概要①。

对于申诉方在申请设立专家小组时提交的申请怎样才能构成足够明确,往往会引起申诉方、被诉方的争议。对此问题,韩国奶制品案的上诉机构认为,设立专家小组的申请必须足够明确,因为它是通知抗辩方和第三方申诉的法律基础,是确定专家小组权限的基础。《争端解决规则和程序谅解》第 6 条第 2 款对专家小组的申请规定了下述要求:第一,申请是书面的;第二,申请应表明是否举行过磋商;第三,申请应指明具体的争议措施;第四,申诉方应提供足够明确申诉的法律概要。这里的"指明"应是提出申诉的法律基础的最低标准,但这并不总是足够的。即在有的情况下,只列举条款就足以满足"足够明确"的要求,有的情况下则不能满足这种要求②。美国羊肉案专家小组认为,在具体案件中要确定设立专家小组的申请是否满足充分性要求,还应考虑个案的特殊情

---

① 《争端解决规则和程序谅解》第 6 条第 2 款。
② WT/DS98/AB/R,paras127～131.

况以及被诉方的抗辩能力,以及在程序的实际进行中是否受到损害①。

2. 专家小组的职权范围

《争端解决规则和程序谅解》第 7 条规定了专家小组的职权范围,即专家小组的职权范围除依《争端解决规则和程序谅解》规定外,还可以由争端各方磋商议定②。专家小组的职权范围一方面确定了专家小组的管辖范围,另一方面能够为争端双方以及第三方提供有关争端的充分信息,使各方可以对申诉方的诉请作出反应。争端双方一般很注意对专家小组职权范围的确定。

对此问题,专家小组作出了解释,如果一项没有提及的措施与已提及的措施关系非常紧密,被诉方可以通过明确提及的措施了解申诉方要求解决问题的范围,继而使未明确指出的措施也纳入到审议范围之内。并且对于审议的事项范围,专家小组认为国内调查阶段的请求与 WTO 争端解决程序下的请求并不必然联系,前者受调查机关国内法的影响,后者则依据 GATT1994 和《保障措施协议》的有关规定提出③。另外,专家小组不应限制利害关系方提出主张的性质,也没有理由将自己的权限局限于第三方在调查阶段提出的主张,即使是保障措施实施后申诉方提出的证据和意见,专家小组仍然具有审议权限。

3. 审议标准

由于《保障措施协议》中没有关于审议标准的具体规定,争端解决机构的上诉机构认为,在 WTO 相关协议没有关于争议标准

① WT/DS177,178/R,para.13.
② 《争端解决规则和程序谅解书》第 7 条第 3 款。
③ WT/DS 121/R,para.8.117.

具体规定的情况下,应适用《争端解决规则和程序谅解》第 11 条的规定,即专家小组应对提交的事项作出客观评估,包括对该案件事实及有关协议的适用性、一致性的客观评估。对于保障措施争端应给予客观评估的事项包括,第一,实施保障措施的主管当局是否已经全面、客观地考虑了所有相关因素,至少包括《保障措施协议》第 4 条第 2 款(a)项列举的 8 项因素①;第二,已公布的调查报告是否对这些相关因素如何在总体上支持所作出的裁定提供充分的解释;第三,主管机关所做的裁定是否与该国承担的国际义务相一致。此外,专家小组还应通过审查国内主管机关裁定与证据的一致性,以判断其推理的适当性②。

专家小组的审议仅限于审议已实施的保障措施与《保障措施协议》和 GATT1994 第 19 条的规定是否相符③。专家小组特别强调,成员方在其实施保障措施的建议或裁定中,应解释他们是如何审议所掌握的事实或据《保障措施协议》第 4 条第 2 款得出的结论,以及欲实施的保障措施为补救严重损害、促进产业调整所必须的原因,否则可能面临败诉的危险。专家小组同样强调,拟实施保障措施的主管机关应当注意,它根据掌握的材料所作出的结论解释是否是唯一的,如果对于这些事实同时存在其他可行性解释,并且主管机关对于它没有采取其他可行性解释的理由并不充分,则专家小组可以认定:主管机关的这种结论解释是不合理或不充分的。

---

① 《保障措施协议》第 4 条第 2 款(a)项规定,主管机关应评估影响该产业状况的所有有关的客观和可量化的因素,特别是有关产品按绝对值和相对值计算的进口增加的比率和数量,增加的进口所占国内市场的份额以及销售水平、产量、生产率、设备利用率、利润和亏损及就业的变化。

② WT/DS 121/AB/, Paras. 120～122.

③ WT/DS121/R,para. 8. 124.

第六章 国际服务贸易紧急保障措施的类型及其实施

第一节 国际服务贸易紧急保障措施的类型

服务贸易中紧急保障措施的类型区别于货物贸易中保障措施的类型。在货物贸易中，保障措施的类型主要有三种，即关税、数量限制和关税与数量限制的结合如关税配额。不论是数量限制还是关税限制都属于"市场准入"的限制。对任何种类的进口货物，"市场准入"限制的目的都是阻止其进入国内市场，作用的对象都是货物本身，实施机构一般都是海关。但在服务贸易领域，由于服务贸易的无形性，有形的关税边境对其不能发挥作用，这就决定了服务贸易的保障措施无法采取关税措施，但可以采取数量限制措施。

针对服务贸易的特点，笔者以乌拉圭回合服务贸易谈判采纳的方案进行分类，将服务贸易保障措施的类型分为两大类，即市场准入限制措施和国民待遇限制措施。如果把服务贸易模式与影响服务提供和消费的措施结合起来进行考虑，可将服务贸易保障措施的类型分为四类，即服务产品移动限制措施、资本移动限制措施、开业权限制措施、人员移动限制措施。事实上，市场准入限制措施和国民待遇限制措施就分别体现在服务产品移动（跨境提供）、人员移动（境外消费、自然人流动）、资本移动和开业权（商业存在）限制之中。

一、市场准入限制

市场准入（Market Access）作为专门词汇，最早见于 20 世纪 70 年代末期签订的多边或双边贸易协议。许多在 20 世纪 80 年代签订的国际贸易协议直接使用了市场准入一词。作为乌拉圭回合谈判的结果，包括 GATS 在内的 3 个世贸组织条约（其余 2 个条约为《农产品协议》和《卫生和植物检疫规则使用协议》）使用了市场准入的概念。但纵观世贸组织有关协议和决定，没有任何协议和决定明确提供了市场准入的法律定义。有学者将市场准入理解为一国允许外国货物、劳务和资本参与国内市场的程度，"准"体现了国家通过实施各种法律和规章制度对本国市场向外开放程度的宏观掌控。亦有学者将其上升到世贸主要原则的高度，视之为打开国外市场的万能钥匙。① 但在国际实践中，市场开放的范围和程度必须以各国明确承担的义务和承诺为准，而且可由各国按照法定程序扩大或缩小，他国并不能以"市场准入原则"为由任意要求某国增加其市场开放程度。因此，在一般意义上，市场准入应是指国际条约的成员方通过其法律和规章制度，对其他成员方参与本国市场进行宏观掌握和控制的制度，并由此决定其向其他成员方开放本国市场的范围和程度。具体到服务贸易领域，服务贸易领域的市场准入是指 GATS 的成员方通过其法律和规章制度，

---

① 莫世健："市场准入原则和中国入世的法律对策"，载《国际经济法论丛》（第 4 卷），陈安主编，法律出版社 2001 年版，第 237～245 页。

对其他成员方的服务和服务提供者参与本国服务市场进行宏观掌握和控制的制度,并由此决定其向其他成员方开放本国服务市场的范围和程度。

《服务贸易总协定》第16条规定了市场准入的具体规则。该条第1款规定:"对于通过第1条确认的服务提供方式实现市场准入,每一成员方对任何其他成员的服务和服务提供者给予的待遇,不得低于具体承诺表中同意和列明的条款、限制和条件。"第2款规定:"在已做出市场准入的服务门类中,每个成员方除非在其承诺表中列明,否则不得在它的全境或某个区域保持或采取如下措施:(1)限制服务提供者的数量,不论是对提供者采取数量配额、垄断、专营服务,还是规定经济需求标准;(2)以数量配额或规定经济需求标准的方式,限制服务交易或资产的总值;(3)以数量配额或规定经济需求标准的方式,限制服务量的总数或以指定数量单位的方式来限制服务产出的总量;(4)以数量配额或规定经济需求标准的方式,限制某个服务类可雇用或某个服务提供者可雇用的、为某个特定服务的提供所必须或直接有关的自然人的总人数;(5)限制或规定服务提供者提供服务采取的特定法律实体;(6)限制外国资本的参与,不论以限制外资持股最高百分比的方式、还是以单个或总体方法限制外国投资总值的方式。"由此可以看出,《服务贸易总协定》中的市场准入具有如下几个特点:

第一,同国际贸易其他领域一样,市场准入在服务贸易领域内远未形成具有明确内涵的指导性原则。因服务贸易市场准入受缔约国事先同意承担的开放义务大小的限制,服务市场进入或开放的范围和程度也随缔约国具体承诺的不同而变化。GATS是按照"具体承诺"(Specific Commitments)的方式确定市场准入,即哪些提供方式允许市场准入,在市场准入时应符合哪些条件和要求,均需要经过谈判,并逐项列入"具体承诺表"中,而不是自动适用于各服务部门。具体承诺在形式上分为"横向承诺"(又称"水平承诺")和"纵向承诺"(又称部门承诺),前者适用于成员方服务贸易减让表中所列的所有服务部门和活动,而后者则针对具体的服务部门和活动。同时,各成员方对服务贸易的承诺方式包括"无约束"(或"没有限制"的承诺)、"有保留"(或有限制的承诺)、"不受约束"(或"不作承诺")和不列入减让表四种。"无约束"是指对以某种方式提供服务的外国服务提供者不采取任何市场准入或国民待遇的限制,这意味着近乎完全的自由化。"不受约束"和未列入减让表说明成员方不承担任何义务,保留充分的政策自由权,这是另一个极端。介于它们之间的是"有保留"承诺,即详细列明对市场准入和国民待遇进行限制的具体内容及措施,其性质是不完全的自由化。可见"无约束"和"有保留"的承诺都是"约束承诺",类似于 GATT 减让表中的"约束关税"。这种承诺表与 GATT 的关税减让表性质极为相似,服务贸易的市场准入,全靠经过定期和逐项谈判,逐步降低或放宽承诺表中的限制和条件,最后得以实现的。因此,从法律上说,具体承诺表是整个 GATS 文件中极其重要的组成部分,是了解各成员方服务贸易市场准入的重要法律资料和依据。在具体承诺表中,对市场准入采取"肯定清单"(Positive List Approach)与"否定清单"(Negative List Approach)的双轨制,即用肯定清单来确定对哪些服务门类提供市场准入,未列出的不给予市场准入,但应随着以后的谈判而不断增加;而用否定清单来列明对市场准入附加哪些限制条件,未列出的不得维持或增加,并随以后谈判而不断减少。

第二,市场准入是缔约国在相互谈判的基础上达成的允许他国的服务和服务提供者进入本国市场的一种承诺,缔约国一旦做出了承诺,就意味着将受其约束,除提高贸易自由化水平的措施外,很难对承诺修改或撤销。如果一 WTO 成员不以"专门列明"的方式对某个特定服务部门或服务提供模式"保留"第 16 条第 2款列出的 6 种限制措施的任何一种,那就表明该成员对这个部门和服务提供模式给予完全的市场准入。换句话说,在一成员已经做出市场准入具体承诺的部门和服务提供模式中,原则上禁止采取和维持上述限制措施,只有在一成员的承诺表中专门列明这类限制措施,才可以在该成员的某个地区或者全部领土内采取,否则(一旦采取)就违反了第 16 条义务。因此,服务贸易市场准入的主要作用在于防止缔约国背离其承诺或拒绝履行已经承担的开放市场的义务,反映缔约国之间进入各自服务市场的范围和程度,而不是赋予缔约国要求他国开放市场或扩大市场准入的权利。

第三,服务贸易市场准入的条件和限制不是通过关税和其他边境措施,而是通过各国国内法律和规章制度体现出来,一国开放服务市场的范围和程度,也是由各种法律和规章制度来调控的。调控的对象既包括服务产品,也包括服务提供者。

第四,在各成员方已作出市场准入承诺的部门中,可列明采用的限制措施主要是数量限制措施。综观 GATS 第 16 条第 2 款的规定,除了第(5)项——限制或要求服务提供者通过特定的法人实体或合营企业才可提供服务不属于数量限制措施外,其他几项措施都属于数量限制的形式。

服务贸易市场准入旨在通过增强各国对外服务贸易体制的透明度,减少乃至取消各种限制市场进入的贸易壁垒,以及通过各国开放本国服务市场所作的具体承诺,切实改善各国服务贸易市场准入的条件,使各国在一定期限内逐步放宽开放的领域,加深市场开放程度,从而最终实现服务贸易自由化。市场准入作为 GATS

具体承诺部分的关键性条款,在国际服务贸易自由化趋势日渐明显,而国际服务市场竞争也日益激烈的今天,已受到各成员国的高度重视,并成为服务贸易后续谈判中发达国家打开他国市场,获取服务贸易自由化的利益和发展中国家在保护本国弱小的服务业同时,积极参与国际服务贸易竞争的重要筹码。

应当注意的是,随着服务领域市场准入的扩大,可能给 WTO 成员方带来服务进口的猛增并造成其国内服务产业受到严重损害或严重损害的威胁,在这种情况下,成员方就需要启动紧急保障措施,救济国内受到严重损害或严重损害威胁的服务产业。其所采取的紧急保障措施就包括暂时背离其市场准入义务的市场准入限制措施,即那些禁止或限制外国服务提供者进入国内市场从而抑制市场竞争的措施,比如许可证、配额、领域限制、地域限制、股权限制、经营范围限制、主体资格限制、企业形式限制、经济需求测试等措施。

1. 许可证

进口许可证制度是世界各国普遍实行的管理对外贸易活动(特别是进口贸易)的重要措施之一,它在维护正常的贸易经营秩序、收集有关的贸易统计资料、保护国内资源和市场、维护国家经济利益和经济安全等方面发挥着重要作用。在国际服务贸易领域,随着市场准入规模的扩大,出现服务进口的急剧增加,许可证制度可适用于生产者服务或专业服务领域,如通信、金融、运输、建筑工程、教育、医疗、会计、法律、咨询、数据处理和专业技术服务等部门中。在这些服务部门,只有取得了进口许可才允许进入,未取得进口许可的就不得进入,这在一定程度上会缓解进口急剧增加的压力,为国内服务产业提供临时保护。

服务贸易中的许可证制度与商品贸易中的许可证制度一样,

是构成各国限制其他国家服务提供者进入本国市场的常见的对国内产业的保护手段之一。然而,服务贸易中的许可证制度含义比商品贸易中的许可证制度更加多样和复杂,其中的一个原因是,到目前为止人们依然没能对服务贸易许可证制度的范围达成共识。比如在国际服务贸易中,有关开业权或建立权限制是否属于许可证制度范围的问题就存在着争论,但从实际效果看,开业权或建立权限制与许可证制度的效果大致相同,都可以实现对市场进入的适当控制,达到对国内服务产业一定程度的保护。同时,外国服务提供者要想获得开业权,必须获得行政主管部门的许可。

在实践中,许多国家都基于对国内服务产业保护或其他方面的目的而采取许可证制度,如美国有关电信业的法令规定,联邦通讯委员会(FCC)负责对外国公司发放广播许可证,审查外国公司是否符合法令中的限制性条件。1996年美国电信法还授权总统在国家安全受到影响时或为了实施法律的目的,可对FCC准予外国公司进入美国电信和媒介市场的许可加以否决。美国对银行零售业务也进行许可证管理,一般情况下,美国金融监管当局不向外国银行发放零售业务营业执照,如遇紧急情况,外国银行已经取得的许可或执照也会被取消或收回。美国在能源服务方面的进口限制也很严格,如外国公民或公司建造、经营和维护经过联邦政府控制的陆地或水面的输电、用电业务,即使该公司是按美国法律组建仍需要获取由联邦能源管理委员会颁发的许可证。如果某一设备或设施用于生产或使用核材料,那么外国公民控制的公司不能获得该设备或设施运营、接收、生产、制造、转运或进出口的许可证。在印度,外资银行只有通过设立分行的方式才能进入印度市场,印度当局每年只发放12份营业许可证,安装自动柜员机也要申请许可证。若想要进入印度本地及国内长途服务市场,需要向当局申请许可证,许可证的有效期只有 10 年。在自然人流动领域,劳务的出口除了需要办理签证外,还需要办理工作许可证。许多国家工作许可证审批时间长,需要作经济需求测试,常以各种理由不对外发放工作许可证。有的国家工作许可证期限短,如中国在俄罗斯工作人员的工作许可期限仅为 11 个月,且不能多次往返,影响了劳务人员工作的持续性。

2. 配额或数量限制

进口配额是一国政府为了保护本国产业不因进口过量而受损害,对于某些商品或服务在一定时期内的进口数量或金额事先加以规定的限额,超过规定的限额就不许进口。根据不同的标准,配额有绝对配额与相对配额,关税配额与非关税配额等多种分类。其中,绝对配额是指在一定时期内,对某些商品或服务规定一个最高的进口数量或金额。一旦达到这个最高数额就不准进口。绝对配额又分为两种形式。其一,采取"全球配额",它适用于来自任何国家或地区的商品或服务。主管当局按进口商申请先后或按过去某一时期的进口实绩,批给一定的额度,直至总配额发放完毕为止;其二,采取"国别配额",这是在总配额中按国别和地区分配配额,有的由单方面强制规定,有的由双方谈判达成协议确定。不同国家和地区如超过所规定的配额,就不准进口。服务贸易一般不涉及关税问题,因此也不存在货物贸易中的关税配额。

在国际服务贸易中,为了达到控制进口过量增加的目的,可以在不同的服务提供模式中实施进口配额或数量限制。比如,在模式 1(跨境提供)中,国际海洋运输是跨境提供的方式之一。如果一国的远洋运输服务商(公司、船队)因外国远洋服务商的大量涌入而举步维艰、难以为继时,该国政府就可以为本国远洋运输船队保留一定数量的货物运输份额,外国远洋运输公司的竞争将受到货物运输配额的限制,这将有效地减少外国航运服务的进口量,达到对本国航运服务商的保护。国际航空客运服务也属于跨境提供的常见方式,在这种方式下的数量限制即限制境外服务提供者向本国境内提供服务的次数(比如,限制外国民航入境航线、班次、机型)或营业金额等等。在模式2(境外消费)中,出境旅游是境外消费的方式之一。由于旅游业是天然的开放产业,各国很少对旅游的境外消费方式进行限制,但也有少数国家为了国际收支平衡,对本国消费者的出境游进行限制。如亚洲金融危机后,马来西亚就曾通过护照限额发放、提高旅游者的出境办证费等方式限制出境旅游,在一定程度上限制了境外消费。在模式3(商业存在)中,最常见的数量限制方式是对设立商业存在的外国服务提供者进行股权比例、经营范围、地域范围等方面的限制。如我国前往泰国、马来西亚、菲律宾、越南等东南亚地区投资的旅游企业只能占规定比例的股份,一般不能控股。目前,俄罗斯尚不允许中国企业在俄罗斯开办独资旅游公司。加拿大《保险公司法》规定外国公司拥有加拿大寿险公司的总体股权不能超过25%,任何单个非加拿大公民不得拥有加拿大寿险公司10%以上的股权。加拿大对外资银行从事的业务范围也有所限制,不允许外资银行向加拿大居民开展任何零售银行业务,即不允许外国银行分行在个人金融服务业务上与加拿大本国银行竞争。有的国家还规定,为了对服务业进行保护,政府可以限制甚至禁止外国服务提供商进入某些服务部门或者地区设立机构或者提供服务,或者对某些服务部门实行政府垄断。在模式4(自然人流动)中,如果一国某一服务部门涌入了大量廉价外国劳工,对本国人的劳动就业造成严重阻碍,该国就可以对外国劳工发放签证的数量进行限制,以减少甚至禁止外国劳工的进入。

　　在实践中,数量或配额限制是服务贸易领域经常使用的限制措施之一,尤其是在对发展中国家有着重要利益的劳务出口领域,就常常遭遇配额限制。一国政府大量削减配额或是完全禁止劳务的输入对自然人流动这种服务提供模式的影响非常大。比如,2001年以色列外籍建筑劳务配额就比上年减少45%,2002年停止引进新劳务达9个月,2003年禁止新劳务的引进,这使包括我国在内的发展中国家外派以色列的劳务业务受到很大冲击,几乎陷于停滞,2003和2004年在以色列的中国劳工数量没有增长,仍维持在1万人左右。毛里求斯政府也曾大量削减向我国纺织工人发放签证的数量,使赴毛里求斯劳务数量大减。2002年3月,新加坡政府全面暂停引进中国建筑劳务,使我国公司许多新签项目无法开展,损失巨大。①

　　进口配额制是实施数量限制的主要方式之一,数量限制对贸易的扭曲作用较大,可能妨碍公平竞争或导致对不同来源产品或服务的歧视待遇。也许是数量限制这一保障措施形式的上述特点,WTO《保障措施协议》第5条第1款专门对它作了规定,而且还就如何适用作了较为详细的规定:即"一成员应仅在防止或补救严重损害并便利调整所必需的限度内实施保障措施。如使用数量限制,则该措施不得使进口量减少至低于最近一段时间的水平,该水平应为可获得统计数字的、最近3个代表年份的平均进口,除非提出明确的正当理由表明为防止或补救严重损害而有必要采用不同的水平。各成员应选择对实现这些目标最合适的措施。"在采用配额管理方式时,进口方应当与有利害关系的供应方就配额

---

　　①　数据来源:2002、2003和2004年《中国对外经济统计年鉴》,中国统计出版社2003、2004、2005年版。

分配达成协议,若协议不成,则实施保障措施的成员应按其他成员在前一有代表性的时期在总进口中所占的份额,按比例分配配额。除非有保障措施委员会的授权,分配应在非歧视的基础上进行。但协议第5条第2款也规定,如果实施保障措施的成员在保障措施委员会主持下与其他成员进行磋商,且向保障措施委员会证明存在以下情况,则配额可以不按前面所讲的比例分配:(1)在有代表性的时期内,来自某一成员的进口在该产品进口的总增长中占有过大的比例;(2)不按比例分配的理由是正当的;(3)不按比例分配对所有出口成员是公正的。但是协议同时也规定,这种偏离一般原则的做法的期限不得超过4年,而且,如果仅存在严重损害威胁,则不得如此。尽管这一规定是对货物贸易的保障措施而言的,但也可借鉴适用于服务贸易的紧急保障措施。

3. 领域限制

领域限制即对外国投资者设立商业存在范围的限制。在正常服务贸易情况下,各国对服务业外商投资领域一般分为鼓励、允许、限制和禁止四大类型。对于一国急需发展且对国家安全不产生有害影响的现代服务部门如国际海上运输、物流配送、城市规划和风景园林设计、广告、管理咨询、会议和展览服务、一般商品的批发或零售、会计、审计等通常采取鼓励或允许的政策;对于涉及国计民生的重要服务部门如金融服务、电信服务、保险服务等则采取限制政策;对于广播电视、大众传媒等对国家安全、领土主权、宣传舆论和文化等领域具有重大意义的服务部门则实施完全禁止外国直接投资进入的政策。

在采取紧急保障措施的情况下,可将正常服务贸易情况下的鼓励和允许外商投资的服务领域变更为限制外商投资的服务领域,将正常服务贸易情况下限制外商投资的服务领域变更为禁止外商投资的服务领域,以此实现对国内服务产业的保护。

4. 地域限制

服务业的开放是一个渐进过程,许多国家和地区在开放服务业的过程中,首先将外资设立商业存在限制在首都和一些中心城市,待条件成熟后再扩大到其他城市或地区。比如,从我国外商投资服务业开放的地域上看,是从沿海、沿江、沿边地区不断向内地开放。就已开放的服务部门来说,各部门之间的发展水平差异非常大,所以各部门的开放进程是不同的。有的服务部门在中国入世时就取消地域限制,如外资银行在中国经营人民币业务的地域限制;有的服务在中国入世后分阶段地取消地域限制如银行业、增值电信服务等的开放;还有一些服务部门,虽然在中国入世后几年内会在一定程度上放开地域限制,但仍会继续保留,如商业服务业等的开放。

在采取紧急保障措施的情况下,对于允许外商新设立商业存在的服务部门,必须严格限制在首都和中心城市,对于已设立的商业存在则不允许再扩大到其他城市或地区。

5. 股权限制

股权限制是专门针对模式 3 即商业存在的一种限制措施。由于服务业中有些部门属于国家的要害部门,甚至会涉及国家安全,因此,即使是在正常的服务贸易情况下,一国对于外商投资服务业的市场准入,可能对获准在本国服务业开业的外国企业,要求有本国人参股,甚至占有多数股权。如美国规定,外国人在电报企业或卫星通信公司中所占股份不得超过 20%;法国对无线电服务规定 25% 的外资股权限制,葡萄牙在无线电服务方面外资股权限制为 25%,英国对外国银行的股权限制为 14%。中国在规制外商投资服务业市场准入方面也存在大量的股权限制的规定。如《关于设立中外合资对外贸易公司试点暂行办法》规定,外方投资比例下限为25%,上限为49%。中国《外商投资商业企业试点办法》规定,外方投资比例下限为25%,上限一般为49%,最高为65%。

在采取紧急保障措施的情况下,对于获准在本国服务业开业的外国企业,必须要有本国人参股,甚至占有多数股权。通过这种方式,可以在一定程度上防止一些重要的服务部门被外资所控制并进而危及国家安全。

6. 经营范围限制

在采取紧急保障措施的情况下,国家对外国服务提供者进入本国服务市场后的经营范围、业务规模等作出限制性规定,并进行严格的监管,把外商投资服务业企业的业务限定在一定的范围之内,从而在一定程度上限制外商在本国服务部门的活动范围,以防止外国服务提供者对国内同行业造成过大的冲击。事实上,在采用保护主义政策的国家和地区,即使是在正常贸易的情形下(即并非采取保障措施的场合),这些国家对外商投资服务企业的经营范围也要进行一定限制。以银行服务为例,不少国家对外资银行所能经营的业务范围都有一定程度的限制,同时也规定禁止外资银行经营的一些业务和行业。最常见的是将投资性银行与商业银行的业务分离,禁止商业银行从事包销股票等一些投资银行的业务。美国、日本都采用此种措施。大部分发展中国家限制外资银行接受存款业务,目的在于使国内银行能充分利用当地的存款资金,以防止外资银行获取较大的市场份额。

7. 主体资格限制

对外商投资服务业的主体资格进行限制主要是对申请设立外商投资服务业的企业所需要具备的资质和条件,如最低资本等进行限制。在正常服务贸易的情况下,对于一些重要的、敏感的服务部门如金融、电信、保险等部门,就有对外资设立服务企业进行主体资格限制的必要,在采取紧急保障措施的场合,这样的限制条件可进一步提高。以我国为例,《中华人民共和国外资金融机构管理条例》规定,设立独资银行或者独资财务公司,申请人应当具备下列条件:(1)申请人为金融机构;(2)申请人在中国境内已经设立代表机构2年以上;(3)申请人提出设立申请前1年年末总资产不少于100亿美元;(4)申请人所在国家或者地区有完善的金融监督管理制度,并且申请人受到所在国家或者地区有关主管当局的有效监管;(5)申请人所在国家或者地区有关主管当局同意其申请;(6)中国人民银行规定的其他审慎性条件。又如,我国《外商投资电信企业管理规定》也对外商投资电信企业设立了限制性条件,即经营基础电信业务的外商投资电信企业的外方主要投资者应当符合下列条件:(1)具有企业法人资格;(2)在注册的国家或者地区取得基础电信业务经营许可证;(3)有与从事经营活动相适应的资金和专业人员;(4)有从事基础电信业务的良好业绩和运营经验。再如,《中华人民共和国外资保险公司管理条例》规定,申请设立外资保险公司的外国保险公司,应当具备下列条件:(1)经营保险业务30年以上;(2)在中国境内已经设立代表机构2年以上;(3)提出设立申请前1年年末总资产不少于50亿美元;(4)所在国家或者地区有完善的保险监管制度,并且该外国保险公司已经受到所在国家或者地区有关主管当局的有效监管;(5)符合所在国家或者地区偿付能力标准;(6)所在国家或者地区有关主管当局同意其申请;(7)中国保监会规定的其他审慎性条件。这7个条件中,前3个是我国入世承诺的内容,后面4个是国际上普遍认同的保险市场准入的审慎性条件。

　　一些国家还制定了专门适用于外资银行的资本标准。例如美国《国际银行法》规定,外国银行分行对某一客户的承兑额不能超过其自有资本和盈利总额的 10%;其全部承兑业务额不能超过自有资本和盈利总额的 150%;经过联邦储备系统批准,上述限额不得超过 200%。①

8. 企业形式限制

许多国家规定允许外国服务提供者进入某些服务行业,但不能采用独资形式,而只能采用合资、合作、参股方式,并且外资只占有少数控股权,以确保本国对该行业的控制。如我国对于外国服务提供者以商业存在形式进入我国的,多数领域允许以中外合资、中外合作形式进入,限制外国服务提供者以外商独资企业的形式进入。在中外合资这种形式中,鼓励外商设立中外合资有限责任公司,限制或不允许外商设立中外合资股份有限公司。对于自然人流动,我国只允许个别的专业服务具有一定资格的自然人进入,例如,在医疗职务、法律服务、会计服务和教育、翻译服务等领域,允许具有一定资格的自然人进入。在商业存在这种方式,我国绝大多数领域规定外国服务提供者必须以中外合资形式存在。根据我国现行法律,外国服务机构进入我国服务贸易市场通常以中外合资经营、中外合作经营、外商独资企业、设立代表机构、外国公司分支机构及特定项目合同方式进入。

尽管这些规定与《服务贸易总协定》第 16 条第 5 款的规定②相冲突,但如果将这些规定列入承诺表或在采取紧急保障措施时使用,则符合 WTO《服务贸易总协定》的要求。

---

① 万红著:《美国金融管理体制与银行法》,中国金融出版社 1987 年版,第 222 页。

② 《服务贸易总协定》第 16 条第 5 款不允许其成员方限制或规定服务提供者提供服务采取的特定法律实体。

9. 经济需求测试(Economic Needs Tests,ENT)

根据 GATS 第 16 条规定,经济需求测试被认定为市场准入的一种限制。所谓经济需求测试是指政府应根据当地市场需求或管理需求等条件①来批准外国服务或服务提供者的进入。但是,GATS 第 16 条没有规定经济需求测试的定义及其适用规则、标准和程序,大多数成员方也并未在其承诺表中对此作出详细规定,这就使得经济需求测试的适用具有任意性和主观性的特点。经济需求测试适用标准的任意性降低了服务贸易的可预见性,它无疑剥夺了外国服务或服务提供者的市场准入机会,受其约束的承诺事实上不能提供任何程度的准入保证,具有配额限制的作用。在WTO 150 个成员方中,有 67 个成员方使用了 ENT 来规范一种或多种服务提供模式的贸易流动,其中有 54 个成员方在自然人流动承诺中采用了经济需求测试,它们大多规定在横向承诺中。② 如果具体承诺采用配额形式,则经济需求测试仅在服务提供或服务提供者超过规定配额时才适用(例如,在自然人流动模式下,承诺允许 200 名会计人员入境,则当入境的会计人员超过 200 名时才适用 ENT)。大量成员方的开价单已经明确表明与投资(建立商业存在)有关的人员流动可以免除 ENT 的适用。

只要将经济需求测试明确列入一国的承诺表,或在采取紧急保障措施时适用,就不违反《服务贸易总协定》(GATS)的规定。

10. 资格承认限制

服务贸易的自由化促进了生产要素在世界范围内的流动。在

---

① 相关条件可以是定量的或定性的,这主要考虑当地市场条件、当地服务提供者的可利用性、提供服务人员的特点或其他任何标准。

② UNCTAD, "Lists of Economic Needs Tests in the CATS Schedules of Special Commitments", available at http://www.unctad.org.

从事服务行业的跨国公司、外国公司及其他组织进入一国的同时，服务的直接提供者——外国执业者也不断进入一国的劳动力市场。外国执业者的到来不仅带来了诸如就业、移民、自然人流动等方面的问题，也引起了国家间在服务资格管理权限、体制上的冲突。

国际服务贸易中的资格承认是指服务进口的成员方根据其参加的国际条约或其国内法律法规的规定，对依据服务出口成员方的法规、措施或传统获得的提供服务的资格予以承认的行为与过程的总称。原则上讲，一国的国内法对是否给予国外服务提供者提供服务的相应资格具有当然的管辖权，因此，资格承认的主体是国家，承认的客体既包括对法人、其他组织的开业权的承认，也包括对自然人执业资格的承认。从承认的适用范围来看，服务资格主要是针对专业服务领域但也不局限于该领域。而对执业要求相对较高的法律、会计、审计等专业服务一般都是各国规制的重点，因而也是资格承认的主要内容。资格承认是与市场准入密切相关的问题，因为"与市场准入直接相关的是服务提供者资格的认可。除非境外提供者的资格，包括教育背景、经验等，得到相关成员的承认，否则该服务提供者便无法提供服务"。① 正因为资格承认与市场准入密切相关，当一国采取紧急保障措施时，对资格承认的限制就成为其保障措施的手段之一。对资格承认的限制具体包括以下几个方面：

（1）限制外国服务提供者允许活动的范围。即对执业权适用的范围作出限制，如在采取紧急保障措施时可对外国律师事务所或外国律师在东道国从事的业务范围进行一定程度的限制。一般

---

① 王贵国：《世界贸易组织法》，法律出版社 2003 年版，第 161 页。

来说,服务进口方与出口方在执业资格活动范围上的规定差异越大,对承认的资格的活动范围的限制就越多。

(2)对使用职业称号的限制。在很多国家,执业资格以职业称号为标志,如会计师这个称号就暗示了会计师这个职业所能从事的服务范围,因而通过仅承认外国执业者具有从事这个职业的某些活动的权利而不能以本地的职业称号的名义执业就可以起到限制承认的作用。当然,很多时候对职业称号的限制是与对活动的限制结合起来发挥作用的。

(3)职业行为规范方面的限制。尽管各国对相同或类似职业的行为规范的要求有相同或类似之处,但差异也确实存在,并构成协调"对等性"的难题。① 因为外国执业者在东道国的执业活动对消费者及竞争秩序具有直接影响,所以其当然应当符合主国的职业行为规则。例如,A 国律师职业规范规定律师不能就其执业能力进行广告宣传,而 B 国则无此要求,则 B 国律师获得承认在 A 国执业时就应当受 A 国在此方面规范的限制,否则对于 A 国的本国律师而言就存在不公平的竞争。主国按照本国的行为规范对外国执业者的行为作出要求合情合理,而外国执业者的行为应当遵守其本国的相关职业规范也理所当然,因为资格承认的对象毕竟是依据他国规定获得执业资格。

(4)对服务提供方式进行的限制。通过限制执业资格申请者提供服务的方式可以限制资格承认的范围。在 GATS 对服务进行的四种分类中,可能涉及资格承认的是跨境提供(Cross-border supply)、商业存在(Comnrcia1 Presence)与自然人流动(Movement

---

① See Tycho H. E. Stahl, *"Liberalizing International Trade in Services"*, The Yale Journal of International Law, Vo1. 19 , 1997, p. 35.

of Natural Persons)。其中,自然人存在的服务贸易方式可以说是资格承认的最直接动力。由于涉及复杂的政治问题,有学者主张为保证政治上的可行性,对自然人流动的义务可从三个方面限制:只适用于专业服务者(professionals)而不适用于低技能(unskilled)服务提供者;只适用于 1 年以内的流动而不适用于更长时间的流动;对于独立的流动,仅以完成合同为目的而不能以接受雇佣为目的。[1]

二、国民待遇限制

国民待遇是国际上关于外国人待遇的最重要的制度之一,其基本含义是指一国以对待本国国民之同样方式对待外国国民,即外国人与本国人享有同样的待遇。传统的国民待遇所涉及的权利义务关系仅局限在民事领域,随着国际经济交往的日益频繁,其内容逐渐延伸到国际经济贸易领域,成为一项重要的自由贸易原则,构成了 WTO 法律制度的基石。在 WTO 框架内,国民待遇不仅适用于货物贸易,而且适用于服务贸易,但情况有所不同。GATT 中的国民待遇原则上是禁止缔约方对已经支付关税和其他海关费用之后的进口产品征收比国内相同产品更高的国内税或适用更严厉的国内法规。其目的在于确保减免关税得到实际履行,避免本国产品在事实上受到超关税的保护。由于各国不能对服务进口征收关税,而各国服务业的发展水平相差又相当悬殊,如果像 GATT 货物贸易中那样适用国民待遇,对进入本国市场的外国服务提供者和服务从一开始就一律同等适用国内法规,会对本国处于劣势的

---

[1]　Chaudhuri, Auditya Mattoo, Richard Self, "*Moving People to Deliver Services: How Can the Help?*", Journal of World Trade, Vol. 38 No. 3 June 2004, p. 9.

服务企业产生巨大冲击。实际上,不经过多轮谈判,从一开始就把国民待遇在服务贸易中当作普遍义务来适用,就相当于在货物贸易中从一开始就实行零关税,这显然是不现实的。因此,GATS 将国民待遇规定为具体承诺的内容,以谈判的结果为基础。

GATS 第 17 条第 1 款是关于国民待遇的规定:即(1)每一成员方应在其承担义务承诺表所列的部门或分部门中,依据表内所述的各种条件和资格,给予其他成员方的服务和服务提供者的待遇,就影响服务提供的所有规定来说,不应低于给予其本国相同的服务和服务提供者;①(2)一成员方可通过给予其他任一成员方的服务或服务提供者,与给予己方相同服务或服务提供者形式上相同或不同的待遇,来达到本条第一款规定的要求;(3)如果一成员方修改其服务和服务提供者的竞争条件,以有利于他自己的服务和服务提供者,则形式上相同或形式上不同的待遇应被认为对其他成员方的同类服务或服务提供者不利。

《服务贸易总协定》(GATS)中的国民待遇无疑是借鉴了《关税与贸易总协定》(GATT)中的规定。但分析《服务贸易总协定》中的国民待遇条款就会发现,两者是有着较大的差异的。具体表现在:第一,在《服务贸易总协定》中,国民待遇是作为各缔约方的一项具体义务而非一般义务规定的。这一点与市场准入义务是相同的。但在《关税与贸易总协定》中,国民待遇却是作为一项基本原则来规定的,是各缔约方应遵守的一般义务,无论各缔约方是否将其列入关税减让表,只要另一缔约方的产品进入其国境,则必须

---

① 依据 GATS 条文的附带说明,本条下所谓承担特定义务,不应解释为要求任何成员方对外国相关的服务或服务提供者,因其本身的特性而形成的内在的竞争劣势进行补偿。

给予该产品国民待遇。相反,在《服务贸易总协定》中,如果一成员方没有将某一服务贸易部门列入承诺表或虽已列入承诺表但并未作出给予国民待遇的承诺,则该成员就可以不承担在该部门或分部门中给予其他成员的服务和服务提供者国民待遇的义务。

第二,在《关税与贸易总协定》中,国民待遇仅仅适用于产品而不适用于产品的提供者。但在《服务贸易总协定》中,国民待遇原则不但适用于服务,还适用于来自其他成员的服务提供者。即在《服务贸易总协定》中,国民待遇原则对服务提供者也是同样适用的。

第三,与《关税与贸易总协定》中的国民待遇原则相比,《服务贸易总协定》中的国民待遇标准是事实上的而非形式上的,即成员方给予外国服务和服务提供者的待遇可以在形式上不同于本国相同服务或服务提供者享受的待遇,但只要实际执行效果能够达到"竞争条件"平等就可以了。这是因为服务贸易不同于货物贸易,有时虽然形式相同,竞争却不平等;有时形式不同,而实质上反而符合市场竞争、机会均等的原则。例如在银行管理方面,对于在美国开业的外国银行分行的偿付能力,若完全按照与美国国内银行分行同样的标准审核,就会有问题,因为外国银行分行的偿付能力是其母国总行履行的,由美国进行监管事实上比较困难。因此,就偿付能力而言,给予外国银行在美分行以不同于美国银行分行的待遇就成了无可非议的事情了。

在 GATS 的各项义务中,市场准入和国民待遇是服务业开放的基础和核心,决定着一国服务业是否对外开放和怎样对外开放。市场准入和国民待遇在 GATS 中都作为各成员方具体承诺义务而与各个部门或分部门开放联系在一起,即都只适用于具体的部门或分部门。而且,市场准入和国民待遇都允许成员方做出保留,并以谈判方式逐步达到贸易自由化。市场准入主要涉及境外服务或服务提供者进入市场的条件,而国民待遇则是进入市场以后的待遇问题。服务贸易只能是以渐进的方式达到自由化,在这一过程中,WTO成员方如果因服务市场的开放而出现国内服务产业受到严重损害或严重损害威胁的紧急情况,可以对外国服务或服务提供者采取包括国民待遇限制在内的紧急保障措施。

国民待遇限制是指有利于本国服务提供者但歧视外国服务提供者的措施,包括为国内服务提供者提供成本优势,或增加外国服务提供者进入本国市场成本的措施。具体而言,包括对国内服务提供者进行补贴或政府采购上的倾斜以及对外国服务或服务提供者采取歧视性待遇等措施。

1. 补贴

国际贸易中的补贴是指一国政府在国际贸易中为增加某一产品的出口或限制某一产品的进口,而对某些行业或企业或其产品提供无偿的经济支持、扶助的行为。① 乌拉圭回合达成的《补贴与反补贴措施协议》(Agreement on Subsidies and Countervailing Measures)第一条规定,补贴是指一成员方政府或任何公共机构向"某些企业"(指一个企业或产业,或一组企业或产业)提供的财政资助或采取GATT1994第16条意义上的"任何形式的收入支持或价格支持及因此而授予的利益"。

在国际服务贸易中,基于采取保障措施的目的,对因服务进口增加而受到严重损害或严重损害威胁的国内服务业进行补贴是一项重要的救济措施。各国对于服务贸易的补贴措施较货物贸易形

---

① 李昌麒主编:《经济法学》,中国政法大学出版社1999年版,第497~502页。

式更多样、更复杂、更隐蔽,金额更大,并且许多涉及国内立法及政策措施。各成员所使用的补贴措施主要表现为税收鼓励等间接措施,而不是直接的现金补贴。这些补贴措施在旅游、运输、金融、能源、视听服务等方面都有体现。

在实践中,许多国家尤其是发达国家并不是在本国服务业遭受服务进口的严重损害或严重损害威胁时才给予补贴,而是在正常情况下就通过补贴来扶持本国的服务业,使其具备强大的国际竞争力。服务贸易的基础是服务业,服务贸易竞争力的源泉来自于服务业。只有拥有发达的服务业,才会拥有强大的服务贸易竞争力。在服务贸易自由化中,发达国家之所以可以获得较多的利益,一个主要原因就是发达国家拥有强大的国内服务业和具有垄断实力的服务企业。对于发展中国家来说,要想在服务贸易中获得更大的利益,避免在服务贸易自由化过程中蒙受更大损失,最根本的还是要培养本国服务业的竞争能力。发展本国服务业一方面要促进传统服务业产业升级,另一方面要加快发展现代服务业。升级传统服务业和发展现代服务业都需要有大量的投入,尤其是发展现代服务业,不仅在资金方面,而且在技术和知识方面都需要有大量的投入。发展中国家应从战略产业发展考虑,采用生产补贴、政府采购等手段提高国内服务业的要素积累能力,促进服务业的技术进步,增强服务业的竞争能力。

为了规范对服务业的补贴行为,GATS 第 15 条对补贴问题作出了初步规定:"(1)成员认识到,在某种情况下,补贴可能会对服务贸易引起不正常的影响。为避免补贴对服务贸易的扭曲影响,成员应就制定必要的多边规则进行协商并提出适当的反补贴程序。协商应承认补贴对发展中国家发展计划的作用,并充分考虑成员特别是发展中国家成员在这一领域所需的灵活性。成员应互通其对国内服务提供商有关服务贸易所有补贴的信息,以便进行谈判。(2)任何成员如认为另一成员的补贴使其受到损害时,可就此事要求与该成员进行磋商,这种要求应给予同情并考虑。"GATS 虽然承认补贴会对服务贸易产生扭曲,但同时它又认为应承认补贴对发展中成员所起到的作用。在补贴问题上,GATS 规定,对于影响服务的补贴措施以及因补贴措施而采取的补救措施,则要继续进行谈判。与货物贸易一样,服务贸易的补贴条款也只能通过谈判逐步地完善。相应的,GATS 目前只是暂时规定了WTO 成员在受另一成员补贴措施的不利影响时,可以要求进行磋商,对磋商的要求,应该给予同情并考虑。从 GATS 的规定可看出,GATS 在一定程度上认可某些补贴存在的合理性,对于补贴纠纷明确要求对此进行谈判,不过这些都是在原则上做出的规定。对于作为紧急保障措施的补贴,GATS 并未涉及。

2. 政府采购

政府采购是指政府或其代理人作为消费者为其本身消费而不是为商业转售目的所进行的采购行为。政府被称为"最大的消费者",目前,国际上政府采购支出一般占一国 GDP 的 10%,美国联邦政府每年采购的规模约为 2000 亿美元;欧盟成员的政府采购金额占到其 GDP 的 15%。对于发展中国家、尤其是行政权力对经济运行产生较大影响甚至由政府在很大程度上推动经济运行的发展中国家来说,政府支出也占有很高的比重。政府采购这一公共政策不仅成为节约政府支出、增加政府支出透明度、改善政府运行效率的途径,也成为对经济发展与运行施加影响的重要政策手段。政府采购在对经济发展与运行施加影响的同时,也可以作为维护国家产业安全、救济国内受损害产业的有力手段予以运用。各国出于保护本国产业发展的目的,使得政府采购政策成为国际贸易中限制进口的重要措施之一,且其歧视性愈演愈烈。

在通常情况下,政府采购一般要强调通过竞争使政府采购品获得较低的价格,效率优先。但是,在服务领域,当服务进口的迅速增加而对国内服务产业造成严重损害或严重威胁时,就必须运用政府采购对国内服务产业进行保护,就不能不相对限制对服务的采购范围,对国内服务或服务提供者进行倾斜。这虽然会在某种程度上丧失市场效率,但对国家的经济安全、产业安全而言则是至关重要的。政府可以通过政府采购政策,为国内服务产业、服务提供者提供足够的市场空间,逐步培育服务产业、服务提供者的市场竞争能力,从而从整体上增强其抵御外部冲击的能力,提高国际竞争力。

3. 歧视性待遇

在国际服务贸易中,对一方的优惠或倾斜就意味着对另一方的歧视,容易造成对贸易的扭曲。这在正常贸易环境中是不可取的,也是为国际规则(包括 WTO 规则)所禁止的。但在采取紧急保障措施的场合,作为对国民待遇的限制,对外国服务或服务提供者采取歧视性待遇则是不得已而为之的一项措施。

歧视性待遇体现在服务领域的许多方面,比如税收歧视、价格歧视、歧视性的技术标准、不承认外国颁发的教育证书等资格证书等。

事实上,有些国家并不是在采取保障措施的特定场合就已经对外国服务或服务提供者施加歧视性待遇。比如,美国规定外国服务提供者必须交纳社会保障费和其他税金,而且除非其母国和美国之间达成了某项协议,否则他们不能享受到母国给予他们的税收减免。日本相关法规规定,中资企业派出的到日本提供服务的员工应在日本办理社会保险,加入厚生年金,而不顾中资企业派出人员已在国内办理了相关社会保险及养老金手续。双重社会保险及养老金降低了我国劳动力的成本优势。

第二节　紧急保障措施在不同服务
提供模式下的实施

一、紧急保障措施在跨境提供模式下的实施

所谓"跨境提供"(Cross-border Supply),是指由《服务贸易总协定》所规定的四种服务提供方式之一,即"自一成员境内向任何其他成员境内提供服务",也就是一成员国服务提供者向另一成员国提供跨越国境的服务,如国际运输服务、国际电信服务以及通过计算机联网等手段实现的信息咨询服务等。

在传统意义上,外国服务提供者通过跨境提供的方式提供服务主要是在通信和运输等领域。现在,随着计算机和国际互联网(internet)的快速发展,通过电子商务形式提供跨境服务的范围越来越广泛。比如,传统上只能通过海关运输的软件与传媒产品如书籍、计算机软件、音乐、电影、电视、录像带等现在可制作成数字产品通过网络实现跨境提供的服务贸易,从而传统上属于货物贸易的产品在电子商务下有可能被划入服务贸易的范畴,扩大了贸易服务的范围。同时,传统上必须通过其他提供方式完成的服务贸易,现在也可以通过跨境提供方式便捷快速地实现。如远程教育、远程医疗等。其中,教育服务贸易传统上须通过留学生流动至受教育国家(消费者移动)或国外教师流动到本国(自然人移动)来完成,而远程教育模式的出现使得教育服务贸易可通过跨境提供方式实现。当然,这里的"教育服务贸易"是一个有争议的概念,因为各国对于教育本身是否具有"可贸易性"这一问题一直存

有较大的争议。为了最大限度地避免"教育服务贸易"可能引起的争议,2003 年 11 月由 OECD 和挪威教育部共同举办的第二届教育服务贸易论坛开始用"跨境教育"概念取代教育服务贸易概念。而 2004 年 10 月在悉尼召开的第三届 OECD"教育服务贸易论坛",更广泛使用了"教育跨境提供"(cross-border provision of education)的概念来减少各方的分歧。各国普遍承认,教育跨境提供,尤其是高等教育跨境提供,不仅以多种形式存在而且飞速发展,任何一个国家不再可能是本国教育唯一的提供者,教育尤其是高等教育的发展与政策也不再是教育自身所能左右的。各国越来越重视和利用 WTO 规则和服务贸易自由化政策,从而为实现本国高等教育的发展目标和利益服务。

通过跨境提供方式提供的国外服务不仅包括教育、医疗,最近这些年还出现了跨境提供的赌博和博彩服务。WTO 争端解决机构(DSB)新近审理结案的"美国——影响赌博和博彩服务的跨境提供的措施案"(United States-Measures affecting the cross-border supply of gambling and betting services,以下称安提瓜诉美国"赌博案")①,对于我们把握跨境提供这种服务模式及对它的有效监管和安全保障问题具有非常重要的意义。

安提瓜岛与巴布达岛(以下简称安提瓜)是位于加勒比海地区的一个岛国,国土面积 442 平方公里,人口 7.1 万人。安提瓜的经济支柱原为旅游业,由于旅游业会受到飓风等自然灾害的严重影响,近 10 年来,安提瓜着力促进其他类型经济的发展。

网络赌博是近 10 年来兴起的一种通过互联网在虚拟环境中进行赌博活动、具有较高科技含量的新的赌博方式。安提瓜通过发展

---

① WT/DS285。

基础设施、简化审批手续等方式吸引了一批提供网络赌博服务的公司在安提瓜注册经营。1999 年,有 119 个网络赌博公司在安提瓜经营,其就业人数达到 3000 人。同年,安提瓜政府收取的年度许可证费超过 740 万美元,相当于这个国家的国内生产总值的 10%。①

　　然而,有关资料表明,网络赌博往往与洗钱犯罪、有组织犯罪等相关联,并对青少年成长构成严重威胁。因此,包括美国在内的许多国家对网络赌博持坚决反对和打击的立场。然而,网络赌博是没有边界的,有些在美国因受到严格管制而经营困难的网络赌博公司,干脆在一些扶持网络赌博的国家重新开张。虽然美国在国内封杀了网络赌博,但不能阻止网络赌博公司在其他扶持网络赌博的国家注册并架设服务器,源源不断地向美国网上赌民提供赌博服务。例如,一个名叫杰伊·科恩的人就在安提瓜创建了一家"世界体育交易公司",向美国境内提供网络赌博服务,其注册用户上万,交易资金数量巨大。境外网络赌博渗入美国市场,一方面抢走了美国传统赌博产业的相当一部分客源和收入,另一方面也增加了对防止和打击洗钱犯罪和有组织犯罪的难度。于是,近年来,美国政府一方面敦促有关国家强化对赌博产业的管理力度,另一方面加大了对境外网络赌博公司的打击力度。2000 年,美国一家法院经过审理,以违反 1961 年《有线通讯法》为由判处杰伊·科恩 21 个月的监禁。② 2003 年,美国众议院通过一项《禁止

①　James D. Thayer, *The Trade of Cross-border Gabling and Betting The WTO Dispute between Antigua and the United States* Duke Law & Technology Review, Vol (2004), No. 5 pp. 13~24.

②　Joost Pauwelyn, WTO Condemnation of U. S Ban on Internet Gambling Pits Free Trade against Moral Values, ASIL Insight. November 2004. 美国国际法协会网站,网址 www. asil. org.

非法赌博交易法》对网络赌博活动加以限制,特别是限制美国网
民使用信用卡和通过银行账户向国外赌博网站支付赌金。这使安
提瓜一度繁荣的网络赌博服务产业日渐衰落。其赌博公司的数量
和就业人数都大幅度减少,政府收入也相应锐减。

　　2003 年 3 月,安提瓜在 WTO 争端解决机构(DSB)对美国起
诉。专家组经过对该案的认真审理做成了专家组报告,并于 2004
年 11 月公布传阅。2005 年 1 月,美国和安提瓜均对专家组报告
提出上诉,案件随后进入上诉阶段。2005 年 4 月 7 日,上诉机构
对该案进行终裁,判定美国违反了 GATS 第 16 条第 1 款(市场准
入)和第 16 条第 2 款(禁止采取的市场准入限制措施)。2005 年
4 月 20 日,争端解决机构(DSB)通过了上诉机构报告和经修改的
专家组报告。在 DSB 通过本案上诉机构报告和经修改的专家组
报告后,美国和安提瓜并未达成执行协议,也未就执行 DSB 裁定
的"合理期间"达成共识。2005 年 6 月 20 日,安提瓜根据 DSU 第
21 条第 3 款(c)项的规定,要求 WTO 成立仲裁庭,对美国执行
DSB 裁定的合理期间进行仲裁。6 月 30 日,WTO 总干事任命了
一位独任仲裁员对美国执行 DSB 裁定的合理期间进行仲裁。①
2007 年 5 月 22 日,DSB 正式通过了执行报告。这样,历时 4 年多
的安提瓜诉美国"赌博案"的诉争宣告结束。但是,美国明确表示
将不执行争端解决机构的裁决,而将采取争端解决机制历史上从
未采用过的程序——修改 GATS 下减让表承诺——"彻底解决争
端"。美国现已正式通知 WTO 其修改意向,这样该案不仅成为
WTO 争端解决机制历史上第一个诉诸上诉机构的 GATS 案,也会
成为执行最复杂的案件。

　　① See WTO, WT/DS285/12. 5 July 2005.

本案所要解决的主要争议是,美国的具体承诺表是否对赌博服务的跨境提供做出了市场准入承诺? 如果是,美国是否遵守了这一承诺? 如果没有遵守,美国是否可以援引一般例外条款为其免责? 所涉及的主要法律问题包括对服务贸易具体承诺表、GATS第 16 条市场准入和第 14 条一般例外条款的解释等。

本案争议首先围绕着美国的具体承诺表的有关规定展开。在美国的服务贸易具体承诺表第 10 部门(休闲、文化和体育服务)中,列入了 10. A"休闲服务(包括剧院、现场乐队和马戏团服务)"、10. B"新闻代理服务"、10. C"文化服务包括图书馆、档案馆、博物馆等"和 10. D"除体育外的其他休闲服务"(other recreational services except sporting)等分部门。而且,美国对"除体育外的其他休闲服务"分部门的跨境提供写明"没有限制"。虽然在美国具体承诺表中,并没有明确写入"赌博服务",但是,对服务部门和分部门的描述,是依据联合国《核心产品分类》(以下简称 CPC)进行的。而在 CPC 中,"体育和其他休闲服务"中包括"赌博服务"。据此,专家组和上诉机构均认为,"美国具体承诺表第 10. D分部门包含对赌博服务的具体承诺"。其中,专家组运用《维也纳条约法公约》第 31 条和第 32 条所规定的条约解释方法,认定赌博服务属于第 10. D 分部门"其他休闲服务"且不属于"体育服务",从而得出了美国具体承诺表第 10. D 分部门中的"除体育外的其他休闲服务"包括赌博服务的具体承诺的结论。又由于美国在其具体承诺表中对"其他休闲服务"的跨境提供模式的市场准入,写明"没有限制",所以,专家组认定,美国对赌博服务的跨境提供的市场准入,做出了完全承诺。值得注意的是,根据 WTO 所适用的"技术中立"原则,专家组认为 GATS 下的模式 1 包含自一成员领土向任何其他成员领土提供服务的任何可能的方式。因此,模式

1 的市场准入承诺意味着其他成员的服务提供者通过所有交付方式（即包括邮件、电话、互联网或其他方式）提供服务的权利，除非在有关成员的具体承诺表中另行规定。上诉机构的最终结论和专家组的结论一样，即"美国具体承诺表第 10. D 分部门包含对赌博服务的具体承诺"，而上诉机构做出这一结论，也是参照 CPC 而得出。

　　既然美国的具体承诺表包括了对"赌博服务"的完全承诺，那么美国有没有违反 GATS 第 16 条项下的市场准入的义务呢？在这一问题上，美国并没有颁布和实施相关法律、法规或行政命令，直接限制或禁止通过互联网向美国境内跨境提供赌博服务的外国赌博服务提供者的数量或服务的总量，而只是通过有线通讯法、旅游法和非法赌博交易法等 3 项联邦法律和相关各州的法律，造成了限制或禁止外国赌博服务提供者通过互联网向美国境内提供赌博服务的"结果"（effect）。因此，专家组认为："对一种、几种或所有跨境提供方式的禁止，是一项属于 GATS 第 16 条第 2 款第 1 项意义上的，以数量配额的方式对服务提供者的数量的限制，因为其完全阻止了服务提供者使用服务模式 1（跨境提供）中的一种、几种或全部提供方式。"①在解释 GATS 第 16 条第 2 款第 3 项时，专家组认为，在该条款中所指的限制可能是：(1)以指定的数字单位形式；(2)以配额的形式；或(3)以经济需求测试要求的形式。专家组认定，美国的有关措施禁止特定服务的提供，有效地将与该服务有关的服务提供者的数量和服务业务总数"限制为 0"，因而导致"零配额"，并因此构成了 GATS 第 16 条第 2 款第 1 项意义上的"以数量配额的形式对服务提供者的数量的限制"和 GATS 第 16

---

① US—Gambling Panel Report, paragraphs 6 ~ 338。

条第 2 款第 3 项意义上的"以配额形式对服务业务总数和服务产出总量的限制"。① 专家组因此认定,美国的相关 3 项联邦法律和 8 项州法律,与 GATS 第 16 条不符。对此问题,上诉机构支持专家组的结论,即"由于维持有线通讯法、旅游法和非法赌博交易法,美国违反了 GATS 第 16 条第 1 款和第 16 条第 2 款"。但是,上诉机构认为,安提瓜未能对美国相关州法律违反 GATS 上述条款提供表面确凿的证据,因此推翻了专家组关于美国州法违反 GATS 的结论。②

在讼争过程中,美国也曾援引 GATS 第 14 条(一般例外条款)中的(a)款和(c)款为其相关措施免责。③ 专家组认为,要成功援用 GATS 第 14 条,特别是要成功援用 GATS 第 14 条(a)款"为保护公共道德或维持公共秩序所必需的"为违反 GATS 实体义务的措施免责,必须同时符合下列条件:(1)有关措施是为了保护公共道德或维持公共秩序;(2)该措施是为了实现上述政策目标所必需的;(3)同时符合前两个条件后,还要满足第 14 条前言的要求。美国未能证明其有关措施符合 GATS 第 14 条(a)款和(c)款的例外规定,也未能证明其符合第 14 条的前言,因而不能依据第 14 条

① US—Gambling Panel Report, paragraphs 6 ~ 338, and US—Gambling Panel Report, paragraphs 6 ~ 355。

② US—Gambling Appellate Body Report, paragraphs 149~155, paragraphs 257~265。

③ GATS 第 14 条"一般例外"规定:在情况相同的各成员方实施的措施,不构成武断的和不公正的歧视或不构成对国际服务贸易的变相限制的情况下,本协定的规定不得解释为阻止任何成员方采用或实施以下措施:(a)为保护公共道德或维持公共秩序所必需的保护;(b)对人类、牲畜或植物的生命和健康进行必要的保护;(c)谋求与本协定不相抵触的法律或规定的需要,包括与下述有关的:(i)防止瞒骗和欺诈的习惯做法或处理不履行服务合同的结果;(ii)保护、处理个人资料中有关个人隐私的部分,保护个人记录和账户的秘密;(iii)安全问题。

免责。上诉机构则着力考察了美国要实现的社会安全等公共政策目标,从有关措施实现美国的相关公共政策目标的"可行性"与"有效性"入手来审查"必要性"要求,最后认定美国的相关措施符合第14条(a)款,而且在大多数事项上也符合第14条前言。但上诉机构之所以最终裁定美国败诉,是因为美国未能证明,对于《州际赛马法》及其3项联邦法律(有线通讯法、旅游法和非法赌博交易法)以与第14条前言的要求的方式实施,即对通过电话、传真或互联网等方式提供赛马赌博服务的禁止措施,既适用于外国也适用于本国的赌博服务商。

　　本案是WTO审理的第一个涉及通过互联网以跨境提供方式提供服务的服务贸易争端案件,将对GATS框架下处理服务贸易争端的相关法律制度产生重要影响。信息技术和互联网的发展为跨境提供服务模式的增长提供了广泛空间。互联网本身具有的开放性、无地域限制、低成本、高效率等特征,使得跨境提供在很大程度上丰富了传统的服务贸易模式,同时也对各国调整服务贸易关系的法律制度提出了严峻的挑战。在本案中,WTO争端解决机构将GATS的相关规则适用于以互联网方式提供的服务。这表明,在GATS框架下,各成员影响服务贸易的措施涵盖以互联网方式提供的服务,而所有的GATS规则,都可能适用于通过互联网提供的服务。这就可能导致GATS规则会涵盖与新的电子跨境提供方式相关的、但未列入成员的原有承诺计划中的服务,而随着越来越多的服务通过电子跨境提供,各成员将发现其市场准入的承诺会大大超出其原来承诺计划的范围。这会不会增加成员的义务而引起履行的困难并进而招致不满和抵制?

　　从本案看,在美国援引一般例外来阻止安提瓜跨境提供赌博服务失败的情况下,如果有紧急保障措施可供援引,将会是一种不错的选择。一方面,GATS 规则会涵盖与新的电子跨境提供方式相关的、但未列入成员的原有承诺计划中的服务(本案中的通过互联网跨境提供赌博服务)是美国因承担 GATS 义务而引起的未预见的发展(unforeseen developments),这种未预见发展不仅造成美国国内产业的严重损害(抢走了美国传统赌博产业的相当一部分客源和收入),而且由于网络赌博往往与洗钱犯罪、有组织犯罪等相关联,国外跨境提供的网络赌博增加了防止和打击洗钱犯罪和有组织犯罪的难度并对青少年健康成长构成严重威胁。在这种情况下,美国对安提瓜跨境提供的网络赌博服务采取数量配额方式对服务提供者的数量进行限制或以"零配额"方式完全阻止服务提供者使用服务模式1(跨境提供)中的一种、几种或全部提供方式就是正当之举。

跨境提供的服务模式既体现在传统的国际航空与海运服务、通讯服务等领域,同时也体现在以计算机和国际互联网为媒介的新的电子跨境提供领域,这一领域由于可以将传统的教育、医疗、赌博等服务以及软件与传媒产品的提供集于一身,显现出强大的发展势头。对于跨境提供采取保障措施应以采取市场准入的限制措施为主、以采取国民待遇的限制措施为辅。一方面,如果外国服务提供者以跨境提供的方式大量提供外国服务,导致一国服务进口猛增,对国内同类服务造成严重损害威胁时,就可以采取数量配额方式对外国服务提供者或其服务数量进行限制;如果外国服务进口的大量增加导致国内同类服务的严重损害时,则以"零配额"方式完全阻止外国服务提供者使用服务模式1(跨境提供)中的一种、几种或全部提供方式,以实现对国内产业的有效保护。另一方面,以计算机和国际互联网为媒介的新的电子跨境提供在一定程度上代表着服务模式1(跨境提供)的发展方向,因此,通过政府补贴等方式增强国内服务产业运用电子跨境提供方式的能力,以有效展开与外国服务提供商的竞争,也是不可忽略的重要措施。

二、紧急保障措施在境外消费模式下的实施

境外消费(consumption abroad),是指一成员在其领土内向任何其他成员的服务消费者提供服务,即消费者离开其本国领土并在另一国接受该国服务提供者所提供的服务,如出境旅游、留学、就医等。在境外消费模式下,服务提供者和服务产品不跨境,只有服务消费者跨境,该种服务的进口实际上发生于出口方的市场,进口国不可能对服务和服务提供者进行直接管理和限制,只能通过对本国服务消费者的限制来进行相应管理。

出国留学是传统意义上进行境外消费的主要方式之一,也是近年来我国消费者尤其是青年学生颇为青睐的境外消费方式。在激烈的国际教育服务贸易竞争中,各教育服务贸易大国都非常看好中国供不应求的高等教育市场,他们通过举办外国高校推介会、外国高等教育展览会等方式纷纷抢滩中国高等教育市场,在一定程度上导致我国大量的人才、资金外流,使我国高等教育服务贸易出现较为严重的逆差。

一方面,我国高等教育出口(外国学生来我国留学,进行境外消费)存在较多问题。一是我国高等教育在境外消费模式下服务出口的规模小。近些年来华留学生数目增长迅速,然而我国出口的教育服务规模与我国庞大的高等教育体系是极不相称的,而且与一些发达国家相比还存在着很大的差距。接收留学生人数占高等教育机构在校人数比例,美国 1999 年为 6.6%,英国 2000 年为 18.1%,澳大利亚 2000 年为 14.8%。我国 2003 年留学生人数是 77715 人,高等院校在读学生人数为 1700 多万,留学生人数占全

部高校在籍人数的比例为 0.46%，与高等教育发达国家相比，这个数字显得非常微不足道。尽管我国的留学生数量增长比较快，但留学生人数占本国学生人数比例偏小，境外消费高等教育服务国际化程度偏低，整体教育服务发展不平衡。二是我国高等教育在境外消费模式下的服务出口对象单一。我国高等教育服务贸易境外消费出口主要集中于亚洲，随后依次是欧洲、美洲、非洲和大洋洲。也就是说，我国接受的留学生主要来自亚洲各国，而来自其他国家尤其是西方发达国家的留学生占的比例则很小，这种留学生的构成格局对于我国发展国际性的高等教育境外消费服务贸易是一个很大的障碍。三是我国高等教育在境外消费模式下的服务出口结构不合理。我国高等教育境外消费服务出口结构不合理具体表现在以下两个方面：（1）在学生类别方面，学历留学生比例小，而且层次低。近几年来，来华留学生中攻读学位的留学生占到一定比例，且分布于专、本、硕、博不同的学历层次，但与其他国家，如美国、日本、澳大利亚等国家的外国留学生以学历留学生为主，学历留学生是留学生的主体的状况相比，我们还有很大的差距。而且，在学历留学生各不同层次中，国外学者在我国进行博士后研究的几乎没有。（2）在学科类别方面，我国教育出口专业单一，其中主要集中在中文和中医等传统学科。而理工科的留学生占学生总数的比例远远小于文科留学生的比例，这与教育服务贸易发达国家留学生的比例构成状况正好相反。

　　另一方面，我国高等教育进口（我国学生出国留学，进行境外消费）规模较大，与较小的出口规模相比较，出现明显逆差。根据国家留学基金管理委员会的统计数据，2001 年各类出国留学人数为 8.4 万人，来华留学人数为 6.19 万人，2003 年出国留学 11.73 万人，来华留学 7.77 万人，逆差有扩大的趋势。我国高等教育逆差不久表现为"人数逆差",而且表现为"收入逆差",即由不利的贸易条件所引起的收入大大少于支出。从留学生学费水平看,我国赴外留学生的学费要大大高于来华留学生学费。例如,我国的一些一流大学,如清华、北大、中科大,本科留学生学费定在 3000 美元左右,而英国和澳大利亚的一些本科质量不如中国上述学校的大学,学费价格在 6000—10000 英镑左右,大大高于我国高校。以学费加上生活费计算,来华留学人员按每人每年在中国花费为 8500 美元左右,出国留学人员花费按每人每年 2.06 万美元,这样,2001 年我国境外消费教育服务贸易出口额为 5.26 亿美元,进口额为 17.3 亿美元,逆差额为 12.04 亿美元;2003 年出口额为 6.61 亿美元,进口额为 24.17 亿美元,逆差额为 17.56 亿美元;2004 年出口额为 9.42 亿美元,进口额为 23.62 亿美元,逆差额为 14.2 亿美元。由此可见,近年来我国一直保持巨额的国际教育服务逆差,这与我国高等教育在校生规模居世界第一的教育大国、居世界第四的国际贸易大国的地位极不相称。

　　尽管逆差较大,但在一般情况下,高等教育服务进口的增加还不至于对国内高等教育服务提供者——国内高校造成严重损害或严重损害的威胁。不容忽视的是,如果高等教育服务进口进一步急速增加,国内资金和优秀人才进一步外流,最终势必造成对国内高校的严重损害或严重损害的威胁,在这种情况下,就有对高等教育境外消费采取保障措施的必要。对境外消费采取保障措施的类型主要是数量限制,如对出国留学者的护照进行配额发放,对其可带出境的外汇数量予以限制等等。通过这些方式,出国留学人员的数量可得到有效控制,境外消费模式下的高等教育服务进口就可得以减少,国内高等教育服务提供者可受到一定程度的保护。

三、紧急保障措施在商业存在模式下的实施

商业存在(commercial presence)是由《服务贸易总协定》所规定的四种服务提供方式中的模式3,即由一成员方的服务提供者通过在另一成员方境内设立的商业或专业性营业机构提供服务,包括"为了提供服务的目的,在另一成员方境内组建、收购或维持一个法人,或建立、维持一个分支机构或代表处"①。商业存在为服务提供者和消费者提供了实际接触的机会,是外国服务提供者打入东道国市场最为有力的方式。在许多服务业部门,如金融业,以商业存在方式提供的跨国服务为数最多、规模最大,并呈现出进一步发展的潜力。就东道国方面而言,通过外国服务行业在本国以商业存在方式进行的直接投资,正如同在制造业或农业引进外国直接投资给东道国带来的利益多于直接进口货物一样,对服务行业的外国直接投资比起直接从外国境内向其出口的服务(即跨境提供,cross-border supply)更受东道国的欢迎,因为前者更便于东道国进行管理和监督,同时也更能促进东道国服务业的发展和水平的提高。各国在服务贸易谈判中的承诺开价本是按服务提供的四种不同方式开出,其中各国包括发展中国家承诺义务最多的一种方式即是商业存在方式。②

通过在服务业跨国投资设立商业存在,是资本国际流动的一种基本方式。资本的渗透力和影响力都非常强大,其所影响范围不仅局限于经济领域,还影响到政治、经济和文化等各个领域;其

---

① GATS 第 28 条(d)项。
② 皮埃尔·索维:"乌拉圭回合最终法案有关投资的规定初探",载《世界贸易杂志》1994 年第 5 期。

影响深度也不仅停留在利益上面,甚至还会影响到人的思维方式和价值观等等。但这些影响基本上都是间接的,直接的影响主要是对产业的影响。资本以追求最大利润为目标,天生具有建设性和破坏性,常被比喻为天使和魔鬼的两张脸,因而对产业的影响也表现为两方面,即有利的一面和不利的一面。从有利的方面看,外资设立的商业存在对东道国服务业发展起到不可替代的积极作用,它不但缓解了东道国服务业发展资金不足的问题,而且在管理、技术、市场开拓等方面,都大大推动了东道国和国际市场的接轨,使东道国服务业的国际化程度不断得到提高。外资设立的商业存在不仅解决了东道国大量的就业,而且从组织生产到市场开拓到产品销售等环节的具体做法,给东道国内资企业提供了参考和借鉴的经验,在一定程度上发挥了示范、带动作用。

当然,外资的进入、商业存在的设立加剧了服务企业间的竞争,不可避免地对内资服务企业形成冲击。站在国内服务企业的角度来看问题,外资商业存在的破坏性影响是客观存在的。特别是从某一特定时期来看,如果在该时期内,外资商业存在大量设立,就会使很多内资服务企业面临巨大压力和困难,甚至倒闭、破产。就我国的情况看,国务院发展研究中心国际技术经济研究所张士铨研究员认为:"外资控制了我国相当一部分战略产业和战略资源,客观上挤压了本土企业的发展,凭借技术、管理和规模优势使本土企业在竞争上更加不平等,甚至丧失发展机遇。"①如果外资商业存在的设立引发国内服务企业大量倒闭、破产,并由此引起社会动荡的话,这种动荡就构成了对国家经济安全的威胁,在这

---

① 张士铨:"国家经济安全研究的整体思考",载《国际技术经济研究》2003年第3期。

种情况下,就需要对服务领域的外资商业存在采取保障措施。

对外资商业存在采取保障措施,首先是进行市场准入的限制,根据不同情况分别或综合采取许可证、配额、领域限制、地域限制、股权限制、经营范围限制、主体资格限制、企业形式限制等措施。在采取紧急保障措施的时期,服务领域的外国投资者要想获得开业权,必须获得行政主管部门的许可。国家专门机关负责对外国公司发放许可证,审查外国公司是否符合法律法规中的限制性条件。根据有关国家的经验,许可证可进行限量发放,并且规定其有效期,即使在有效期内,当国内产业受到严重损害或严重损害威胁时或为了实施法律的目的,外商设立的服务企业已经取得的许可或执照也会被取消或收回。

在采取紧急保障措施的过程中,对设立商业存在的外国服务提供者进行股权比例、经营范围、地域范围等方面的限制也是常见的数量限制方式。在股权比例的限制方面,出于防止本国一些重要的服务部门被外资所控制并进而危及国家产业安全的考虑,对可能获准在本国服务业开业的外国企业,要求有本国人参股,甚至占有多数股权。通常情况下,根据服务部门的重要性程度,可将外方投资比例限制在49%以下。在经营范围的限制方面,国家可对外国服务提供者进入本国服务市场后的经营范围、业务规模等作出限制性规定,把外商投资服务业企业的业务限定在一定的范围之内,并进行严格的监管,不允许扩大,这在一定程度上可以防止外国服务提供者对国内同行业过大的冲击。在地域限制方面,对于允许外商新设立商业存在的服务部门,必须严格限制在首都和中心城市,对于已设立的商业存在则不允许再扩大到其他城市或地区。

对外商设立的商业存在,在采取紧急保障措施期间还可进行主体资格、企业法律形式方面的限制。在主体资格的要求方面,可对申请设立外商投资服务业的企业所需要具备的资质和条件进行严格限制,包括资本和资产总额的数量以及经营的记录、管理人员的素质、业务的重点以及在国际业界的地位与声誉等。在企业形式的限制方面,采取保障措施的国家可以允许外国服务提供者进入某些服务行业设立商业存在,但不能采用独资形式,而只能采用合资、合作、参股方式,并且外资只占有少数控股权,从而确保本国对该行业的控制。

对外资商业存在采取保障措施,除进行市场准入的限制外,还可以对外资商业存在进行国民待遇的限制。所谓对外资商业存在进行国民待遇限制是指采取有利于本国服务提供者但歧视外国服务提供者的措施,包括为国内服务提供者提供成本优势,或增加外国服务提供者进入本国市场成本的措施。为国内服务提供者提供成本优势包括对国内服务提供者进行补贴或政府采购上的倾斜。基于采取保障措施的目的,对因服务进口增加而受到严重损害或严重损害威胁的国内服务业进行补贴是一项重要的救济措施。所使用的补贴措施既包括直接的现金补贴,也包括税收减免等间接措施。通过补贴可以达到扶持本国服务企业或服务提供者、使其具备强大的国际竞争力的目的。运用政府采购对国内服务产业进行保护,也就是相对限制服务的采购范围,对国内服务或服务提供者进行倾斜。由于政府对商品或服务采购量特别巨大,在采取紧急保障措施时,政府对服务的采购只限定于国内的服务企业或服务提供者,不购买外国服务企业或服务提供者所提供的服务。政府通过政府采购政策,为国内服务产业、服务提供者提供足够的市场空间,逐步培育国内服务企业、服务提供者的市场竞争能力,从而从整体上增强其抵御外部冲击的能力,提高国际竞争力。当然,对一方的优惠或倾斜就意味着对另一方的歧视,这也是国民待遇限制的题中之义。在进行国民待遇限制时,外国服务企业或服务提供者所受到的歧视性待遇不仅仅体现在不能享有政府补贴和获得政府采购上,而且还可能面临税收歧视、价格歧视以及歧视性的技术标准等等。需要注意的是,国民待遇的限制一般只能在采取紧急保障措施时使用,当紧急保障措施实施期限结束,就不能再维持国民待遇的限制,否则采取保障措施的国家就有可能违反自己所承担的国际义务。而且,即使在采取紧急保障措施期间,随着国内产业的不断恢复和发展,可逐渐放宽限制,最后达到"国民待遇"的程度。

四、紧急保障措施在自然人流动模式下的实施

自然人流动(movement of natural persons),是指一成员的服务提供者通过在其他任何成员领土内的自然人存在提供服务,即服务提供者从一国流动到另一国,以自己或雇主的名义向服务消费者提供服务,如教师或技术人员到另一国提供服务。GATS《关于自然人流动的附件》中明确指出,GATS 适用的自然人包括两种,一种是"作为服务提供者的自然人",又称自营职业者;另一种是"服务提供者雇佣的自然人",包括在本国被雇佣,后被派往国外提供服务的自然人,以及在东道国被雇佣的自然人。

自然人流动作为服务贸易自由化的重要组成部分,在对 WTO各成员国服务业的发展发挥积极作用的同时,也带来了诸如就业、移民等方面的问题,各成员国基于不同的考虑,即使是在正常服务贸易的过程中也会对自然人流动进行一定限制,其主要原因在于:

第一,维持国内劳动力的就业水平。增加本国国民的就业机会,充分保护国内劳动力市场,维持一定的就业水平,对于维护一

国经济与政局的稳定具有直接的影响。因此,如果一国开放国内劳动力市场,放任外国移民工人的大量涌入,必定会挤占国内劳动者的就业岗位,带来不利影响。对于发展中国家来说,由于人口众多,就业压力大,如果放任外国自然人来本国提供服务,必定会使原本严峻的就业难题雪上加霜,加剧因就业困难所带来的社会问题。对于发达国家来说,虽然不像发展中国家那样存在因人口众多而带来的普遍的就业难问题,但是,发展中国家的廉价劳动力必定会给工业化国家某些产业部门的就业人员造成巨大压力,减少当地国民的就业机会,这些产业的就业人员必定会联合起来劝说政府阻止发展中国家廉价劳动力的大量涌入。

第二,限制外国服务的输入,以减少因此而带来的消极影响。自然人流动是一种国际服务贸易方式,与商业存在、境外消费、跨境提供有着密切的联系,涉及若干服务项目。一国提高自然人流动自由化程度,可以增加其他国家以自然人流动或其他服务贸易方式向该国进行的国际服务贸易出口。外国服务不加限制的进口可能会危及输入国的主权和安全,导致国际收支失衡,对民族文化、社会道德和社会利益造成负面影响,因此,各国纷纷通过制定法律、法规或采取行政措施控制服务进口,而对自然人流动的限制成为阻挡外国服务输入的手段。

第三,防止可能由此引发的政治问题。外国自然人的大量流入必定会增加东道国管理上的难度,而且目前普遍存在着签证滥用现象,即获得短期签证者想方设法永久居留下去,私自将短期流动转变为移民的现象。各国对移民的限制通常是比较严格的,因为它不仅会给东道国带来经济问题,而且由于外来人口与当地人口文化上的差异和融合过程中的摩擦可能会引发政治问题。出于对签证的滥用及由此可能引起的政治问题的担心,某些国家在签证的签发上执行更严格的政策,这便给正常的自然人流动构筑了无形障碍。

第四,服务出口国也会在一定程度上限制本国服务人员的出口。从经济上考虑,主要是为了防止人才外流,特别是本国经济建设所需要的中高级人才的外流。如果一国完全放任本国服务提供者的跨国流动,对其出国提供服务的行为不加限制,那么在以价格为导向的国际劳务市场上,依据客观的经济规律,自然人必然会从收入低的地区与部门向收入高的地区与部门流动。发展中国家为培养高级人才耗费了大量的资金,但是其收入水平普遍低于发达国家,如果本国高级人才为了获得高收入而大量流向发达国家,这对人才紧缺的发展中国家来说,无疑是一大损失。为此,发展中国家会通过大力发展经济、改善本国就业环境的方式留住人才,但是,这是一个长期的过程。在短期内,一国可通过采取一些鼓励、优惠措施吸引人才回流,或直接采取限制措施阻止人才流出。

如果在服务贸易自由化过程中,一国的服务进口量猛增,对国内服务产业造成严重损害或严重损害威胁,就需要对服务进口采取紧急保障措施,而在自然人流动领域的保障措施就包括了市场准入限制和国民待遇限制两大类。

（一）市场准入限制

1. 对服务提供者的数量限制或配额

实施紧急保障措施的国家可规定外国人在全体就业人数中的比例或外国人在服务企业高级职位人员的比例,以此来对入境的服务提供者的数量进行限制。由于外国自然人流动大部分是以受雇于企业的方式存在,因此,可在服务企业中实施适用于外国自然人的高级员工配额或工资配额等参数配额。超过规定的配额,就不允许雇佣外国员工。

2. 经济需求测试(Economic Needs Tests,ENT)

经济需求测试即要求来本国提供服务的自然人必须是经本国有关部门测试认定为本国经济发展所需要的、本国劳动力市场所不能提供的人,它已被证明是一种避免严重破坏国内劳动力市场的保护措施,也是阻碍外国竞争的一种重要手段,可在采取紧急保障措施时适用。经济需求测试既可适用于专家或受过高级培训的专业人员(如管理人员、主管),如欧盟的一些成员方主要出现在医疗、牙医和医院服务、娱乐服务以及金融服务部门等;也可适用于一般的劳务提供者,但 ENT 通常不适用于商务访问者和公司内部被调动人员等某些特定种类人员。① 由于 GATS 并没有形成经济需求测试相关标准的多边规则,成员方在采取紧急保障措施时要求经济需求测试在测试标准上具有很大的自主性,这在事实上限制了外国服务提供者的市场准入机会,很容易阻碍劳动力的自由流动,同样具有配额限制的作用。

3. 资质和许可要求

尽管 GATS 第 6 条(国内法规)第 4 款规定,专业资格和许可要求不应构成不必要的服务贸易壁垒,但在采取紧急保障措施时,资格和许可制度却在一定程度上构成有效的入境壁垒。一方面,成员方基于公共利益的考虑必须确保服务提供者在被允许提供专业性服务前已受过良好教育和培训;②另一方面,在采取紧急保障措施时基于对国内服务和服务提供者的保护,也需要通过对外国

① 参见:UNCTAD,"Lists of Economic Needs Tests in the CATS Schedules of Special Commitments", available at http://www.unctad.org.

② 金晓晨:"有效利用 GATS 解决国际服务贸易壁垒",载《中国青年政治学院学报》1999 年第 4 期。

服务提供者的资质和许可要求来达到对外国服务提供者流动人数的限制。因此,东道国通过在本国的移民法、有关部门的单行法规中作出规定,将准入的自然人限定在一定的类型和数量范围内,准许高级技术、管理人才进入,而对中、低级人才的进入予以阻挡;将准许自然人停留的期限规定在较短的时间内,以减少自然人长期停留给东道国带来的不利影响;同时,还设置一系列的资格和许可要求,如要求来本国提供服务的自然人必须具备一定的专业资格,取得一定的专业证书,处于一定的管理阶层,服务于具有一定规模的、指定类型的机构等,以实现在紧急保障措施期间限制自然人入境的目的。

4. 预先就业要求

"预先就业要求"是指自然人在流动前必须已经就业,它既是在正常服务贸易中一种重要的限制自然人进入的标准(在 GATS 中有 100 多个成员方在承诺表中提及此措施,超过了数量配额和经济需求测试),同时也是在采取紧急保障措施时可资利用的自然人流动的限制措施,其作用在于限制大量临时的个体服务提供者的流动。"预先就业要求"一般涉及服务业公司内部人员流动,通常要求服务提供者预先就业的时间为 1 年或 1 年以上。

5. 颁发签证和工作许可证

自然人只有得到进入东道国的签证才最终可能跨境,真实地"存在"于东道国以提供服务。在采取紧急保障措施的情况下,东道国可利用签证的签发和签证制度本身的弊端均可实现有目的性地阻挡自然人流动的目的。具体表现在:(1)规定签证的配额。采取紧急保障措施的国家可通过对签证的签发实行配额制的方式,对每年签发的签证进行数量限制,从而限制进入该国提供服务的自然人的数量。譬如,美国就对自然人流动有关的签证作出了复杂的规定,不同签证适用于不同类型的人。其中,B1 签证适用于暂时性商务访问人员,H1B 签证适用于专业职业人员,H1C 签证适用于注册护士,H2B 签证适用于暂时性非农业劳工,H3 签证适用于受训人员等等。① 这些复杂的签证往往还要受配额限制,如 H1B(专业职业人员)签证每年配额为 195000 个,H1C(注册护士)签证为 500 个,H2B(暂时性非农业劳工)签证为 66000 个,这种受到签证配额制度保护的劳动力市场在一定程度上阻碍了自然人流动所带来的竞争。(2)签发签证迟延。为了阻挡其他国家自然人进入,有些国家的签证申请程序拖沓冗长(在强调时间观念的专业性服务领域尤其如此),移民机构并不规定签发签证或拒签的具体期限,因此,往往拖延时间,不及时为申请人办理签证。有的国家仅颁发短期签证,续签非常耗时,或者要求只能从境外获得签证。如此一来就增加了服务提供者进入外国市场的直接和间接费用,从而使得外国服务提供者具有的成本优势下降。(3)签证的签发不透明、专断和具有歧视性。申请签证到底需要什么样的文件,各国之间并没有统一的标准,由签发签证的有关当局自由决定,而有关当局往往对签证的相关证件要求繁多,如护照原件、身份证复印件、工作许可文件、申请表,有的国家还需要银行担保甚至要求出生证明,而在一些国家,出生证明既非自动获得也非普遍要求,此时要让这些国家的自然人提交出生证明则显然对他们不利。而且,一国签证制度中常存在着主观标准,使得签证签发与否在很大程度上成为签证官依个人喜好和心情自由决定的事情。譬如,美国移民局在决定是否签发短期签证时,一个重要的审查依

---

① 〔美〕Aaditya Mattoo, Antonia Carzaniga 编:《人才流动与服务贸易自由化》,朱建明,韩燕译,中国财政经济出版社 2004 年版,第 94～97 页。

据便是看申请者是否有移民倾向,而这是很难以一个统一规范化的标准来衡量的,因此,移民官们便可依主观意愿自由决定,这必然产生极大的不确定性,使得申请人是否获得签证成为一桩机遇性较大的事情。同时,移民官们的主观意志中可能还夹杂着对某一类人或某一国人的歧视性偏见,使其利用手中的自由裁量权任意阻挡他们的入境。(4)利用签证制度本身的不完善。很多国家的签证制度不够完善,不能将所有现实国际服务贸易所需要的自然人流动纳入本国现有的签证制度予以调整、规范。尽管 GATS《有关自然人流动的附件》清楚地声明 GATS 不适用于影响寻求进入一成员方就业市场的自然人的措施,也不适用于有关公民资格、居留或永久性就业权的措施,但在实践中,各国的移民法律并没有对劳动力的永久性流动和服务提供者的临时流动的管理程序作出区分,因此服务提供者的临时流动就必须满足本不必要的、与永久性移民有关的严格条件和程序,因其产生的与签证和工作许可证颁发相关的事项就成为自然人流动的一种行政壁垒,这正是把劳动力移民与 GATS 的服务提供者有意地等同而导致的结果。

自然人流动除了需要办理签证外,还需要办理工作许可证。采取紧急保障措施的国家,需要对工作许可证进行严格审批甚至做经济需求测试,将获得居住许可证作为获取工作许可证的一个先决条件,并且规定不得以旅馆居住证明代替居住许可证(在执行 1 ~ 3 个月的短期任务时可提出此类要求)。即使对外发放工作许可证,也只能规定较短的工作期限,且不能多次往返,以限制劳务人员工作的持续性。

(二)国民待遇限制

1. 适用国内最低工资立法

国内最低工资立法的适用,通常还附有类似于工作条件、工作时间和社会保障的限制条件。然而,最低工资要求不属于 GATS 第 16 条第 2 款所列举的标准,也没有在法律或事实上对外国人造成歧视。但从另一方面来看,最低工资要求在采取紧急保障措施的情况下可能会剥夺在语言和其他相关的竞争因素方面处于劣势的外国服务提供者赖以与国内服务提供者进行有力竞争的最重要的经济参数(即工资),因此,最低工资要求是削弱劳务输出国成本优势的一种重要的限制条件。

2. 对享受社会保障福利或补贴的限制

采取紧急保障措施的国家可以对外国服务提供者享受东道国的社会保障福利和其他补贴的权利进行限制。临时停留的服务提供者一般会在东道国缴纳社会保障金,但他们却无法获得相应的社会保障福利或补贴,例如,他们不能享受东道国的医疗或养老保险、教育等福利性服务,也不能获得个人所得税的优惠待遇等,这是因为成员方规定的他们的停留期限远远短于他们可以获得上述利益所要求的最短期限。同时,外国服务提供者已缴纳的上述费用又不能退还,这就会增加外国服务提供者入境和提供服务的成本。如果他们同时也加入了母国的社会保障体系,则他们会陷入双重纳税的困境。

3. 歧视性待遇

在采取紧急保障措施的情况下,即使外国服务提供者获得了东道国市场准入的许可,他们在提供服务时仍然要受到许多歧视或限制,这些歧视性措施包括:(1)对有关外国服务提供者的住宅位置和住宅类型的生活条件和公民权利的限制;(2)限制自然人在国内地域间的移动及在不同的服务部门间的流动;(3)经常对外国服务提供者的汇款额加以限制,同时对他们的征税实行歧视政策;(4)对服务提供者的家庭成员流动的限制措施,即不允许外国服务提供者带配偶或其他家庭成员一同入境,或禁止其家庭成员享有工作权等。

第七章　建立与完善我国对外服务贸易保障措施制度

第一节　中国服务贸易保障措施的立法现状及存在的问题

一、我国保障措施立法的发展及现行法律、法规

20 世纪 80 年代之前,我国长期徘徊在多边贸易体制之外,既没有制订与国际接轨的保障措施法规的可能性,也没有这个必要。因为在过去,我们相对比较封闭,包括对外贸易制度在内的所有制度都具有鲜明的独立性和自主性,对国际惯例和规则没有正确的认识,也就没有与国际接轨的习惯和意识,因此我们不可能制订出与国际规则相一致的保障规则。20 世纪 80 年代以后,尽管我国开始实行对外开放政策,但毕竟当时还是国家控制的对外贸易,尤其是我们对进口控制很严,实行高关税和大量的非关税壁垒,几乎不可能出现进口大量增长以致危及国内产业的情况,即使此类情况出现,我们也可以随意采取进口限制措施,很轻松地消除产业损害,而不受任何多边贸易规则的制约,因此,在当时的情况下我们也没有制订此类保障规则的必要。

但是,随着我国对外开放的进一步发展,尤其是在 2001 年加入世界贸易组织(WTO)之后,情况就截然不同了。首先,入世后

我国要进一步扩大市场开放,减少政府对进出口的干预,其结果很可能会出现进口大量增长以致一些国内产业遭受严重损害的情形;其次,我国的贸易伙伴90%是WTO成员,今后,我国处理进口增长和产业损害的依据不再是国内的行政命令,而是WTO规则和与WTO规则相符的国内立法;第三,经过艰苦的复关入世谈判,我们对多边贸易体制的系列规则已经深入掌握,完全可以在此基础上制订出符合我国国情的外贸法规。由此可见,入世后,拥有我们自己的完善的保障措施法律法规不仅非常必要,而且非常可行。正如我国学者所指出的那样:"加入WTO以后,中国将进入一个全面开放的新阶段。在新的形势下,国内竞争力强的产业将迎来新的发展机遇和更为广阔的发展空间,而竞争力相对较弱的产业则不可避免地要面对进口产品更为强大的竞争压力。特别是随着我国进口关税水平的不断降低和非关税壁垒的持续削减,某些具有竞争力优势的进口产品在数量上大量增加将是一个不可回避的事实。在这种情况下,我国国内相关产业能否及时作出调整,尽快培养或恢复竞争力,积极参与新形势下的市场竞争,将是我国政府和产业必须认真考虑的问题。根据WTO有关保障措施的规则,给国内产业提供合理的、及时的保护,既是我们平稳地渡过加入WTO后适应期的需要,也是我们真正全面履行开放承诺的需要。从这个角度说,为今后可能实施的保障措施提供国内法依据及相关的机制保障,是一个迫切而现实的任务"。①

　　我国试图建立国内保障措施法制的努力始于1994年,这一年的7月1日《中华人民共和国对外贸易法》(以下称《对外贸易

---

　　① 张玉卿、李成钥著:《WTO与保障措施争端》,上海人民出版社2001年版,第285页。

法》)正式施行。在专门的保障措施法规出台前,我国的保障措施条款就主要体现在《对外贸易法》中。该法第 29 条规定:"因进口产品数量增加,使国内相同产品或者与其直接竞争的产品生产者受到严重损害或者严重损害威胁时,国家可以采取必要的保障措施,消除或者减轻这种损害或者损害的威胁。"第 32 条规定:"发生第 29 条、30 条、31 条规定的情况时,国务院规定的部门或者机构应当依照法律、行政法规的规定进行调查,做出处理。"可见,该法规定过于笼统,既没有对保障措施实体要件的确定方面作出具体的规定,也没有任何关于保障措施实施机构与调查程序的具体规定,根本无法进行实际操作。

为了应对入世的新情况,利用保障措施这一被国际社会所认可的法律手段,减少因市场进一步开放而造成的进口增加所带来的冲击,合法保护国内产业,并为国内弱势产业进行产业调整赢得机会,中国在正式入世前夕,于 2001 年 12 月由国务院制定了《中华人民共和国保障措施条例》(以下简称《保障措施条例》),并定于 2002 年 1 月 1 日正式实施。《保障措施条例》结束了我国没有比较完整的保障措施制度的历史,尽管它还仅是由政府制定的行政法规,还未上升为人大立法机关制定的专门法,但它毕竟是以国际保障措施规则为蓝本、结合中国具体情况而制定的,为我国实施保障措施提供了重要的法律依据。

经过一年多的实践,2003 年 3 月 31 日国务院又通过了《中华人民共和国保障措施条例》的修订稿,并决定于 2004 年 6 月 1 日起开始施行。新条例在旧条例的基础上,根据新形势进行了必要的修改,主要表现在以下几个方面:

1. 将第 3 条、第 4 条、第 5 条、第 9 条、第 14 条、第 18 条、第 21 条、第 22 条、第 25 条、第 30 条、第 33 条中的"对外贸易经济合作

部(外经贸部)"修改为"商务部"①;

2. 将第 6 条修改为"对进口产品数量增加及损害的调查和确定,由商务部负责;其中,涉及农产品保障措施的国内产业损害调查,由商务部会同农业部进行";

3. 将第 11 条、第 12 条、第 13 条、第 29 条、第 34 条中的"外经贸部、国家经贸委"修改为"商务部";

4. 将第 7 条"进口产品数量增加,是指进口产品数量与国内生产相比绝对增加或者相对增加"修改为"进口产品数量增加,是指进口产品数量的绝对增加或者与国内生产相比的相对增加";

5. 将第 15 条、第 16 条合并为一条,作为第 15 条,规定:"商务部根据调查结果,可以做出初裁决定,也可以直接做出终裁决定,并予以公告";

6. 将第 20 条修改为第 19 条,在该条第 1 款中增加"实施保障措施应当符合公共利益"的规定,将这一款修改为"终裁决定确定进口产品数量增加,并由此对国内产业造成损害的,可以采取保障措施。实施保障措施应当符合公共利益";

7. 将第 27 条修改为第 26 条,并将该条第 3 款"一项保障措施的实施期限及其延长期限,最长不超过 8 年"修改为"一项保障措施的实施期限及其延长期限,最长不超过 10 年"。

此外,新的《中华人民共和国保障措施条例》(以下简称《保障措施条例》)还对条文的顺序作了相应调整。上述修改主要是适应国家对外贸易主管机关设置上的改变,进一步集中职权,加强对保障措施的监控,使国内保障措施的适用更加符合 WTO 的规则,

① 商务部于 2003 年 3 月正式成立,合并了原对外经济贸易合作部的全部职能、国家经济贸易委员会与国家计划经济委员会的部分职能。

充分利用 WTO 规则赋予发展中国家的特殊权利,满足公共利益的需要。新的《保障措施条例》分五章,共 34 条。第一章"总则"(第 1 条至第 2 条),主要规定了《保障措施条例》的宗旨和保障措施的概念;第二章"调查"(第 3 条至第 15 条),就适用保障措施的条件及若干重要概念、保障措施的启动、保障措施调查、调查期间的职权分配、确定严重损害或严重损害威胁应考虑的因素和初步裁定及其职权分配等问题进行了规定;第三章"保障措施"(第 16 条至第 25 条),主要就临时保障措施及职权分配、终局决定及职权分配、非歧视地适用保障措施、保障措施适用的水平、保障措施的形式等做了规定;第四章"保障措施的期限与复审"(第 26 条至第 30 条),主要规定保障措施的期限、保障措施的"逐步放宽"、保障措施复审和对同一进口产品再次实施保障措施的条件等;第五章"附则"(第 31 条至第 34 条)就对其他成员的歧视性保障措施的报复、进一步制定实施细则以及实行日期等做了规定。此外,新《保障措施条例》还在不同条款中就对外协商和向 WTO 保障措施委员会通知进行了规定。

另外,为了确保 2002 年《保障措施条例》的贯彻实施,原外经贸部分别于 2002 年 2 月 10 日和 2002 年 3 月 15 日发布并施行《保障措施调查立案暂行规则》(以下简称《立案规则》)和《保障措施调查听证会暂行规则》(以下简称《听证规则》)①;2002 年 12 月 13 日又颁发《关于保障措施产品范围调整程序的暂行规则》(以下简称《调整程序规则》),于《调整程序规则》公布之日起 30 天后开始实行。

---

①　《保障措施调查立案暂行规则》,外经贸部 2002 年第 9 号令;《保障措施调查听证会暂行规则》,外经贸部 2002 年第 11 号令。2002 年 2 月 10 日部务会议通过并发布,自 2002 年 3 月 13 日起施行。

同日,国家经济贸易委员会主任办公会议审议通过了《产业损害调查听证规则》,并决定于 2003 年 1 月 15 日起实行。2003 年 10 月 17 日商务部发布《保障措施产业损害调查规定》(以下简称《调查规定》),于《调查规定》发布之日起 30 天后实行。上述规则规定对保障措施的申请、立案、听证会程序及损害调查等进行了较为详尽的规定,大大提高了我国保障措施法的可操作性和透明度。

2004 年 4 月,我国对《对外贸易法》作了修改,修改后的《对外贸易法》于 2004 年 7 月 1 日起施行。新的《对外贸易法》全文约 9000 字,共 11 章 70 条,其中第 8 章(贸易救济措施)第 44 条、第 45 条和第 46 条均属于保障措施条款。这三个条款,不仅完善了原《对外贸易法》第 29 条的规定,还扩展了保障措施的适用范围,即除了在货物贸易领域实施保障措施外,还可以在服务贸易领域以及在发生重大贸易转移时实施保障措施。

新的《对外贸易法》第 44 条对保障措施进行了明确规定:"因进口产品数量大量增加,对生产同类产品或者与其直接竞争的产品的国内产业造成严重损害或者严重损害威胁的,国家可以采取必要的保障措施,消除或者减轻这种损害或者损害的威胁,并可以对该产业提供必要的支持。"相对于原《对外贸易法》来说,新法第 44 条对保障措施的规定更加完善与具体,表现在以下两个方面:(1)进一步规范了保障措施实施条件的表述,与 WTO 相关规则保持一致。阐明保障措施是在进口产品增加从而"对生产同类产品或者与其直接竞争的产品的国内产业造成严重损害或者严重损害威胁"的情况下得以实施,修改了以前"因进口产品数量增加,使国内相同产品或者与其直接竞争的产品生产者受到严重损害或者严重损害威胁"的表述,澄清了保障措施应是针对使相关国内产业整体遭受严重损害或严重损害威胁的进口增加的情况,而非仅为救济一两家因一定进口增加而造成严重损害或严重损害威胁的相关国内生产者。(2)在重申保障措施实施条件的同时,强调了国内产业调整的重要及国家对之进行扶持帮助的必要,明确规定"国家……并可以对该产业提供必要的支持",力图发挥政府作为产业"护航人"的辅助作用,符合WTO《保障措施协议》对适用该措施目的的规定。①

具有特别重要意义的是现行《对外贸易法》第45条规定,可以将保障措施适用于服务贸易领域。按照我国《对外贸易法》第45条的规定:"因其他国家或者地区的服务提供者向我国提供的服务增加,对提供同类服务或者与其直接竞争的服务的国内产业造成损害或者产生损害威胁的,国家可以采取必要的救济措施,消除或者减轻这种损害或者损害的威胁。"这一条款是我国立法中对服务贸易领域保障措施的首次规定,事实上为建立中国服务贸易保障措施法律制度提供了立法依据。

另外,现行《对外贸易法》专设贸易调查一章,对实施保障措施等贸易救济措施所必需的贸易调查进行了明确规定②,不仅原

①　《保障措施协议》序言中规定"……认识到结构调整的重要性和增加而非限制国际市场中竞争的必要性;以及进一步认识到,为此目的,需要一项适用于所有成员并以GATT1994的基本原则为基础的全面协议……"

②　《对外贸易法》第37条规定:"为了维护对外贸易秩序,国务院对外贸易主管部门可以自行或者会同国务院其他有关部门,依照法律、行政法规的规定对下列事项进行调查:……(三)为确定是否应当依法采取反倾销、反补贴或者保障措施等对外贸易救济措施,需要调查的事项……"第38条规定:"启动对外贸易调查,由国务院对外贸易主管部门发布公告。调查可以采取书面问卷、召开听证会、实地调查、委托调查等方式进行。国务院对外贸易主管部门根据调查结果,提出调查报告或者作出处理裁定,并发布公告。"第39条规定:"有关单位和个人应当对对外贸易调查给予配合、协助。国务院对外贸易主管部门和国务院其他有关部门及其工作人员进行对外贸易调查,对知悉的国家秘密和商业秘密负有保密义务。"

则上认定了实施保障措施的主管机关,也便于具体法规的制定实施。《对外贸易法》是我国对外贸易领域的基本法、上位法,其规定必将成为该领域下位法的法律基础与保障。

很显然,新《对外贸易法》、《保障措施条例》以及《保障措施调查立案暂行规则》和《保障措施调查听证会暂行规则》等构成了我国保障措施法的基本内容,并由此形成由基本法、行政法规和部门规章所组成的一个较为全面的保障措施法律体系。

二、中国对外服务贸易保障措施制度建构的不足

尽管在我国已初步形成了一个由基本法、行政法规和部门规章所组成的较为全面的保障措施法律体系,但我们可以看到,这一体系还是一个主要适用于货物贸易领域的保障措施体系,服务贸易领域的保障措施除了《对外贸易法》第45条作出了原则性规定外,尚无任何法规或规章与之配套。由于《对外贸易法》第45条只是对服务贸易领域保障措施的原则性规定,尽管这在我国在服务贸易领域保障措施的立法上迈出了重要的一步,但我们也应该看到,该条对于适用保障措施的若干关键条件,如"服务增加"、"国内产业"、"同类或直接竞争的服务"、"损害和损害威胁"、"因果关系"以及有关适用要求等缺乏具体规定,因此尚不具有操作性。

我国对外服务贸易保障措施制度建构的不足是与我国在整个服务业中的立法状况相联系的。自20世纪80年代起,中国开始涉外服务贸易的国内立法工作,初步形成了由法律、法规、规章等组成的多层次的涉外服务贸易法律体系。它以《对外贸易法》为核心,包括了金融、保险、电信、商业、法律等服务领域的多种法律法规。大致可以分为两类,一是以《对外贸易法》为一条主线,另一条是单一部门法规。

《对外贸易法》是在 WTO《服务贸易协定》(GATS) 签订之后中国制定的关于对外贸易(包括服务贸易)基本原则的一部重要法律。早在 1994 年的《对外贸易法》中就对服务贸易作了原则性规定。现行《对外贸易法》再次强化了相关规定①。该法第 2 条明确规定,本法所称的对外贸易,是指货物进出口、技术进出口和国际服务贸易。这种强调国际服务贸易的立法理念,在 1994 年已经超越了当时经济发展水平,具有时代特征,较为先进。特别是《对外贸易法》在第四章中专章规定了国际服务贸易,确立了国际服务贸易的基本原则。在强调贸易促进的同时,《对外贸易法》对服务贸易救济制度作了明确和原则的规定。例如,第 26、27 条规定了一般例外②和特殊例外③。值得注意的是,第 28 条关于市场准入目录的规定:"国务院对外贸易主管部门会同国务院其他有关部门,依照本法第二十六条、第二十七条和其他有关法律、行政法规的规定,制定、调整并公布国际服务贸易市场准入目录。"这一

① 沈四宝、张勇:"新《对外贸易法》的主要特征",载沈四宝、尚民等著:《〈中华人民共和国对外贸易法〉规则解析》,对外经济贸易大学出版社 2004 年版,第 34 页。

② 《对外贸易法》第 26 条规定,"(一)为维护国家安全、社会公共利益或者公共道德,需要限制或者禁止的;(二)为保护人的健康或者安全,保护动物、植物的生命或者健康,保护环境,需要限制或者禁止的;(三)为建立或者加快建立国内特定服务产业,需要限制的;(四)为保障国家外汇收支平衡,需要限制的;(五)依照法律、行政法规的规定,其他需要限制或者禁止的;(六)根据我国缔结或者参加的国际条约、协定的规定,其他需要限制或者禁止的。"

③ 《对外贸易法》第 27 条规定:"国家对与军事有关的国际服务贸易,以及与裂变、聚变物质或者衍生此类物质的物质有关的国际服务贸易,可以采取任何必要的措施,维护国家安全。在战时或者为维护国际和平与安全,国家在国际服务贸易方面可以采取任何必要的措施。"

条款给维护服务贸易产业安全提供了一把金钥匙。同时,也给外资准入指导目录提供了法律依据。《对外贸易法》虽然是关于服务贸易原则的规定,但却涉及中国国际服务贸易领域的基本法律原则,是国际服务贸易立法的基础和核心。

在单一部门法规方面的立法主要有:(1)金融服务业立法,主要包括《人民银行法》、《商业银行法》及《外资金融机构管理条例》等;(2)保险服务业立法,主要包括《保险法》及《上海外资保险机构暂行管理办法》;(3)运输服务业立法,主要包括《海商法》、《国际班轮运输规定》、《国际船舶代理管理规定》、《民用航空法》等;(4)旅游服务业方面,目前中国没有《旅游法》,只有《旅行社管理条例》及《实施细则》;(5)建筑工程服务业立法,主要包括《建筑法》及《在中国承包工程的外国企业的资质管理办法》;(6)商业服务业方面,目前包括《外商投资产业指导目录》及《关于商业零售领域利用外资问题的批复》两部法规;(7)专业服务业方面,这个领域较广,对其调整的法律主要有《律师法》、《注册会计师法》等。

纵观我国服务贸易立法,会发现以下几方面特点:

第一,在立法形式方面,有效力不同的四个层次,各层次规范相互配合发挥作用:(1)全国人大及其常委会制定的有关服务贸易的法律,如《对外贸易法》、《中外合资经营企业法》、《律师法》等;(2)国务院发布的行政法规,如《涉外广告代理条例》、《外资金融机构管理条例》等;(3)国务院各部、委、局制定的行政规章,如《关于设立外商投资建筑企业的若干规定》、《国际船舶代理管理规定》等;(4)地方性法规,如上海市《激励外商投资浦东新区的若干规定》、云南省《涉外房地产开发经营管理暂行办法》等。

第二,在立法内容方面,体现以下特点:(1)立法内容丰富,服务贸易形式多样,关系复杂,除《对外贸易法》对服务贸易做出规定外,还须由不同专项立法予以规范。市场愈开放,与之配套的法律法规就愈多。另外,作为国际服务贸易主要交易方式,商业存在与跨国投资紧密相连,因此,规范外商投资的法律、法规同样适用于国际服务贸易;(2)一些重要的服务部门立法成就较为突出,如金融服务业、建筑服务业和咨询服务业等,这些部门不仅有全国人大及其常委会制定的法律,还有国务的行政法规、部门规章或地方性法规与之配套。

第三,在立法技术方面,体现了原则性和灵活性相结合的原则。服务贸易种类繁多,情况复杂,我国作为发展中国家,在服务市场开放中本着发展中国家的地位和现实经济发展水平做出相应的承诺。在立法中,对于涉及国家主权的邮电、空中交通管制、广播电台、新闻业等行业采取禁止外商介入的立场。而对于既属敏感行业,又需要引进外资的行业,如印刷、进出口商品检验等行业,则采取了限制措施,如不允许外商独资或要求中方控股占主导地位。

分析我国目前服务贸易立法及其特点,不难发现我国服务贸易立法存在如下问题:

首先,我国尚无一部统一的服务贸易基本法。目前我国有关服务贸易的立法,除了《对外贸易法》关于服务贸易的专章内容外,就是若干特定服务部门的立法以及外商投资企业法的相关规定,尚未颁布一部由国家最高立法机构制定的统一的服务贸易基本法。各部门立法零乱而不统一,而且注重维护本位利益,忽视全局利益,从而影响到我国所要承担的国际义务,进而影响到我国服务贸易法规的权威性。

其次,大量服务部门至今尚无法规配套。世界贸易组织统计局将服务贸易分为 12 大类,这些服务业我国基本都已开放,但目前除了法律、电信、金融、保险、海运、旅游等服务部门实施了配套规定外,其他部门法规还有待于制定公布。某些重要的服务部门虽已有专项规定,却还没有行业性法律,如至今仍未公布电信法和旅游法。

最后,现有法规不完备。目前有关服务贸易的专项法规多为准入问题的规定,很少涉及其他内容。即使对准入后的经营活动规定了监督管理,其条款也过于简单,缺乏可操作性。例如,《外资金融机构管理条例》中简单的监督管理的若干条款,在我国目前监督技术水平和监督的规范化程度不高的情况下,能否起到有效监督作用,还有待于实践验证。又如《外商投资国际货物运输代理企业管理规定》、《外商投资电信企业管理规定》等仅仅规定了外商入场条件、入场程序及经营范围问题,对于其他有关问题却均未涉及。

服务领域立法中这些问题的存在,在很大程度上制约了服务贸易紧急保障措施制度在我国的有效建构。另外,由于在国际层面上尚未形成统一完善的适用于服务贸易领域的紧急保障措施制度,其他国家(除韩国外)也鲜有这一方面的成功立法,可供我国借鉴的经验和内容可谓极度缺乏,这也是我国服务贸易紧急保障措施制度建构不足的重要原因。

第二节　我国对外服务贸易保障措施制度的建构

一、建立服务贸易紧急保障措施制度对我国的意义

自从我国于 2001 年加入 WTO 后,在服务贸易领域就存在着

高水平开放与弱竞争力的矛盾。一方面,我国服务业的开放水平是比较高的,不仅大大超过发展中国家的平均水平,而且已接近发达国家的水平。我国在加入 WTO 时对主要服务部门均作出了较高水平的市场准入承诺。在我国加入 WTO 承诺减让表中,对我国各服务行业的市场准入程度做出了规定,表现出我国的服务市场对外开放由有限范围和领域的开放转变为全方位的开放;由试点为特征的政策主导下的开放转变为法律框架下可预见的开放;由单方面为主的自我开放转变为与世界贸易组织成员间的相互开放。具体表现在:

第一,银行服务:加入时允许外资银行向所有中国客户提供外汇服务;加入后 5 年内允许外资银行逐步在全国向所有中国客户提供人民币本币业务;允许外资非银行金融机构提供汽车消费信贷。

第二,保险服务:加入时允许设立外资比例不超过 50% 的合资寿险公司;加入后 2 年内允许设立独资非寿险公司;加入后 3 年内取消地域限制;加入后 4 年内取消强制分保要求;加入后 5 年内允许设立独资保险经纪公司。

第三,证券服务:加入时允许设立合资证券投资基金管理公司,外资比例最多可达 33%,加入后 3 年内允许外资比例达到 49%;加入后 3 年内允许设立合资证券公司,外资比例不超过 33%,可以从事 A 股的承销,B 股和 H 股、政府和公司债券的承销与交易基金的发起。

第四,电信服务:在增值电信和寻呼业务方面,加入后 2 年内取消地域限制,外资比例不超过 50%;在基础电信业务方面,移动话音和数据服务在加入后 5 年内取消地域限制,其他业务在加入后 6 年内取消地域限制,外资比例不超过 49%。所有国际通信业务必须经由中国电信主管部门批准设立的出入口局进行。

第五,分销服务:加入后 3 年内,取消对外资参与佣金代理及批发服务(盐及烟草除外)和零售服务(烟草除外)的地域、股权、数量限制,取消对外资参与特许经营的所有限制;加入后 5 年内取消对外资参与分销领域的所有限制。但销售多个供货商的不同种类和品牌产品的连锁店,如其分店数量超过 30 家,且销售粮食、棉花、植物油、食糖、图书、报纸、杂志、药品、农药、农膜、成品油、化肥,则不允许外资控股。

第六,海运服务:加入时允许外资从事班轮运输以及散货、不定期和其他国际运输;允许外资设立注册公司,经营悬挂中国国旗的船队,但外资比例不应超过合营企业注册资本金的 49%;海运附属服务以及集装箱堆场服务,允许设立合资企业,允许外资控股;船务代理服务允许设立合资企业,但外资比例不应超过 49%。

第七,建筑服务:在建筑及相关工程服务方面,加入时允许设立合营企业,允许外资控股;加入后 3 年内允许设立外商独资企业,但外资企业的业务范围仅限于 4 种建筑项目。在房地产服务方面,除高档房地产项目(包括高档公寓和高档写字楼,但不包括豪华饭店)不允许外商独资外,没有其他限制。高档房地产项目是指单位建筑比同一城市内平均单位建筑成本高两倍以上的房地产项目。

第八,法律和会计服务:在法律服务方面,外国律师事务所可以在北京、上海、广州、深圳、海口、大连、青岛、宁波、烟台、天津、苏州、厦门、珠海、杭州、福州、武汉、成都、沈阳、昆明设立代表处;每一家外国律师事务所在华只能设立一个代表处。加入后 1 年内,上述地域限制和数量限制将取消;但对外国律师事务所的业务范围以及外国律师事务所在华代表处的代表身份有所限制。在会计服务方面,加入时允许获得中国主管部门颁发的中国注册会计师执业许可的人在华设立合伙会计师事务所或有限责任会计公司。

由此可见,我国的服务业开放水平是比较高的。但另一方面,我国服务贸易的发展所存在的问题也是比较突出的,表现为服务贸易明显落后于货物贸易的发展,服务贸易逆差大,服务贸易发展水平滞后。2004 年我国服务出口占贸易出口总额的比重只有9%,明显低于19%的世界平均水平,与美国、英国等国家相比,差距非常明显,美国、英国的服务出口额分别是我国的6.3 和2.9倍。我国服务贸易长期呈现逆差状态,2004 年逆差达108 亿美元。我国的服务贸易优势部门主要集中在附加值较低的海运、旅游等传统领域,金融、保险、计算机服务等现代服务业的国际竞争力还很低。我国服务业还存在着基础设施和设备较为陈旧、落后;经营机制不合理,部分行业垄断经营突出;人才短缺现象较为严重;服务业企业规模化经营程度较低;市场经营秩序混乱等方面的问题。在这种情况下,如果国家不采取必要的保护措施,我国服务业对外开放后的局面将难以控制。

我国服务业各部门立法欠缺是一个比较普遍的问题。国际服务贸易在进行过程中,不像货物贸易那样可以采用关税等边境措施加以管理,调节进出口的流向。各国对于服务贸易大多采用立法或法规的手段进行调节,因而国内的规定成为影响和控制服务贸易活动最有效的手段,也成为对外开放市场的法律依据。而我国服务业各部门立法相对欠缺,使合理开放和依法保护国内服务行业受到极为不利的影响。

由服务贸易自由化带来的我国服务业的对外开放已使我国服务业面临巨大的挑战。这些挑战主要表现在:第一,随着 GATS 的实施,服务贸易自由化的推进,势必使我国服务行业的薄弱环节遭受沉重打击,一部分落后的服务业会在激烈的竞争中破产,一些高新技术和资本密集型服务业也会受到较大冲击;第二,随着 GATS 的实施,服务市场开放程度和范围会进一步扩大,如果不能靠"练内功"的办法在短期内来提升我国服务贸易的国际竞争力,就会扩大我国服务贸易已经存在的逆差,进而会影响我国国际收支状况,甚至导致国际收支失衡,因而影响国民经济的稳定发展;第三,金融、电信、教育等服务业事关一国国民经济、意识形态、公共道德甚至国家主权与安全,若缺乏有效保护手段,会使一些关键服务行业出现外资垄断,危及国家主权,经济发展和社会稳定,对民族文化也会带来不利影响。

目前,我国已进入全面履行服务贸易领域承诺的关键期。由于服务业包含许多战略性、敏感性部门,如商业零售、电信、银行和保险等等,在这些领域履行我国承诺的进程中,如何建立必要的法律保护体系,对我国经济发展和社会稳定至关重要。因此,我们必须完善我国服务市场开放的法制保护环境。这一方面需要我们在多边体制框架内推动国际服务贸易紧急保障措施制度的建立,另一方面也需要我们及时完善我国服务贸易立法,建立我们自己的服务贸易紧急保障措施制度。

二、建立我国对外服务贸易保障措施制度的初步构想

(一)紧急保障措施制度的立法模式

就立法模式而言,在国际上主要有大陆法系的制定法模式和英美普通法系的判例法模式。制定法模式又有独立的立法模式与附属于其他法律法规的立法模式。独立的立法模式主要有法典形式。附属的立法模式一般有两种形式:一种是散见式,即将法律的有关内容分散在法典或其他法律的不同位置;另一种是专编、专章

式,即将法律的内容集中在一起,以专章、专篇或专编的形式规定在法典中。我国服务贸易保障措施的立法模式是我国服务贸易保障措施法在国内立法中的表现形式。就采用何种立法模式建立我国服务贸易中的紧急保障措施制度,主要有两种思路:

第一种思路是维持现有《对外贸易法》中第45条之规定。现有《对外贸易法》中第45条之规定,与其他国家的服务贸易中紧急保障措施法律制度安排相比,是比较先进的。因为许多国家在服务贸易方面的紧急保障措施法律制度安排还处于空白状态。这从有关GATS中紧急保障措施的必要性争论中就能窥见。在维持现有《对外贸易法》中第45条之规定的同时,要跟踪研究WTO有关ESM的具体规则的谈判工作,并根据服务贸易的特点,在适当的时候出台服务贸易保障措施的行政法规和部门规章,对上述条件做出具体规定。

第二种思路认为,服务市场的开放,使得发展迅猛的国际服务贸易可能冲击我国尚处于落后状态的服务业,对现有制度安排的具体化工作应立即行动起来。虽然现有《对外贸易法》中第45条之规定,已规定了服务贸易中的紧急保障措施制度,明确了服务贸易中紧急保障措施的必要性,但是,该规定只是原则性,尚不具有可操作性。因此,可以考虑专门就服务贸易中紧急保障措施出台行政法规和部门规章,对现有《对外贸易法》中第45条做出具体规定。

笔者认为,应该按第二种思路选择服务贸易紧急保障措施的立法模式。因为国际服务贸易的发展迅猛、服务贸易自由化的推进、我国服务业相对落后且需履行GATS义务的现实,足以证明及时制定一个有关服务贸易的具有可操作性的保障措施的必要性。此种必要性,不因没有先例而丝毫减弱。而且由于服务贸易自身的特殊性和复杂性,现有的有关保障措施的制度安排,无论多边法律制度中的保障措施还是各国的保障措施,都没有把服务贸易列入其适用范围,即都不适用于服务贸易领域。因此,在现有的保障措施制度外,专门就服务贸易中紧急保障措施立法,既体现了服务贸易自身的特殊性,又减少了对原有制度安排的破坏。

在此种立法模式下,还需要考虑具体的立法途径。国内经济方面的立法一般都采用官僚式的授权立法方式,由相关的职能部门牵头起草法律。由于法律属于最高意义的公共产品,在立法过程中开门立法,通过法律社会学调查、听证会等方式广泛听取民众的回应、反馈,是一种适应经济快速发展、法律调整内容不断更新需求的好方法。特别是国际服务贸易领域日新月异,回应式立法能够很好地总结现实社会中的现象。从立法的途径来看,"作为一种兼容公正、效益和效率理念的立法新模式,回应型立法将成为中国立法模式的主流趋势所在"①。因此,笔者认为,服务贸易紧急保障措施的立法应该采用回应式立法方式。

(二)服务贸易紧急保障措施法的立法宗旨

立法宗旨是法律的灵魂,是法的本质、根本任务及基本原则的高度概括和总结。我国服务贸易紧急保障措施法的立法宗旨需要从三个角度考察:即国内法的渊源、产业安全法的法律属性和现实生活的要求。

首先,从国内法的渊源看,未来的服务贸易紧急保障措施法是以《对外贸易法》为上位法的一部内国法。因此,在立法宗旨上应与《对外贸易法》一致。《对外贸易法》的立法宗旨是:"为了扩大

---

① 刘武俊:"官僚型立法模式指日可破",http://www.chinacourt.org,2005年7月5日。

对外开放,发展对外贸易,维护对外贸易秩序,保护对外贸易经营者的合法权益,促进社会主义市场经济的健康发展,制定本法"。①该法在宗旨中强调了维护对外贸易秩序这一理念。从其他条款来看,《对外贸易法》完善了限制和禁止进出口的规定,还特别强调了以人为本的思想,更加注重民生问题。例如,在第16条第2款明确规定:为保护人类健康或者安全,保护动物、植物的生命或者健康,保护环境,可以限制或者禁止进口或者出口。这其中的基于经济安全和国家利益禁止进出口的规定可以作为服务贸易紧急保障措施法的立法宗旨。

其次,从服务贸易紧急保障措施法的法律属性看,它既是国际经济法的重要分支,也与经济法有较多的共性和渊源,其立法宗旨也应符合经济法立法宗旨的一般性要求。经济法作为典型的"社会本位"法,其立法宗旨可概括为:"通过协调运用各种调整手段来弥补传统民商法调整的缺陷,以不断解决个体的营利性和社会公益性的矛盾,兼顾效率与公平,从而促进经济稳定增长,保障社会公共利益,保障基本人权,调控和促进经济与社会的良性运行和协调发展。"②其立法宗旨是追求"社会整体利益",即站在社会整体的角度,通过法律对社会经济关系的调整,保障经济总量的平衡、优化经济结构、维护竞争秩序、协调社会再分配,将经济个体的行为纳入到社会整体利益的框架中来评价,以使经济自由与秩序、效果与公正、经济民主与集中达到统一。③ 这种社会整体利益是指国家利益在特定经济领域的具体体现。其范围从空间上应该包

①　参见:《中华人民共和国对外贸易法》第1条。
②　张守文、于雷:《市场经济与新经济法》,北京大学出版社1993年版,第94页。
③　徐杰:《论经济法的立法宗旨》,http://www.chinalawedu.com/。

括省区市、一国、区域、全球;从经济层面上应该涵盖第一产业、第二产业、第三产业;从发展角度上还应该兼顾近期利益和远期利益;从利益角度还应是成本与受益结合;从国籍角度还应是国际间经济利益的竞合。

社会整体利益的原则,与维护产业安全在根本上是一致的。产业安全强调的战略性贸易政策、最优原则以及国家经济主权原则,在最终利益上关注的仍是社会整体的利益。因此,我国服务贸易紧急保障措施法的立法宗旨包括社会整体利益的原则。

第三,从现实生活的要求看,提升服务产业的国际竞争力是服务贸易紧急保障措施法的最高目标。事实上,单纯的强调国家的经济主权,排斥国际经济交往,构筑经济民族主义的贸易保护法律制度,将使一国无法享受到国际分工和合作的福利。在国际经济合作中追求最优交易,从产业安全的角度最直接的目的是为一国弱势产业寻求保护期,并期望通过战略性贸易政策,增强该产业的国际竞争力,最终使其能够参与国际竞争,增加国民福祉。反之,如果保护的最终目的不是为了增强产业的国际竞争力,那么保护后该产业依然不能参与国际分工、依然缺乏效率的话,我们将为之支付两种成本,一种是为了保护该产业对国际和社会直接投入的成本,例如行政成本、补贴、减免税收等等;另一种是由于限制国际经济交往所带来的国民应该获得而没有获得的福利净损失。

从日本、韩国工业化的进程来看,我们可以清楚地看到,随其产业国际竞争力的提升,对某一产业的保护政策也随之放松,产业安全保护也就实现了阶段性的目标:为提升某一产业的国际竞争力创造宽松的外部环境和市场空间。因此,从这个意义上说,在经济全球化步伐日趋加快的今天,服务贸易紧急保障措施法的立法宗旨将以提升一国服务产业国际竞争力为最高目标。

将上述三个角度的思考综合起来,笔者认为我国服务贸易紧急保障措施法的立法宗旨应该以提升竞争力为目的,切实保障产业安全为目标,增加社会整体利益为标准,最优保护为手段。至少应包括五个要点:一是在经济全球化的背景下,一般习惯表述为"为了扩大对外开放";二是基于服务产业安全;三是基于社会整体利益;四是维护对外服务贸易秩序;五是提升服务产业国际竞争力。为此,我国服务贸易紧急保障措施法的立法宗旨建议为:"扩大对外开放,保障服务产业安全,增加社会整体利益,维护对外服务贸易秩序,提升服务产业国际竞争力"。

(三)我国服务贸易紧急保障措施法的基本原则

法的基本原则是法律规范和学说的基础,法的制定、实施所依循的基本准则,是一个法律部门的精髓所在和该法的核心和灵魂①。因此,笔者认为,我国服务贸易紧急保障措施法的基本原则应包括:国家经济主权原则、透明度原则、适度适用原则和合理补偿原则。

1. 国家经济主权原则

国家经济主权原则源于主权原则。经济主权是指一国对境内的一切财富、一切自然资源享有完整的永久主权(包括占有、使用和处置的权利),而且对境内的一切经济活动享有最高管理权。具体到保障措施领域,体现为国家在遵循国际规则的前提下,针对服务进口的急剧增加,可以自主决定采取或不采取保障措施。经济主权应当得到尊重,在行使经济主权时,也应当遵循平等互惠原则。

---

① Henry Campbell Black, M. A. , *Black's Law Dictionary*, West Publishing Co. , 1979, fifth edition, p. 1074.

2. 透明度原则

透明度原则是指在国际经济交往中,为了保证国际经济环境的稳定性与可预见性,各国应公布其所制定和实施的政策和法律措施及其变化情况,而且应及时将这些措施通知相关各国政府及国际组织。透明度原则要求一国的法律和政策必须公开实施,要求一国如果加入新的国际协定或进行新的立法必须事先作出说明,还要求如果一国要退出某一国际协定或者要撤销、改动某一重要法规,必须做出撤销或者变更的说明。透明度原则的实施可以使各国政府及民商事主体及时了解国际社会中各国法律、政策现状及其变化,掌握各国行政、司法救济的情况,这就方便了国际经济法的主体维护自己的合法权益并监督各国政府履行条约义务,提高了国际经济运行的交易安全与交易效率。

由于保障措施是在公平竞争的条件下采取的一种贸易救济措施,一旦滥用会给相关利害方造成巨大的利益损失,并从根本上破坏 WTO 所倡导的贸易自由化精神。因此,在服务贸易中,保障措施的实施要求具有高度的透明性,并为相关利害方提供平衡利益的机会。保障措施法应当对紧急措施的公布、通知和磋商程序做出详尽及可操作性的规定,并确立对调查启动、调查结果、实施保障措施迅速公布的要求。

3. 适度适用原则

所谓适度适用不仅指符合 WTO 规则要求的保障措施的适用,而且是指在适用程度上不超过必要限度的适用,总之也就是能保留必要竞争压力的适用和使保护的正面效率最大化的适用。适度适用体现在数量限制的适当性、适用时间的适当性和适用强度的递减性上。

4. 合理补偿原则

紧急保障措施并非针对出口成员或出口商的不公平贸易行为,为了维持各方在 GATS 项下权利与义务的平衡,国家实施紧急保障措施必须给予受影响成员方实质相等的补偿。因此,补偿是校正紧急保障措施对公平贸易扭曲的手段。

(四)我国服务贸易紧急保障措施法的主体及调整对象

1. 我国服务贸易紧急保障措施法的主体

我国服务贸易紧急保障措施法的主体是指中国政府、中国或外国(或地区)的自然人和实体①。这里的主体既包括公法主体即中国政府和外国政府,也包括私法主体即中国或外国(或地区)的自然人和法人。中国或外国(或地区)的自然人和法人是国际服务贸易的实际参与者,也是保障措施的适用对象。当保障措施程序启动后,政府要展开调查、负责通知、进行磋商、给予补偿或救济,并接受国际组织的监督。

2. 我国服务贸易紧急保障措施法的调整对象

我国服务贸易紧急保障措施法调整对象为五组法律关系:第一组是中国与外国服务贸易当事人之间的进出口关系,包括自中华人民共和国境外向境内或境内服务消费者提供的服务、通过在境内的商业存在提供的服务以及通过在境内的自然人存在提供的服务;第二组是中国政府与中国服务提供者之间的保护与被保护关系;第三组是中国政府与外国服务提供者之间的限制与被限制关系;第四组是中国政府与外国政府之间的补偿与被补偿关系;第五是国际组织与中国政府之间的监督与被监督关系。

(五)我国服务贸易紧急保障措施法的实体规范

我国《对外贸易法》第45条规定:"因其他国家或者地区的服

---

① 该实体涵盖了本国和外国各类法人,也包括外国政府和国际组织。

务提供者向我国提供的服务增加,对提供同类服务或者与其直接竞争的服务的国内产业造成损害或者产生损害威胁的,国家可以采取必要的救济措施,消除或者减轻这种损害或者损害的威胁。"据此,可以认为,我国采取服务贸易中的紧急保障措施必须要符合以下条件:服务进口增加;对国内提供同类服务或者与其直接竞争的服务的产业存在损害或者损害威胁;服务产品进口增加与国内提供同类服务或者与其直接竞争的服务的产业所存在的损害或者损害威胁之间存在因果关系。

1. 服务进口增加

所谓服务进口增加,是指该服务进口数量的绝对增加或相对增加。进口增长应有程度上的要求。进口增长的确定标准要求在整体上进口趋势是增长的,且这种在数量和质量上的增加是足够迫近的、足够急剧的和足够显著的。不同的服务贸易提供方式,确定服务产品的进口数量的方式应有所不同。在模式1(跨境提供)下,主要考察服务消费者的数量和服务消费者使用该服务的次数(体现于服务提供者的销售收入中来自中国的部分)。在模式2(境外消费)下,要求掌握境外消费的人数、金额的增加和外汇流出的增加,以及这些增加了的境外消费如果不增加,则有多少会在国内消费;模式3(商业存在)下,需要掌握已设立商业存在的数量增加,以及它们的业务增加量,例如,税收增量、金融交易指标、资本流量等等;模式4(自然人流动)下,需要掌握提供相关服务的外国自然人流入数量以及它们所从事交易的金额。

2. 对国内产业造成严重损害或者严重损害威胁

(1)国内产业的界定

基于实施保障措施的目的,必须对本国和外国服务提供者加以区分,将国内产业界定为只包括本国服务提供者提供服务的产业即"民族产业",不能将提供这种服务的外国"商业存在"看成是"国内产业"(或"民族产业")的一部分,即使该"商业存在"已经取得了内国法人资格。

(2)损害的标准

服务产业"严重损害"应被理解为对一国内服务产业状况的重大全面减损。在确定其他国家或地区的服务提供者向中国提供的服务对国内产业造成的损害时,应根据具体服务特征审查下列相关因素:①其他国家或地区的服务提供者向中国提供服务的绝对和相对增长率与增长量;②向中国提供服务的其他国家或者地区的服务提供者总数及其增长变化情况;③其他国家或者地区的服务提供者增加的服务产品总量在国内市场中所占的份额;④增加的其他国家或者地区的服务提供者向中国提供的服务对国内产业的影响,包括对国内产业在服务产品总量、国内商业存在或服务提供者总量、服务产品销售水平、市场份额、利润与亏损、就业等方面的影响;⑤造成国内产业损害的其他因素。在确定其他国家或者地区的服务提供者向中国提供的服务增加对国内产业造成的损害时,不得将其他国家或者地区的服务提供者向中国提供的服务增加以外的因素对国内产业造成的损害归因于其增加。

对严重损害威胁的确定,应当依据事实,不能仅依据指控、推测或者极小的可能性。

3. 因果关系

对服务贸易实施紧急保障措施的第三个条件应该是服务进口增加与严重损害或严重损害威胁之间必须存在因果关系,否则不得做出实施紧急保障措施的决定。在这一因果关系中包含了两层因果关系,第一层因果关系即承担 GATS 义务后的未预见发展与服务进口增加之间的因果关系;第二层因果关系即服务进口增加与严重损害和严重损害威胁之间的因果关系。如果服务进口增长之外的因素也正在造成国内服务产业的损害,则该损害不得归因于服务进口增长。

(六)我国服务贸易紧急保障措施法的程序规范

1. 调查

在申请人①向商务部提出采取保障措施的书面申请后,商务部应当及时对申请人的申请进行审查,并做出是否立案调查的决定。② 如果商务部有充分证据认为国内产业因进口产品数量增加而受到损害的,也可以自行决定立案调查。立案调查的决定一经做出,商务部应进行公告,并及时通知世界贸易组织保障措施委员会。基于服务贸易自身的特殊性,对服务产品进口数量增加及损害的调查和确定,③应由商务部会同其他部门进行。

在调查的过程中,商务部应当为服务产品提供者和其他利害关系方提供陈述意见和提交论据的机会。调查的形式可以采用调查问卷的方式,也可以采用听证会④或者其他方式。在此期间,商务部应当及时公布对案情的详细分析和审查的相关因素等。对于调查中获得的有关资料,资料提供方认为需要保密的,商务部可以按保密资料处理。商务部应当将调查结果及有关情况(服务产品进口数量增加、损害的调查结果及其理由的说明)予以公布,及时通知保障措施委员会。

2. 通知与磋商

保障措施主管调查机关应当及时将立案调查的决定、调查结

---

① 国内相关产业有关的自然人、法人或者其他组织。
② 可参照《保障措施调查立案暂行规则》。
③ 可参照《保障措施产业损害调查规定》。
④ 可参照《保障措施调查听证会暂行规则》、《产业损害调查听证规则》。

果及有关情况、实施临时保障措施的决定、最终实施保障措施的决定及有关情况通知保障措施委员会,以尽到通知义务。主管调查机关在通知立案决定的同时要对立案理由进行说明。在做出调查结果及有关情况的通知时,有关情况应包括调查过程中审查的各种相关因素以及对调查结论的充分解释和论证。在通知实施临时保障措施的决定时,还应当就迟延会造成难以弥补的损害这一情况进行必要的说明。

保障措施主管调查机关在实施保障措施前,应当给予与进口服务的出口经营者有实质利益的其他成员方充分磋商的机会;在采取数量限制式的保障措施时,应与有关服务的出口经营者有实质利益的其他成员方就数量的分配进行磋商。通过磋商,审议通知保障措施委员会的所有有关信息;通过磋商,就拟实施的保障措施交换意见;通过磋商,就贸易补偿进行谈判。

3. 保障措施

在有明确证据表明服务产品进口数量增加,在不采取临时保障措施会对国内产业造成难以补救的损害的紧急情况下,商务部(在必要时候,可以会同其他部门)可以做出初裁决定,并采取临时保障措施。这些措施的实施应仅在防止或救济严重损害的必要限度内实施。并且,商务部应当在采取临时保障措施前,将有关情况予以公告,并通知保障措施委员会。临时保障措施的实施期限,自临时保障措施决定公告规定实施之日起,不超过200天。如果终裁决定确定进口服务数量增加,并由此对国内产业造成损害的,可以采取保障措施,暂时修改或撤回已做出的关于服务贸易国民待遇和市场准入承诺。

4. 保障措施的期限与复审

保障措施的实施期限一般不应超过4年。如果根据实际情况需要①延长,则全部实施期限(包括临时措施实施期、最初实施期和延长期)不得超过 10 年。如果某一保障措施的适用期预计超过 1 年,我国应在适用期内按固定的时间逐渐放宽该措施;如果实施期超过 3 年,我国必须进行中期审查,并根据审查结果撤销或加快放宽措施。中期审查的内容包括保障措施对国内产业的影响、国内产业的调整情况等。

(七)我国服务贸易紧急保障措施法的类型及其实施

1. 我国服务贸易紧急保障措施法的类型

我国对服务贸易采取的保障措施主要是数量限制措施,在数量限制措施中包括了市场准入限制和国民待遇限制。在市场准入限制中具体包括许可证、配额、领域限制、地域限制、股权限制、经营范围限制、主体资格限制、企业形式限制、经济需求测试等措施。在国民待遇限制中,具体包括对国内服务提供者进行补贴或政府采购上的倾斜以及对外国服务或服务提供者采取歧视性待遇等措施。

2. 我国服务贸易紧急保障措施法的实施

对于跨境提供采取保障措施应以采取市场准入的限制措施为主、以采取国民待遇的限制措施为辅。一方面,如果外国服务提供者以跨境提供的方式大量提供外国服务,导致一国服务进口猛增,对国内同类服务造成严重损害威胁时,就可以采取数量配额方式对外国服务提供者或其服务数量进行限制;如果外国服务进口的大量增加导致国内同类服务的严重损害时,则以“零配额”方式完全阻止外国服务提供者使用服务模式 1(跨境提供)中的一种、几种或全部提供方式,以实现对国内产业的有效保护。另一方面,以

---

① 如保障措施对于防止或者补救严重损害仍然有必要,有证据表明相关国内产业正在进行调整等。

计算机和国际互联网为媒介的新的电子跨境提供在一定程度上代表着服务模式1(跨境提供)的发展方向,因此,应通过政府补贴等方式增强国内服务产业运用电子跨境提供方式的能力,以有效展开与外国服务提供商的竞争。

对境外消费采取保障措施主要是进行数量限制,包括对出国消费的消费者护照进行配额发放,对其可带出境的外汇数量予以限制,等等。通过这些方式,使国内提供者受到一定程度的保护。

对外资商业存在采取保障措施,首先是进行市场准入的限制,根据不同情况分别或综合采取许可证、配额、领域限制、地域限制、股权限制、经营范围限制、主体资格限制、企业形式限制等措施。国家专门机关负责对外国公司发放许可证,审查外国公司是否符合法律法规中的限制性条件。许可证可进行限量发放,并且规定其有效期,即使在有效期内,当国内产业受到严重损害或严重损害威胁时或为了实施法律的目的,外商设立的服务企业已经取得的许可或执照也会被取消或收回。对外资商业存在采取保障措施,除进行市场准入的限制外,还可以对外资商业存在进行国民待遇的限制,即采取有利于本国服务提供者但歧视外国服务提供者的措施,包括为国内服务提供者提供成本优势,或增加外国服务提供者进入本国市场成本的措施。为国内服务提供者提供成本优势包括对国内服务提供者进行补贴或政府采购上的倾斜。

对自然人流动采取的保障措施包括市场准入限制和国民待遇限制两大类。其中,市场准入限制包括的措施有:对服务提供者的数量限制或配额;提出资质许可和预先就业要求;进行经济需求测试;颁发签证和工作许可证。国民待遇限制的具体措施包括:适用国内最低工资立法;对享受社会保障福利或补贴的限制;采取歧视性待遇等。

参 考 文 献

中文著作(含译著)

1. 石静霞:《WTO 服务贸易法专论》,法律出版社 2006 年版。

2. 房东:《WTO 服务贸易总协定法律约束力研究》,北京大学出版社 2006 年版。

3. 石静霞、陈卫东:《WTO 国际服务贸易成案研究》,北京大学出版社 2005 年版。

4. 赵云:《电子商务自由化与法律》,北京大学出版社 2005 年版。

5. 孙振宇主编:《WTO 多哈回合谈判中期回顾》,人民出版社 2005 年版。

6. 李国安主编:《WTO 服务贸易多边规则》,北京大学出版社 2005 年版。

7. 莫世健:《贸易保障措施研究》,北京大学出版社 2005 年版。

8. 尹翔硕等:《APEC 的服务贸易发展》,南开大学出版社 2005 年版。

9. 黄东黎、王振民主编:《中华人民共和国对外贸易法:条文精释及国际规则》,法律出版社 2004 年版。

10. [澳]克里斯托弗·阿勒普著:《世界贸易组织的新协

定——服务贸易和知识产权协定在法律全球化中的作用》,广东外语外贸大学法学院译,上海人民出版社 2004 年版。

11. 张玉卿主编:《WTO 新回合法律问题研究》,中国商务出版社 2004 年版。

12. Aaditya Mattoo & Pierre Sauve 编:《国内管制与服务贸易自由化》,方丽英译,中国财政经济出版社 2004 年版。

13. 黄繁华:《加入 WTO 后服务业的发展》,人民出版社 2004 年版。

14. 吴洪、张小铁:《电信普遍服务研究》,人民邮电出版社 2004 年版。

15. 韩龙著:《WTO 金融服务贸易的法律问题研究》,湖南人民出版社 2004 年版。

16. 黄文俊:《保障措施法研究》,法律出版社 2004 年版。

17. [美]约翰·O. 麦金尼斯、马克·L. 莫维塞西恩著,张保生、满运龙译:《世界贸易宪法》,中国人民大学出版社 2004 年版。

18. 韩立余编著:《WTO 案例及评析(2001)》,中国人民大学出版社 2004 年版。

19. 王贵国:《世界贸易组织法》,法律出版社 2003 年版。

20. 韩龙:《世贸组织与金融服务贸易》,人民法院出版社 2003 年版。

21. 杨斐主编:《WTO 服务贸易法》,中国对外经济贸易出版社 2003 年版。

22. 罗昌发:《美国贸易救济制度》,中国政法大学出版社 2003 年版。

23. 张汉林总主编:《保障措施争端案例》,经济日报出版社 2003 年版。

24. 王粤著:《服务贸易——自由化与竞争力》,中国人民大学出版社 2002 年版。

25. 陈卫东:《WTO 例外条款解读》,对外经济贸易大学出版社 2002 年版。

26. 张向晨:《发展中国家与 WTO 的政治经济关系》,法律出版社 2002 年版。

27. 世界贸易组织秘书处编著:《电子商务与 WTO 的作用:贸易、金融和金融危机——金融服务自由化和〈服务贸易总协定〉》,(原)对外经济贸易合作部世界贸易组织司译,法律出版社 2002 年版。

28. 彭心仪主编:《美国资讯通信法案例评析》,台北元照出版公司 2002 年版。

29. [美]约翰·H. 杰克逊著,张玉卿、李成钢、杨国华等译:《GATT/WTO 法理与实践》,新华出版社 2002 年版。

30. [美]约翰·H. 杰克逊著,张乃根译:《世界贸易体制——国际经济关系的法律与政策》,复旦大学出版社 2001 年版。

31. 刘笋著:《WTO 法律规则体系对国际投资法的影响》,中国法制出版社 2001 年版。

32. 周林彬、郑远远:《WTO 规则例外和例外规则》,广东人民出版社 2001 年版。

33. 张玉卿、李成钢:《WTO 与保障措施争端》,上海人民出版社 2001 年版。

34. 张圣翠、赵维加:《国际服务贸易法与中国》,上海三联书店 2000 年版。

35. 陶凯元:《国际服务贸易法律多边化与中国对外服务贸易法制》,法律出版社 2000 年版。

36. 孙南申:《中国对外服务贸易法律制度》,法律出版社 2000 年版。

37. 赵维田:《世贸组织(WTO)的法律制度》,吉林人民出版社 2000 年版。

38. 陈宪主编:《国际服务贸易——原理·政策·产业》,立信会计出版社 2000 年版。

39. 黄胜强:《国际服务贸易多边规则利弊分析》,中国社会科学出版社 2000 年版。

40. 杨圣明主编:《服务贸易:中国与世界》,民主与建设出版社 1999 年版。

41. 韩立余:《美国外贸法》,法律出版社 1999 年版。

42. 王新奎等著:《世界贸易组织与发展中国家》,上海远东出版社 1998 年版。

43. 陈已昕编著:《国际服务贸易法》,复旦大学出版社 1997 年版。

44. 张汉林等著:《经贸竞争新领域——服务贸易总协定与国际服务贸易》,中国经济出版社 1997 年版。

45. 张新平:《世界贸易组织下之服务贸易》,台湾月旦出版社 1996 年版。

中文文章

1. 张勇:"论构建中国产业安全法律制度",对外经济贸易大学博士论文,2006 年。

2. 欧阳慧、黄泽周:"关于建立中国—东盟自由贸易区服务贸易法律制度的探讨",《广西政法管理干部学院学报》2005 年第 3 期。

3. 王贵国:"服务贸易游戏规则是与非",《法学家》2005 年第 4 期。

4. 石静霞:"区域经济一体化中的服务贸易问题",《法学评论》2005 年第 5 期。

5. 刘戒骄、梁峰:"'十一五'期间我国电信监管改革的方向与内容",《中国工业经济》2005 年第 6 期。

6. 石静霞:"从 GATS 第 6 条与第 16 条的关系角度评'美国博彩案'",《法学》2005 年第 8 期。

7. 张新平:"服务贸易与开发中国家",台湾政治大学法学院主办"两岸财经法新趋势研讨会"论文,2005 年 9 月(台北)。

8. 李圣敬:"国际保障措施法的一般原理与问题研究",华东政法学院博士论文,2004 年。

9. 石静霞:"新《对外贸易法》与我国发展国际服务贸易的若干法律问题,",《〈中华人民共和国对外贸易法〉规则解析》,对外经济贸易大学出版社 2004 年版。

10. 王毅:"WTO 国民待遇在服务贸易和知识产权领域的适用",《法学研究》2004 年第 3 期。

11. 陈立虎、杨向东:"'未预见发展'的条件属性",《法学研究》2004 年第 3 期。

12. 韩龙:"WTO 框架下的金融服务贸易与资本流动和金融稳定",《时代法学》2004 年第 4 期。

13. 杨光华:"服务补贴规范发展必要性之初探",《政大法学评论》2004 年第 80 期。

14. 韩龙:"WTO 服务贸易中的规制纪律与规制自由——对 GATS 国内规制问题与发展趋势的透视",《法商研究》2003 年第 3 期。

15. 石静霞："服务贸易领域的紧急保障措施探析",《法学家》2003 年第 5 期。

16. 樊勇明译,日本经济产业省："产业结构调整中的保障措施",《世界贸易组织动态与研究》2003 年第 5 期。

17. 蔡从燕："中欧贸易壁垒调查立法比较研究",《中国法学》2003 年第 6 期。

18. 范小新："服务贸易发展史与自由化研究",中国社会科学院博士论文,2002 年。

19. 任际："国际服务贸易的特殊性及〈服务贸易总协定〉宗旨分析",《辽宁大学学报》(哲社版)2002 年第 3 期。

20. 林燕平："GATS 协定中与竞争有关的规则与我国在服务贸易领域竞争法的完善",《法制与社会发展》2002 年第 4 期。

21. 蒋帅："《服务贸易总协定》的税收例外探析",《涉外税务》2002 年第 4 期。

22. 林晶、房东："略论 WTO 新一轮谈判中服务贸易保障措施规则的制定——兼析我国应坚持的立场",《国际经贸探索》2002 年第 5 期。

23. 陆志安："WTO 服务贸易总协定与欧共体相关法律与实践的初步比较",《法学评论》2002 年第 5 期。

24. 汪倩："论《服务贸易总协定》中的国民待遇",《国际经贸探索》2002 年第 5 期。

25. 陈立虎："论保障措施的特征、功能和实施条件",《东吴法学》2002 年号。

26. 刘笋："对 GATS 主要缺陷的剖析",《法学评论》2001 年第 1 期。

27. 胡雪梅："服务贸易总协定中的市场准入与国民待遇问

题——兼论中国的服务业开放问题",《政法论坛》2001 年第 2 期。

28. 吴成贤:"GATS 对承诺方式的选择及其分析",《国际经贸探索》2001 年 4 期。

29. 李仁真、温树真:"国际金融服务贸易的多边法律框架——WTO 与金融服务贸易有关的协议评析",《政法论坛》2001 年第 6 期。

30. 刘超:"解析《服务贸易总协定》中的最惠国待遇",《甘肃社会科学》2001 年第 6 期。

31. 石静霞:"基础电讯服务贸易的几个法律问题",《法商研究》(第 17 卷)2000 年第 3 期。

32. 石静霞:"WTO 框架下国际电讯服务贸易的法律问题——兼谈中国电讯服务市场的开放",《国际商法论丛》(第 2 卷)2000 年 8 月。

33. 钟兴国:"服务贸易总协定的法律机制与国际服务贸易自由化",厦门大学博士论文,1999 年。

34. 王贵国:"从服务贸易总协定看经济一体化的法律渗透",《国际经济法论丛》(第 1 卷),法律出版社 1998 年版。

35. 张瑞萍:"《服务贸易总协定》基本原则评析",《当代法学》1998 年第 3 期。

36. 臧立:"论国际服务贸易中的国民待遇问题",《法商研究》1998 年第 5 期。

37. 李居迁:"WTO 保障条款的源流及法律特征",《比较法研究》1997 年第 2 期。

38. 石静霞:"中国发展国际服务贸易的法律问题——结合 GATS 的若干分析",《中国法学》1997 年第 5 期。

39. 王军敏:"试论服务贸易的概念",《国际贸易问题》1995

年第 12 期。

外文著作

1. Philip Raworth, *Trade in Service: Global Regulation and the Impact on Key-Service Sector*, Oceana Publications, 2005.

2. Omar Odarda, *Handbook of GATS Commitments. Trade in Services Under the WTO*, Cameron May Ltd. , 2003.

3. Mario Gallina, *Gats: The Case for Open Services Markets*, OECD, 2003.

4. Mitsuo Matsushita, Thomas J. Schoenbaum, Petros C. Mavroidis, *the World Trade Organization Law-Practice and Policy*, Oxford University Press, London, 2003.

5. Thomas Cottier, Petros C Mavroidis, Patrick Blatter (Editors) , *Regulatory Barriers and the Principle of Non-Discrimination in World Trade Law : Past, Present, and Future* , Hardcover Publisher: University of Michigan Press 2000.

6. John H. Jackson, *The Jurisprudence of GATT & the WTO-Insights on Treaty Law; and Economic Relations*, Higher Education Press, 2002.

7. Andreas F. Lowenfeld, *International Economic Law*, Oxford University Press, 2002.

8. Bernard Huekman, Aaditya Mattoo, and Philip English (Editors) , *Development, Trade, and the WTO: A Handbook*, World Bank, 2002.

9. Scott Sinclair and Jim Grieshaber-Otto, *Facing the Facts: A Guide to the GATS Debate*, Canadian Centre for Policy

Alternates, 2002.

10. Stiglitz, Joseph, *Globalization and its Discontent, Freedom to Choose*, Penguin Books, 2002.

11. Stephenson, Sherry M. (Editor), *Services Trade in the Western Hemisphere; Liberalization, Integration and Reform*, Brookings Institution Press, Washington, D. C. , 2000.

12. Bemand Hokeman and Will Martin (Editors), *Developing Countries and the WTO: A Pro-Active Agenda*, Blackwell Publishers, 2001.

13. Corner House, *Trading Health Care Away? GATS, Public Services and Privatisation*, The Corner House, 2001.

14. Pierre Sauce & Robert M. Stern (Editors) , *GATS 2000 : New Directions in Services Trade Liberalization*, Brookings Institution Press, Washington, D. C. , 2000.

15. Christopher Arup, *The New World Trade Organization Agreements , Globalizing Law Through Services and intellectual Property*, Cambridge University Press, 2000.

16. WTO Secretariat, *Guide to GATS, An Overview of issues for Further Liberation*, Wells Apsen publisher, 2000.

17. Dorothy Riddle, *Business Guide to GATS and Trade in Services*, Commonwealth Secretariat , 2000.

18. M. Bacchetta, P. Low, A. Mattoo. L. Schuknecht, H. Wager & M. Wehrens, *Electronic Commerce and the Role of the WTO*, Geneva, 1998.

19. John. H. Jackson, *The World Trading System : Law and Policy of International Economic Relations (2nd edition) *, The MIT

Press, 1997.

20. Ghosh, Bimal, *Gains from Global Linkages: Trade in Services and Movements of Persons,* MacMillan Press Ltd. , 1997.

21. B Jagdish Bhagwati and Robert E. Hudec (Editors), *Fair Trade and Harmonization*: *Prerequisites for Free Trade?*, Cambridge MA, MIT Press, 1996.

22. McGovern, Edmond, *International Trade Regulation,* Exeter, Globefield Press, 1995.

23. Bliss. C. , *Economic Theory and Policy for Trading Blocks,* Manchester University Press, 1994.

24. Terence P. Stewart, *The GATT Uruguay Round*: *A Negotiating History(* 1986—1992*)*, Kluwer Law and Taxation Publishers, 1993.

25. Collinson, Sarah, *Europe and International Migration,* Royal Institute of International Affairs, 1993.

26. Muller, T. , *Immigrants and the American City,* New York University Press, 1993.

27. Layard, R. , O. Blanchard, R. Dornbush and P. Krugman, *East-West Migration, The Alternatives,* MIT Press, 1992.

28. Abowd, J. M. and R. B. Freeman, eds. , *Immigration, Trade, and the Labor Market,* U. Chicago Press, 1991.

29. Bernier, Iranet. al. , *Laboor Mobility and Trade in Service,* Govt. of Canada, 1988.

30. Sassen, S. , *The Mobility of Labour and Capital,* Cambridge Univ. Press, 1988.

31. M. C. E. J. Bronckers, Monograph Deventer, *Selective Safeguard Measures on Multilateral Trade Relation*: *Issues of Protectionism*

in GATT, European Community, and United States Law, Kluwer Law and Taxation Publishers, 1985.

32. John H. Jackson, *World Trade and the Law of GATT*, the Bobbs-Merrill Company, Inc. , 1969.

33. Hoekman, B. and M. Kosteckei, *The Political Economy of the World Trading System: From GATT to WTO*, Oxford University Press, 1995.

34. John H. Jackson, *Legal Problems of International Economic Relations*, West Publishing Co. , 1986, 2nd ed.

35. Bruce E. Clubb, *United States Foreign Trade Law*, Volume 1, Little Brown & Co. Law & Business, 1991.

36. Robert E. Hudec, *Enforcing International Trade Law, the Evolution of the Modern GATT Legal System*, Butterworth Legal Publishers, 1993.

37. Gilbert R. Winham, *International Trade and the Tokyo Round Negotiation*, Princeton University Press, 1986.

38. A. Bressand and K. Nicolaidis(Editors) , *Strategic Trends in Services, An Inquiry into the Global Service Economy*, Harper & Row Publishers, 1989, New York.

39. M. J. Trebilcock and R. Howse, *The Regulation of International Trade*, Routledge, London and New York, 1995.

外文文章

1. Joost Pauwelyn, " WTO Softens Earlier Condemnation of U. S. Ban on Internet Gambling, but Confirms Broad Reach Sensitive Domestic Regulation", *ASIL Insight*, 2005.

2. Joost Pauwelyn, "Rien ne Va Plus? Distinguishing Domestic Regulation from Market Access in GATT and GATS" , *World Trade Review*, July 2005.

3. Boutheina Guermazi, " Reforming International Accounting Rates; A Developing Country' s Perspective", in *The WTO and Global Governance in Telecommunications and Audio-Visual services*, Damien Geradin et. al. (ed.) , 2004.

4. Shi Jingxia, " Telecommunication Service in China: Implications from WTO Membership", *The Journal of World Investment & Trade (Switzerland)* , Vol. 5, No. 4, 2004.

5. Joost Pauwelyn, "WTO Condemnation of U. S. Ban on Internet Gambling Pits Free Trade against Moral Values", *ASIL Insight*, November 2004.

6. Laurel Terry , "But What Will the WTO Disciplines Apply to? Distinguishing Among Market Access, National Treatment and Article VI. 4 Measures When Applying the GATS to Legal Services", *The Professional Lawyer* 83 , 2004.

7. Kathleen A. Lacey, Barbara Crutchfield George & Rajan George, "International Telecommunications Mergers; U. S. National Security Threats Inherent in Foreign Government Ownership of Controlling Interests", *Tulane Journal of Technology and Intellectual Property*, 4 TLNJTIP 29, 2002.

8. Aaditya Mattoo & Carsten Fink, "Regional Agreement and Trade in Services; Policy Issues 2" , *World Bank Policy Research* Waking Paper 2852 , 2002.

9. Aaditya Mattoo, " China's Accession to the WTO: The Services

Dimension ", http: // www. worldbank. org/wbiep/trade/papers/in mattooservices. Pdf, 1 December 2002.

10. Leather Ehring, "De Facto Discrimination in World Trade Law; National and Most-Favoured-Nation Treatment—or Equal Treatment? "*Journal of World Trade*, Vol. 36, No. 5, 2002.

11. Pierre Sauve, "Completing the GATS Framework; Safeguards, Subsidies, and Government Procurement", in Bernard Hoefeman, Aaditya Mattoo, and Philip English ed. , *Development, Trade, and the WTO*, World Bank, 2002.

12. Santiago M. Villalpando, "Attribution of Conduct to the State: How the Rules of State Responsibility May Be Applied within the WTO Dispute Settlement System", *Journal of International Economic Law* , Vol. 5, No. 2, 2002.

13. Aaditya Mattoo, "Developing Countries in the New Round of GATS Negotiations: From a Defensive to a Pro-Active Role", in Bernand Hokeman and Will Martin(Editors) , *Developing Countries and the WTO: A Pro-Active Agenda*, Blackwell Publishers, 2001.

14. Allison Maree Young, "Liberalization and Regulation of the Movement of Service Suppliers: Comparing the Provisions for Labour Mobility in the General Agreement on Trade in Services", *the North American Free Trade Agreement, and the European Union*, Submitted in partial fulfillment of the requirements for the degree of Doctorate of Philosophy at Dalhousie University, August 27, 2001.

15. Andrew D. Mitchell, "Towards Compatibility: The Future of Electronic Commerce within the Global Trading System", *Journal of International Economic Law* 683, 2001.

16. Markus Krajewski, "Public Services and the Scope of the General Agreement on Trade in Services (GATS)", Research Paper Written for Center for International Environmental Law (CIEL), May 2001.

17. Chantal Blouin, "The WTO Agreement on Basic Telecommunications; A Reevaluation", 24 *Telecommunication Policy* 135, 2000.

18. Aaditya Matoo, " MFN and the GATS", *in Regulatory Barriers and the Principle of Non-Discrimination in World Trade Law*, Thomas Cottier and Petros C. Mavrodis, (eds.), University of Michigan Press, 2000.

19. Pierre Sauve, "Developing Countries and the GATS 2000 Round", *Journal of World Trade*, Vol. 34, 2000.

20. Aaditya Mattoo & Marcelo Olarreaga, "Should Credit Be Given for Autonomous Liberalization in Multilateral Trading Negotiations?", World Bank Policy Research Working Paper, No. 2374.

21. Aly K. Abu-Akeel, "Definition of Trade in Services Under the GATS; Legal Implications", *George Washington Journal of International Law and Economics*, 1999.

22. Ruth Ku, " A GATT-Analogue approach to Analyzing the Consistency of the FCC's Foreign Participation Order with U. S. GATS MFN Commitments", *George Washington Journal of International Law and Economics*, Vol. 32, 1999.

23. Prieto & Stephenson, "Multilateral and Regional Liberalization of Trade in Services", in *Trade Rules in the Making: Challenges in Regional and Multilateral Negotiations*, Miguel Rodriguez Mendoza, Patrick Low & Babara Kotschwar (Editors), Brookings Institution

Press , 1999.

24. John Croome, " Reshaping the World Trading System: A History of the Uruguay Round", *Kluwer Law International* , 1999.

25. Edward S. Tsai, "' Like' is a Four-Letter Word—GATT Article III's ' Like Product' Conundrum", *Berkeley Journal of International Law*, Vol. 17, No. 1 , 1999.

26. Werner Zdouc, "WTO Dispute Settlement Practice Relating to the GATS", *Journal of International Economic Law* , Vol. 2, No. 2, 1999.

27. Snape Richard, " Reaching Effective Agreements Covering Services" , in *The WTO as an International Organization, Anne O. Krueger*, University of Chicago Press, 1998.

28. Taunya L. McLarty, "Liberalized Telecommunications Trade in the WTO: Implications for Universal Service Policy" , *Federal Communication Law Journal*, 1998.

29. P. L. Spector, "Business Transactions, Disputes and Regulation: The World Trade Organization Agreement on Telecommunications", *The International Lawyer*, No. 2, 1998.

30. Laura B. Sherman, " Introductory Note to the WTO Agreement on Telecommunications Services", *International Legal Materials*, Vol. 36 , 1997.

31. Richard Brown, "Basic Telecommunications Service Negotiations in the World Trade Organization: Impetus, Offers and Prospects", U. S. International Trade Commission, Pub. No. 3017 , *Industry, Trade & Technology Review*, 1997.

32. Karen B. Giammuzzi, " The Convention of Contracts for the

International Sale of Goods; Temporarily out of ' Service' ", *Law and Policy in International Business*, 1997.

33. Aaditya Mattoo, "National Treatment in the GATS; Cornerstone or Pandora's Box?" , *Journal of World Trade*, Vol. 31, No. 1, 1997.

34. Peter K. Morrison, "WTO Dispute Settlement in Services; Procedural and Substantive Aspects", in Ernst-Ulrich Petersman ed. , *International Trade Law and the GATT/WTO Dispute Settlement System*, Kluwer Law International, 1997.

35. L. Altinger and A. Enders, "The Scope and Depth of GATS Commitments", *The World Economy* 19, 1996.

36. Yi Wang, "Most-Favoured-Nation Treatment under the GATS- and Its Application in Financial Services", *Journal of World Trade*, Vol. 30, No. 1, 1996.

37. Harry G. Broadman, "International Trade and Investment in Services; A Comparative Analysis of the NAFTA", *in Legal Problems of International Economic Relations (third edition)* , John. H. Jackson, William J. Davey & Alan O. Sykes(ed.) , West Publishing Co. , 1995.

38. Jagdish Bhagwati, "Economic Perspective on Trade in Professional Services", *in Legal Problems of International Economic Relations (third edition)* , edited by John H. Jackson, William J. Davey & Alan O. Sykes, West Publishing Co. , 1995.

39. Pierre Sauve, " Assessing the General Agreement on Trade in Services; Half-Full or Half-Empty?", *Journal of World Trade* 29 (4) , 1995.

40. Bernard Hoekman, "Tentative First Steps: An Assessment of

the Uruguay Round Agreement on Services", Policy Research Working Papers, World Bank, 1995.

41. H. Broadman, "The Uruguay Round Accord on International Trade and Investment in Services", *The World Economy* 17, 1994.

42. Bernard Hoekman, "Market Access through Multilateral Agreement; From Goods to Services", *The World Economy* 17, 1994.

43. Tycho H. E. Stahl, "Liberalizing International Trade in Services-The Case for Sidestepping the GATT ", *Yale Journal of International Law*, Vol. 19, 1994.

44. Bernard Hoekman, "Rules of Origin for Goods and Services: Conceptual Issues and Economic Considerations", *Journal of World Trade*, Vol. 27, No. 4, 1993.

45. John H. Jackson, "Constructing a Constitution for Trade in Services", *World Economy*, Vol. 11, June 1988.

46. Geza Feketekuty, " Setting the Agenda for Service 2000: The Next Round of Negotiations on Trade in Services", Paper Presented at the Conference on the Future of Services Trade Liberalization , England.

47. Sungjoon Cho, "Breaking the Barrier Between Regionalism and Multilateralism; A New Perspective on Trade Regionalism", 42 Harv. Int' l L. J. 419.

48. James Gillespie, "Financial Services Liberalization in the World Trade Organization", 29 April 2000, http://cyber. law. harvard. edu/rfi/papers/WTO. pdf.

49. Finger, J. M. , "Legalized Backsliding: Safeguard Provisions in the GATT", in W. Martin and L. A. Winters (Editor), *The Uruguay Round and Developing Countries*, Cambridge University Press, 1993.

附录一 服务贸易总协定

各成员，

认识到服务贸易对世界经济增长和发展日益增加的重要性；

希望建立一个服务贸易原则和规则的多边框架，以期在透明和逐步自由化的条件下扩大此类贸易，并以此为手段促进所有贸易伙伴的经济增长和发展中国家的发展；

期望在给予国家政策目标应有尊重的同时，通过连续回合的多边谈判，在互利基础上促进所有参加方的利益，并保证权利和义务的总体平衡，以便早日实现服务贸易自由化水平的逐步提高；

认识到各成员为实现国家政策目标，有权对其领土内的服务提供进行管理和采用新的法规，同时认识到由于不同国家服务法规发展程度方面存在的不平衡，发展中国家特别需要行使此权利；

期望便利发展中国家更多地参与服务贸易和扩大服务出口，特别是通过增强其国内服务能力、效率和竞争力：

特别考虑到最不发达国家由于特殊的经济状况及其在发展、贸易和财政方面的需要而存在的严重困难；

特此协议如下：

第一部分 范围和定义

第 1 条 范围和定义

1. 本协定适用于各成员影响服务贸易的措施。

2. 就本协定而言,服务贸易定义为:

(a)自一成员领土向任何其他成员领土提供服务;

(b)在一成员领土内向任何其他成员的服务消费者提供服务;

(c)一成员的服务提供者通过在任何其他成员领土内的商业存在提供服务;

(d)一成员的服务提供者通过在任何其他成员领土内的自然人存在提供服务。

3. 就本协定而言:

(a)"成员的措施"指:

(i)中央、地区或地方政府和主管机关所采取的措施;及

(ii)由中央、地区或地方政府或主管机关授权行使权力的非政府机构所采取的措施。

在履行本协定项下的义务和承诺时,每一成员应采取其所能采取的合理措施,以保证其领土内的地区、地方政府和主管机关以及非政府机构遵守这些义务和承诺。

(b)"服务"包括任何部门的任何服务,但在行使政府职权时提供的服务除外;

(c)"行使政府职权时提供的服务"指既不依据商业基础提供,也不与一个或多个服务提供者竞争的任何服务。

第二部分　一般义务和纪律

第 2 条　最惠国待遇

1. 关于本协定涵盖的任何措施,每一成员对于任何其他成员的服务和服务提供者,应立即和无条件地给予不低于其给予任何

其他国家同类服务和服务提供者的待遇。

2. 一成员可维持与第 1 款不一致的措施,只要该措施已列入《关于第 2 条豁免的附件》,并符合该附件中的条件。

3. 本协定的规定不得解释为阻止任何成员对相邻国家授予或给予优惠,以便利仅限于毗连边境地区的当地生产和消费的服务的交换。

第 3 条 透明度

1. 除紧急情况外,每一成员应迅速公布有关或影响本协定运用的所有普遍适用的措施,最迟应在此类措施生效之时。一成员为签署方的有关或影响服务贸易的国际协定也应予以公布。

2. 如第 1 款所指的公布不可行,则应以其他方式使此类信息可公开获得。

3. 每一成员应迅速并至少每年向服务贸易理事会通知对本协定项下具体承诺所涵盖的服务贸易有重大影响的任何新的法律、法规、行政准则或现有法律、法规、行政准则的任何变更。

4. 每一成员对于任何其他成员关于提供属第 1 款范围内的任何普遍适用的措施或国际协定的具体信息的所有请求应迅速予以答复。每一成员还应设立一个或多个咨询点,以应请求就所有此类事项和需遵守第 3 款中的通知要求的事项向其他成员提供具体信息。此类咨询点应在《建立世界贸易组织协定》(本协定中称"《WTO 协定》")生效之日起 2 年内设立。对于个别发展中国家成员,可同意在设立咨询点的时限方面给予它们适当的灵活性。咨询点不必是法律和法规的保存机关。

5. 任何成员可将其认为影响本协定运用的、任何其他成员采取的任何措施通知服务贸易理事会。

第 3 条之二 机密信息的披露

本协定的任何规定不得要求任何成员提供一经披露即妨碍执法或违背公共利益或损害特定公私企业合法商业利益的机密信息。

第4条　发展中国家的更多参与

1. 不同成员应按照本协定第三部分和第四部分的规定,通过谈判达成有关以下内容的具体承诺,以便利发展中国家成员更多地参与世界贸易:

（a）增强其国内服务能力、效率和竞争力,特别是通过在商业基础上获得技术;

（b）改善其进入分销渠道和利用信息网络的机会;以及

（c）在对其有出口利益的部门和服务提供方式实现市场准入自由化。

2. 发达国家成员和在可能的限度内的其他成员,应在《WTO协定》生效之日起2年内设立联络点,以便利发展中国家成员的服务提供者获得与其各自市场有关的、关于以下内容的信息:

（a）服务提供的商业和技术方面的内容;

（b）专业资格的登记、认可和获得;以及

（c）服务技术的可获性

3. 在实施第1款和第2款时,应对最不发达国家成员给予特别优先。鉴于最不发达国家的特殊经济状况及其发展、贸易和财政需要,对于它们在接受谈判达成的具体承诺方面存在的严重困难应予特殊考虑。

第5条　经济一体化

1. 本协定不得阻止任何成员参加或达成在参加方之间实现服务贸易自由化的协定,只要此类协定:

（a）涵盖众多服务部门（见注释1）,并且

（b）规定在该协定生效时或在一合理时限的基础上，对于（a）项所涵盖的部门，在参加方之间通过以下方式不实行或取消第门条意义上的实质上所有歧视：

（i）取消现有歧视性措施，和/或

（ii）禁止新的或更多的歧视性措施，

但第11条、第12条、第14条以及第14条之二下允许的措施除外。

2. 在评估第1款（b）项下的条件是否得到满足时，可考虑该协定与有关国家之间更广泛的经济一体化或贸易自由化进程的关系。

3.（a）如发展中国家为第1款所指类型协定的参加方，则应依照有关国家总体和各服务部门及分部门的发展水平，在第1款所列条件方面，特别是其中（b）项所列条件方面给予灵活性。

（b）尽管有第6款的规定，但是在第1款所指类型的协定只涉及发展中国家的情况下，对此类协定参加方的自然人所拥有或控制的法人仍可给予更优惠的待遇。

4. 第1款所指的任何协定应旨在便利协定参加方之间的贸易，并且与订立该协定之前的适用水平相比，对于该协定外的任何成员，不得提高相应服务部门或分部门内的服务贸易壁垒的总体水平。

5. 如因第1款下的任何协定的订立、扩大或任何重大修改，一成员有意修改或撤销一具体承诺，因而与其减让表中所列条款和条件不一致，则该成员应至少提前90天通知该项修改或撤销，并应适用第21条第2款，第3款和第4款中所列程序。

6. 任何其他成员的服务提供者，如属根据第1款所指协定参加方的法律所设立的法人，则有权享受该协定项下给予的待遇，只要该服务提供者在该协定的参加方领土内从事实质性商业经营。

7.(a)属第1款所指任何协定参加方的成员应迅速将任何此类协定及其任何扩大或重大修改通知服务贸易理事会。它们还应使理事会可获得其所要求的有关信息。理事会可设立工作组,以审查此类协定及其扩大或修改,并就其与本条规定的一致性问题向理事会提出报告。

(b)属第1款所指的在一时限基础上实施的任何协定参加方的成员应定期就协定的实施情况向服务贸易理事会提出报告。理事会如认为必要,可设立工作组,以审查此类报告。

(c)依据(a)项和(b)项所指的工作组的报告,理事会可向参加方提出其认为适当的建议。

8.属第1款所指的任何协定参加方的成员,不可对任何其他成员从此类协定中可能获得的贸易利益寻求补偿。

第5条之二　劳动力市场一体化协定

本协定不得阻止任何成员参加在参加方之间实现劳动力市场完全一体化(见注释2)的协定,只要此类协定:

(a)对协定参加方的公民免除有关居留和工作许可的要求;

(b)通知服务贸易理事会。

第6条　国内法规

1.在已作出具体承诺的部门中,每一成员应保证所有影响服务贸易的普遍适用的措施以合理、客观和公正的方式实施。

2.(a)对每一成员应维持或尽快设立司法、仲裁或行政庭或程序,在受影响的服务提供者请求下,对影响服务贸易的行政决定迅速进行审查,并在请求被证明合理的情况下提供适当的补救。如此类程序并不独立于作出有关行政决定的机构,则该成员应保证此类程序在实际中提供客观和公正的审查。

(b)(a)项的规定不得解释为要求一成员设立与其宪法结构或其法律制度的性质不一致的法庭或程序。

3. 对已作出具体承诺的服务,如提供此种服务需要得到批准,则一成员的主管机关应在根据其国内法律法规被视为完整的申请提交后一段合理时间内,将有关该申请的决定通知申请人。在申请人请求下,该成员的主管机关应提供有关申请情况的信息,不得有不当延误。

4. 为保证有关资格要求和程序、技术标准和许可要求的各项措施不致构成不必要的服务贸易壁垒,服务贸易理事会应通过其可能设立的适当机构,制定任何必要的纪律。此类纪律应旨在特别保证上述要求:

(a)依据客观的和透明的标准,例如提供服务的能力和资格;

(b)不得比为保证服务质量所必需的限度更难以负担;

(c)如为许可程序,则这些程序本身不成为对服务提供的限制。

5.(a)在一成员已作出具体承诺的部门中,在按照第4款为这些部门制定的纪律生效之前,该成员不得以以下方式实施使此类具体承诺失效或减损的许可要求、资格要求和技术标准:

(i)不符合第4款(a)项、(b)项或(c)项中所概述的标准的;且

(ii)在该成员就这些部门作出具体承诺时,不可能合理预期的。

(b)在确定一成员是否符合第5款(a)项下的义务时,应考虑该成员所实施的有关国际组织(见注释3)的国际标准。

6. 在已就专业服务作出具体承诺的部门,每一成员应规定适当程序,以核验任何其他成员专业人员的能力。

第 7 条　承认

1. 为使服务提供者获得授权、许可或证明的标准或准则得以全部或部分实施,在遵守第 3 款要求的前提下,一成员可承认在特定国家已获得的教育或经历、已满足的要求、或已给予的许可或证明。此类可通过协调或其他方式实现的承认,可依据与有关国家的协定或安排,也可自动给予。

2. 属第 1 款所指类型的协定或安排参加方的成员,无论此类协定或安排是现有的还是在将来订立,均应向其他利害关系成员提供充分的机会,以谈判加入此类协定或安排,或与其谈判类似的协定或安排。如一成员自动给予承认,则应向任何其他成员提供充分的机会,以证明在该其他成员获得的教育、经历、许可或证明以及满足的要求应得到承认。

3. 一成员给予承认的方式不得构成在适用服务提供者获得授权、许可或证明的标准或准则时在各国之间进行歧视的手段,或构成对服务贸易的变相限制。

4. 每一成员应:

(a)在《WTO 协定》对其生效之日起 12 个月内,向服务贸易理事会通知其现有的承认措施,并说明此类措施是否以第 1 款所述类型的协定或安排为依据:

(b)在就第 1 款所指类型的协定或安排进行谈判之前,尽早迅速通知服务贸易理事会,以便向任何其他成员提供充分的机会,使其能够在谈判进入实质性阶段之前表明其参加谈判的兴趣;

(c)如采用新的承认措施或对现有措施进行重大修改,则迅速通知服务贸易理事会,并说明此类措施是否以第 1 款所指类型的协定或安排为依据。

5. 只要适当,承认即应以多边议定的准则为依据。在适当的情况下,各成员应与有关政府间组织或非政府组织合作,以制定和采用关于承认的共同国际标准和准则,以及有关服务行业和职业实务的共同国际标准。

第 8 条　垄断和专营服务提供者

1. 每一成员应保证在其领土内的任何垄断服务提供者在有关市场提供垄断服务时,不以与其在第 2 条和具体承诺下的义务不一致的方式行事。

2. 如一成员的垄断提供者直接或通过附属公司参与其垄断权范围之外且受该成员具体承诺约束的服务提供的竞争,则该成员应保证该提供者不滥用其垄断地位在其领土内以与此类承诺不一致的方式行事。

3. 如一成员有理由认为任何其他成员的垄断服务提供者以与第 1 款和第 2 款不一致的方式行事,则在该成员请求下,服务贸易理事会可要求设立、维持或授权该服务提供者的成员提供有关经营的具体信息。

4. 在《WTO 协定》生效之日后,如一成员对其具体承诺所涵盖的服务提供给予垄断权,则该成员应在所给予的垄断权预定实施前不迟于 3 个月通知服务贸易理事会,并应适用第 21 条第 2 款、第 3 款和第 4 款的规定。

5. 如一成员在形式上或事实上(a)授权或设立少数几个服务提供者,且(b)实质性阻止这些服务提供者在其领土内相互竞争,则本条的规定应适用于此类专营服务提供者。

第 9 条　商业惯例

1. 各成员认识到,除属第 8 条范围内的商业惯例外,服务提供者的某些商业惯例会抑制竞争,从而限制服务贸易。

2. 在任何其他成员请求下,每一成员应进行磋商,以期取消第 1 款所指的商业惯例。被请求的成员对此类请求应给予充分和积极的考虑,并应通过提供与所涉事项有关的、可公开获得的非机密信息进行合作。在遵守其国内法律并在就提出请求的成员保障其机密性达成令人满意的协议的前提下,被请求的成员还应向提出请求的成员提供其他可获得的信息。

第 10 条　紧急保障措施

1. 应就紧急保障措施问题在非歧视原则基础上进行多边谈判。此类谈判的结果应在不迟于《WTO 协定》生效之日起 3 年的一日期生效。

2. 在第 1 款所指的谈判结果生效之前的时间内,尽管有第 21 条第 1 款的规定,但是任何成员仍可在其一具体承诺生效 1 年后,向服务贸易理事会通知其修改或撤销该承诺的意向;只要该成员向理事会说明该修改或撤销不能等待第 21 条第 1 款规定的 3 年期限期满的理由。

3. 第 2 款的规定应在《WTO 协定》生效之日起 3 年后停止适用。

第 11 条　支付和转移

1. 除在第 12 条中设想的情况下外,一成员不得对与其具体承诺有关的经常项目交易的国际转移和支付实施限制。

2. 本协定的任何规定不得影响国际货币基金组织的成员在《基金组织协定》项下的权利和义务,包括采取符合《基金组织协定》的汇兑行动,但是一成员不得对任何资本交易设置与其有关此类交易的具体承诺不一致的限制,根据第 12 条或在基金请求下除外。

第 12 条　保障国际收支的限制

1. 如发生严重国际收支和对外财政困难或其威胁,一成员可对其已作出具体承诺的服务贸易,包括与此类承诺有关的交易的支付和转移,采取或维持限制。各方认识到,由于处于经济发展或经济转型过程中的成员在国际收支方面的特殊压力,可能需要使用限制措施,特别是保证维持实施其经济发展或经济转型计划所需的适当财政储备水平。

2. 第 1 款所指的限制:

(a)不得在各成员之间造成歧视;

(b)应与《国际货币基金组织协定》相一致;

(c)应避免对任何其他成员的商业、经济和财政利益造成不必要的损害;

(d)不得超过处理第 1 款所指的情况所必需的限度;

(e)应是暂时的,并应随第 1 款列明情况的改善而逐步取消。

3. 在确定此类限制的影响范围时,各成员可优先考虑对其经济或发展计划更为重要的服务提供。但是,不得为保护一特定服务部门而采取或维持此类限制。

4. 根据第 1 款采取或维持的任何限制,或此类限制的任何变更,应迅速通知总理事会。

5.(a)实施本条规定的成员应就根据本条采取的限制迅速与国际收支限制委员会进行磋商。

(b)级会议应制定定期磋商的程序(见注释 4),以便能够向有关成员提出其认为适当的建议。

(c)此类磋商应评估有关成员的国际收支状况和根据本条采取或维持的限制,同时特别考虑如下因素:

(i)国际收支和对外财政困难的性质和程度;

(ii)磋商成员的外部经济和贸易环境;

(iii)其他可采取的替代纠正措施。

(d)磋商应处理任何限制与第 2 款一致性的问题,特别是依照第 2 款(e)项逐步取消限制的问题。

(e)在此类磋商中,应接受国际货币基金组织提供的与外汇、货币储备和国际收支有关的所有统计和其他事实,结论应以基金对磋商成员国际收支状况和对外财政状况的评估为依据。

6. 如不属国际货币基金组织成员的一成员希望适用本条的规定,则部长级会议应制定审议程序和任何其他必要程序。

第 13 条 政府采购

1. 第 2 条、第 16 条和第 17 条不得适用于管理政府机构为政府目的而购买服务的法律、法规或要求,此种购买不是为进行商业转售或为供商业销售而在提供服务过程中使用。

2. 在《WTO 协定》生效之日起 2 年内,应就本协定项下服务的政府采购问题进行多边谈判。

第 14 条 一般例外

在此类措施的实施不在情形类似的国家之间构成任意或不合理歧视的手段或构成对服务贸易的变相限制的前提下,本协定的任何规定不得解释为阻止任何成员采取或实施以下措施:

(a)为保护公共道德或维护公共秩序(见注释 5)所必需的措施;

(b)为保护人类、动物或植物的生命或健康所必需的措施;

(c)为使与本协定的规定不相抵触的法律或法规得到遵守所必需的措施,包括与下列内容有关的法律或法规:

(i)防止欺骗和欺诈行为或处理服务合同违约而产生的影响;

(ii)保护与个人信息处理和传播有关的个人隐私及保护个人记录和账户的机密性;

（iii）安全；

（d）与第 17 条不一致的措施，只要待遇方面的差别国在保证对其他成员的服务或服务提供者公平或有效地（见注释6）课征或收取直接税；

（e）与第 2 条不一致的措施，只要待遇方面的差别是约束该成员的避免双重征税的协定或任何其他国际协定或安排中关于避免双重征税的规定的结果。

第 14 条之二　安全例外

1. 本协定的任何规定不得解释为：

（a）要求任何成员提供其认为如披露则会违背其根本安全利益的任何信息；或

（b）阻止任何成员采取其认为对保护其根本安全利益所必需的任何行动：

（i）与直接或间接为军事机关提供给养的服务有关的行动；

（ii）与裂变和聚变物质或衍生此类物质的物质有关的行动，

（iii）在战时或国际关系中的其他紧急情况下采取的行动；或

（c）阻止任何成员为履行其在《联合国宪章》项下的维护国际和平与安全的义务而采取的任何行动。

2. 根据第 1 款（b）项和（c）项采取的措施及其终止，应尽可能充分地通知服务贸易理事会。

第 15 条　补贴

1. 各成员认识到，在某些情况下，补贴可对服务贸易产生扭曲作用。各成员应进行谈判，以期制定必要的多边纪律，以避免此类贸易扭曲作用。(见注释7)谈判还应处理反补贴程序适当性的问题。此类谈判应认识到补贴在发展中国家发展计划中的作用,并考虑到各成员、特别是发展中国家成员在该领域需要灵活性。就此类谈判而言,各成员应就其向国内服务提供者提供的所有与服务贸易有关的补贴交换信息。

2. 任何成员如认为受到另一成员补贴的不利影响,则可请求与该成员就此事项进行磋商。对此类请求,应给予积极考虑。

第三部分　具体承诺

第16条　市场准入

1. 对于通过第1条确认的服务提供方式实现的市场准入,每一成员对任何其他成员的服务和服务提供者给予的待遇,不得低于其在具体承诺减让表中同意和列明的条款、限制和条件。(见注释8)

2. 在作出市场准入承诺的部门,除非在其减让表中另有列明,否则一成员不得在其一地区或在其全部领土内维持或采取按如下定义的措施:

(a)无论以数量配额、垄断、专营服务提供者的形式,还是以经济需求测试要求的形式,限制服务提供者的数量;

(b)以数量配额或经济需求测试要求的形式限制服务交易或资产总值;

(c)以配额或经济需求测试要求的形式,限制服务业务总数或以指定数量单位表示的服务产出总量;(见注释9)

(d)以数量配额或经济需求测试要求的形式,限制特定服务部门或服务提供者可雇用的、提供具体服务所必需且直接有关的自然人总数;

（e）限制或要求服务提供者通过特定类型法律实体或合营企业提供服务的措施；以及

（f）以限制外国股权最高百分比或限制单个或总体外国投资总额的方式限制外国资本的参与。

第 17 条　国民待遇

1. 对于列入减让表的部门，在遵守其中所列任何条件和资格的前提下，每一成员在影响服务提供的所有措施方面给予任何其他成员的服务和服务提供者的待遇，不得低于其给予本国同类服务和服务提供者的待遇。（见注释 10）

2. 一成员可通过对任何其他成员的服务或服务提供者给予与其本国同类服务或服务提供者的待遇形式上相同或不同的待遇，满足第五款的要求。

3. 如形式上相同或不同的待遇改变竞争条件，与任何其他成员的同类服务或服务提供者相比，有利于该成员的服务或服务提供者，则此类待遇应被视为较为不利的待遇。

第 18 条　附加承诺

各成员可就影响服务贸易、但根据第 16 条或第 17 条不需列入减让表的措施，包括有关资格、标准或许可事项的措施，谈判承诺。此类承诺应列入一成员减让表。

　第四部分　逐步自由化

第 19 条　具体承诺的谈判

1. 为推行本协定的目标，各成员应不迟于《WTO 协定》生效之日起 5 年开始并在此后定期进行连续回合的谈判，以期逐步实现更高的自由化水平。此类谈判应针对减少或取消各种措施对服务贸易的不利影响，以此作为提供有效市场准入的手段。此进程的进行应旨在在互利基础上促进所有参加方的利益,并保证权利和义务的总体平衡。

2. 自由化进程的进行应适当尊重各成员的国家政策目标及其总体和各部门的发展水平。个别发展中国家成员应有适当的灵活性,以开放较少的部门,放开较少类型的交易,以符合其发展状况的方式逐步扩大市场准入,并在允许外国服务提供者进入其市场时,对此类准入附加旨在实现第 4 条所指目标的条件。

3. 对于每一回合,应制定谈判准则和程序。就制定此类准则而言,服务贸易理事会应参照本协定的目标,包括第 4 条第 1 款所列目标,对服务贸易进行总体的和逐部门的评估。谈判准则应为处理各成员自以往谈判以来自主采取的自由化和在第 4 条第 3 款下给予最不发达国家成员的特殊待遇制定模式。

4. 各谈判回合均应通过旨在提高各成员在本协定项下所作具体承诺总体水平的双边、诸边或多边谈判,推进逐步自由化的进程。

第 20 条 具体承诺减让表

1. 每一成员应在减让表中列出其根据本协定第三部分作出的具体承诺。对于作出此类承诺的部门,每一减让表应列明:

(a)市场准入的条款、限制和条件;

(b)国民待遇的条件和资格;

(c)与附加承诺有关的承诺;

(d)在适当时,实施此类承诺的时限;以及

(e)此类承诺生效的日期。

2. 与第 16 条和第 17 条不一致的措施应列入与第 16 条有关的栏目。在这种情况下,所列内容将被视为也对第 17 条规定了条件或资格。

3. 具体承诺减让表应附在本协定之后,并应成为本协定的组成部分。

第 21 条 减让表的修改

1.(a)一成员(本条中称"修改成员")可依照本条的规定,在减让表中任何承诺生效之日起 3 年期满后的任何时间修改或撤销该承诺。

(b)修改成员应将其根据本条修改或撤销一承诺的意向,在不迟于实施修改或撤销的预定日期前 3 个月通知服务贸易理事会。

2.(a)在本协定项下的利益可能受到根据第 1 款(b)项通知的拟议修改或撤销影响的任何成员(本条中称"受影响成员")请求下,修改成员应进行谈判,以期就任何必要的补偿性调整达成协议。在此类谈判和协定中,有关成员应努力维持互利承诺的总体水平,使其不低于在此类谈判之前具体承诺减让表中规定的对贸易的有利水平。

(b)补偿性调整应在最惠国待遇基础上作出。

3.(a)如修改成员和任何受影响成员未在规定的谈判期限结束之前达成协议,则此类受影响成员可将该事项提交仲裁。任何希望行使其可能享有的补偿权的受影响成员必须参加仲裁。

(b)如无受影响成员请求仲裁,则修改成员有权实施拟议的修改或撤销。

4.(a)修改成员在作出符合仲裁结果的补偿性调整之前,不可修改或撤销其承诺。

(b)如修改成员实施其拟议的修改或撤销而未遵守仲裁结果,则任何参加仲裁的受影响成员可修改或撤销符合这些结果的实质相等的利益。尽管有第 2 条的规定,但是此类修改或撤销可只对修改成员实施。

5. 服务贸易理事会应为更正或修改减让表制定程序。根据本条修改或撤销承诺的任何成员应根据此类程序修改其减让表。

第五部分 机构条款

第 22 条 磋商

1. 每一成员应对任何其他成员可能提出的、关于就影响本协定运用的任何事项的交涉所进行的磋商给予积极考虑,并提供充分的机会。《争端解决谅解》(DSU)应适用于此类磋商。

2. 在一成员请求下,服务贸易理事会或争端解决机构(DSB)可就其通过根据第 1 款进行的磋商未能找到满意解决办法的任何事项与任何一个或多个成员进行磋商。

3. 一成员不得根据本条或第 23 条,对另一成员属它们之间达成的与避免双重征税有关的国际协定范围的措施援引第 17 条。在各成员不能就一措施是否属它们之间的此类协定范围达成一致的情况下,应允许两成员中任一成员将该事项提交服务贸易理事会。(见注释 11)理事会应将该事项提交仲裁。仲裁人的裁决应为最终的,并对各成员具有约束力。

第 23 条 争端解决和执行

1. 如任何成员认为任何其他成员未能履行本协定项下的义务或具体承诺,则该成员为就该事项达成双方满意的解决办法可援用 DSU。

2. 如 DSB 认为情况足够严重有理由采取此类行动,则可授权一个或多个成员依照 DSU 第 22 条对任何其他一个或多个成员中止义务和具体承诺的实施。

3. 如任何成员认为其根据另一成员在本协定第三部分下的

具体承诺可合理预期获得的任何利益,由于实施与本协定规定并无抵触的任何措施而丧失或减损,则可援用 DSU。如 DSB 确定该措施使此种利益丧失或减损,则受影响的成员有权依据第 21 条第 2 款要求作出双方满意的调整,其中可包括修改或撤销该措施。如在有关成员之间不能达成协议,则应适用 DSU 第 22 条。

第 24 条 服务贸易理事会

1. 服务贸易理事会应履行对其指定的职能,以便利本协定的运用,并促进其目标的实现。理事会可设立其认为对有效履行其职能适当的附属机构。

2. 理事会及其附属机构应开放供所有成员的代表参加,除非理事会另有决定。

3. 理事会主席应由各成员选举产生。

第 25 条 技术合作

1. 需要此类援助的成员的服务提供者应可使用第 4 条第 2 款所指的咨询点的服务。

2. 给予发展中国家的技术援助应在多边一级由秘书处提供,并由服务贸易理事会决定。

第 26 条 与其他国际组织的关系

总理事会应就与联合国及其专门机构及其他与服务有关的政府间组织进行磋商和合作作出适当安排。

第六部分 最后条款

第 27 条 利益的拒绝给予

一成员可对下列情况拒绝给予本协定项下的利益:

(a)对于一项服务的提供,如确定该服务是自或在一非成员或与该拒绝给予利益的成员不适用《WTO 协定》的成员领土内提供的；

（b）在提供海运服务的情况下，如确定该服务是：

（i）由一艘根据一非成员或对该拒绝给予利益的成员不适用《WTO协定》的成员的法律进行注册的船只提供的，及

（ii）由一经营和/或使用全部或部分船只的人提供的，但该人属一非成员或对该拒绝给予利益的成员不适用《WTO协定》的成员；

（c）对于具有法人资格的服务提供者，如确定其不是另一成员的服务提供者，或是对该拒绝给予利益的成员不适用《WTO协定》的成员的服务提供者。

第28条　定义

就本协定而言：

（a）"措施"指一成员的任何措施，无论是以法律、法规、规则、程序、决定、行政行为的形式还是以任何其他形式；

（b）"服务的提供"包括服务的生产、分销、营销、销售和交付；

（c）"各成员影响服务贸易的措施"包括关于下列内容的措施：

（i）服务的购买、支付或使用；

（ii）与服务的提供有关的、各成员要求向公众普遍提供的服务的获得和使用；

（iii）一成员的个人为在另一成员领土内提供服务的存在，包括商业存在；

（d）"商业存在"指任何类型的商业或专业机构，包括为提供服务而在一成员领土内：

（i）组建、收购或维持一法人，或

（ii）创建或维持一分支机构或代表处；

(e)服务"部门",

　(i)对于一具体承诺,指一成员减让表中列明的该项服务的一个、多个或所有分部门,

　(ii)在其他情况下,则指该服务部门的全部,包括其所有的分部门;

(f)"另一成员的服务",

　(i)指自或在该另一成员领土内提供的服务,对于海运服务,则指由一艘根据该另一成员的法律进行注册的船只提供的服务,或由经营和/或使用全部或部分船只提供服务的该另一成员的人提供的服务;或

　(ii)对于通过商业存在或自然人存在所提供的服务,指由该另一成员服务提供者所提供的服务;

(g)"服务提供者"指提供一服务的任何人;(见注释 12)

(h)"服务的垄断提供者"指一成员领土内有关市场中被该成员在形式上或事实上授权或确定为该服务的独家提供者的任何公私性质的人;

(i)"服务消费者"指得到或使用服务的任何人;

(j)"人"指自然人或法人。

(k)"另一成员的自然人"指居住在该另一成员或任何其他成员领土内的自然人,且根据该另一成员的法律:

　(i)属该另一成员的国民;或

　(ii)在该另一成员中有永久居留权,如该另一成员:

　　①没有国民;或

　　②按其在接受或加入《WTO 协定》时所作通知,在影响服务贸易的措施方面,给予其永久居民的待遇与给予其国民的待遇实质相同,只要各成员无义务使其给予此类永久居

民的待遇优于该另一成员给予此类永久居民的待遇。此种通知应包括该另一成员依照其法律和法规对永久居民承担与其他成员对其国民承担相同责任的保证;

(l)"法人"指根据适用法律适当组建或组织的任何法人实体,无论是否以盈利为目的,无论属私营所有还是政府所有,包括任何公司、基金、合伙企业、合资企业、独资企业或协会;

(m)"另一成员的法人"指:

(i)根据该另一成员的法律组建或组织的、并在该另一成员或任何其他成员领土内从事实质性业务活动的法人;或

(ii)对于通过商业存在提供服务的情况:

①由该成员的自然人拥有或控制的法人;或

②由(i)项确认的该另一成员的法人拥有或控制的法人;

(n)法人:

(i)由一成员的个人所"拥有",如该成员的人实际拥有的股本超过50%;

(ii)由一成员的个人所"控制",如此类人拥有任命其大多数董事或以其他方式合法指导其活动的权力;

(iii)与另一成员具有"附属"关系,如该法人控制该另一人,或为该另一人所控制;或该法人和该另一人为同一人所控制;

(o)"直接税"指对总收入、总资本或对收入或资本的构成项目征收的所有税款,包括对财产转让收益、不动产、遗产和赠与、企业支付的工资或薪金总额以及资本增值所征收的税款。

第29条 附件

本协定的附件为本协定的组成部分。

附　件

关于第 2 条豁免的附件

范围

1. 本附件规定了一成员在本协定生效时豁免其在第 2 条第 1 款下义务的条件。

2.《WTO 协定》生效之日后提出的任何新的豁免应根据其第 9 条第 3 款处理。

审议

3. 服务贸易理事会应对所给予的超过 5 年期的豁免进行审议。首次审议应在《WTO 协定》生效后不超过 5 年进行。

4. 服务贸易理事会在审议中应:

(a)审查产生该豁免的条件是否仍然存在:并

(b)确定任何进一步审议的日期。

终止

5. 就一特定措施对一成员在本协定第 2 条第 1 款下义务的豁免在该豁免规定的日期终止。

6. 原则上,此类豁免不应超过 10 年。无论如何,此类豁免应在今后的贸易自由化回合中进行谈判。

7. 在豁免期终止时,一成员应通知服务贸易理事会已使该不一致的措施符合本协定第 2 条第 1 款。

第 2 条豁免清单

[根据第 2 条第 2 款议定的豁免清单在《WTO 协定》的条约文本中作为本附件的一部分。]

关于本协定项下提供服务的自然人流动的附件

1. 本附件在服务提供方面,适用于影响作为一成员服务提供者的自然人的措施,及影响一成员服务提供者雇用的一成员的自然人的措施。

2. 本协定不得适用于影响寻求进入一成员就业市场的自然人的措施,也不得适用于在永久基础上有关公民身份、居住或就业的措施。

3. 依照本协定第三部分和第四部分的规定,各成员可就在本协定项下提供服务的所有类别的自然人流动所适用的具体承诺进行谈判。应允许具体承诺所涵盖的自然人依照该具体承诺的条件提供服务。

4. 本协定不得阻止一成员实施对自然人进入其领土或在其领土内暂时居留进行管理的措施,包括为保护其边境完整和保证自然人有序跨境流动所必需的措施,只要此类措施的实施不致使任何成员根据一具体承诺的条件所获得的利益丧失或减损。(见注释13)

关于空运服务的附件

1. 本附件适用于影响定期或不定期空运服务贸易及附属服务的措施。各方确认在本协定项下承担的任何具体承诺或义务不得减少或影响一成员在《WTO 协定》生效之日已生效的双边或多边协定项下的义务。

2. 本协定,包括其争端解决程序,不得适用于影响下列内容的措施:

(a)业务权,无论以何种形式给予;或

（b）与业务权的行使直接有关的服务，但本附件第3款中的规定除外。

3．本协定适用于影响下列内容的措施：

（a）航空器的修理和保养服务；

（b）空运服务的销售和营销；

（c）计算机预订系统（CRS）服务。

4．本协定的争端解决程序只有在有关成员已承担义务或具体承诺、且双边和其他多边协定或安排中的争端解决程序已用尽的情况下方可援引。

5．服务贸易理事会应定期且至少每5年一次审议空运部门的发展情况和本附件的运用情况，以期考虑将本协定进一步适用于本部门的可能性。

6．定义：

（a）"航空器的修理和保养服务"指在航空器退出服务的情况下对航空器或其一部分进行的此类活动，不包括所谓的日常维修。

（b）"空运服务的销售和营销"指有关航空承运人自由销售和推销其空运服务的机会，包括营销的所有方面，如市场调查、广告和分销。这些活动不包括空运服务的定价，也不包括适用的条件。

（c）"计算机预订系统（CRS）服务"指由包含航空承运人的时刻表、可获性、票价和定价规则等信息的计算机系统所提供的服务，可通过该系统进行预订或出票。

（d）"业务权"指以有偿或租用方式，往返于一成员领土或在该领土之内或之上经营和/或运载乘客、货物和邮件的定期或不定期服务的权利，包括服务的地点、经营的航线、运载的运输类型、提供的能力、收取的运费及其条件以及指定航空公司的标准，如数量、所有权和控制权等标准。

关于金融服务的附件

1. 范围和定义

（a）本附件适用于影响金融服务提供的措施。本附件所指的金融服务提供应指提供按本协定第 1 条第 2 款定义的服务。

（b）就本协定第 1 条第 3 款（b）项而言，"在行使政府职权时提供的服务"指：

（ⅰ）中央银行或货币管理机关或任何其他公共实体为推行货币或汇率政策而从事的活动；

（ⅱ）构成社会保障法定制度或公共退休计划组成部分的活动；以及

（ⅲ）公共实体代表政府或由政府担保或使用政府的财政资源而从事的其他活动。

（c）就本协定第 1 条第 3 款（b）项而言，如一成员允许其金融服务提供者从事本款（b）项（ⅱ）目或（ⅲ）目所指的任何活动，与公共实体或金融服务提供者进行竞争，则"服务"应包括此类活动。

（d）本协定第 1 条第 3 款（c）项不得适用于本附件涵盖的服务。

2. 国内法规

（a）尽管有本协定的任何其他规定，但是不得阻止一成员为审慎原因而采取措施，包括为保护投资人、存款人、保单持有人或金融服务提供者对其负有信托责任的人而采取的措施，或为保证金融体系完整和稳定而采取的措施。如此类措施不符合本协定的规定，则不得用作逃避该成员在本协定项下的承诺或义务的手段。

（b）本协定的任何规定不得解释为要求一成员披露有关个人客户的事务和账户的信息，或公共实体拥有的任何机密或专有信息。

3. 承认

（a）一成员在决定其有关金融服务的措施应如何实施时,可承认任何其他国家的审慎措施。此类承认可以依据与有关国家的协定或安排,通过协调或其他方式实现,也可自动给予。

（b）属(a)项所指协定或安排参加方的一成员,无论该协定或安排是将来的还是现有的,如在该协定或安排的参加方之间存在此类法规的相同法规、监督和实施,且如适当,还存在关于信息共享的程序,则应向其他利害关系成员提供谈判加入该协定或安排的充分机会,或谈判达成类似的协定或安排。如一成员自动给予承认,则应为任何其他成员提供证明此类情况存在的充分机会。

（c）如一成员正在考虑对任何其他国家的审慎措施予以承认,则不得适用第7条第4款(b)项。

4. 争端解决

关于审慎措施和其他金融事项争端的专家组应具备与争议中的具体金融服务有关的必要的专门知识。

5. 定义

就本附件而言:

（a）金融服务指一成员金融服务提供者提供的任何金融性质的服务。金融服务包括所有保险及其相关服务,及所有银行和其他金融服务(保险除外)。金融服务包括下列活动:保险及其相关服务

　　（i）直接保险(包括共同保险):

　　（A）寿险

　　（B）非寿险

　　（ii）再保险和转分保;

(iii)保险中介,如经纪和代理;

(iv)保险附属服务,如咨询。精算、风险评估和理赔服务;银行和其他金融服务(保险除外);

(v)接受公众存款和其他应偿还基金;

(vi)所有类型的贷款,包括消费信贷、抵押信贷、商业交易的代理和融资;

(vii)财务租赁;

(viii)所有支付和货币转移服务,包括信用卡、赊账卡、贷记卡、旅行支票和银行汇票;

(ix)担保和承诺;

(x)交易市场、公开市场或场外交易市场的自行交易或代客交易:

    (A)货币市场工具(包括支票、汇票、存单);

    (B)外汇;

    (C)衍生产品,包括但不仅限于期货和期权;

    (D)汇率和利率工具,包括换汇和远期利率协议等产品:

    (E)可转让证券;

    (F)其他可转让票据和金融资产,包括金银条块。

(xi)参与各类证券的发行,包括承销和募集代理(无论公开或私下),并提供与该发行有关的服务;

(xii)货币经纪;

(xiii)资产管理,如现金或证券管理、各种形式的集体投资管理、养老基金管理、保管、存款和信托服务;

(xiv)金融资产的结算和清算服务,包括证券、衍生产品和其他可转让票据;

（xv）提供和传送其他金融服务提供者提供的金融信息、金融数据处理和相关软件；

（xvi）就（v）至（xv）目所列的所有活动提供咨询、中介和其他附属金融服务，包括信用调查和分析、投资和资产组合的研究和咨询、收购咨询、公司重组和策略咨询。

（b）金融服务提供者指希望提供或正在提供金融服务的一成员的自然人或法人，但"金融服务提供者"一词不包括公共实体。

（c）"公共实体"指：

（i）一成员的政府、中央银行或货币管理机关，或由一成员拥有或控制的、主要为政府目的执行政府职能或进行的活动的实体，不包括主要在商业条件下从事金融服务提供的实体；或

（ii）在行使通常由中央银行或货币管理机关行使的职能时的私营实体。

关于金融服务的第二附件

1. 尽管有本协定第 2 条和《关于第 2 条豁免的附件》第 1 款和第 2 款的规定，但是一成员仍可在《WTO 协定》生效之日起 4 个月后开始的 60 天内，将与本协定第 2 条第 1 款不一致的有关金融服务的措施列入该附件。

2. 尽管有本协定第 21 条的规定，但是一成员仍可在《WTO 协定》生效之日起 4 个月后开始的 60 天内，改善、修改或撤销列入其减让表的有关金融服务的全部或部分具体承诺。

3. 服务贸易理事会应为适用第 1 款和第 2 款制定必要的程序。

关于海运服务谈判的附件

1. 第 2 条和《关于第 2 条豁免的附件》，包括关于在该附件中

列出一成员将维持的、与最惠国待遇不一致的任何措施的要求,只有在以下日期方可对国际海运、附属服务以及港口设施的进入和使用生效:

(a)根据《关于海运服务谈判的部长决定》第4段确定的实施日期;或

(b)如谈判未能成功,则为该决定中规定的海运服务谈判组最终报告的日期。

2. 第1款不得适用于已列入一成员减让表的任何关于海运服务的具体承诺。

3. 尽管有第21条的规定,但是自第1款所指的谈判结束起至实施日期前,一成员仍可改善、修改或撤销在本部门的全部或部分具体承诺而无需提供补偿。

关于电信服务的附件

1. 目标

认识到电信服务部门的特殊性,特别是其作为经济活动的独特部门和作为其他经济活动的基本传输手段而起到的双重作用,各成员就以下附件达成一致,旨在详述本协定中有关影响进入和使用公共电信传输网络和服务的措施的规定。因此,本附件为本协定提供注释和补充规定。

2. 范围

(a)本附件应适用于一成员影响进入和使用公共电信传输网络和服务的所有措施。(见注释14)

(b)本附件不得适用于影响电台或电视节目的电缆或广播播送的措施。

(c)本附件的任何规定不得解释为:

（i）要求一成员在其减让表中规定的之外授权任何其他成员的服务提供者建立、建设、收购、租赁、经营或提供电信传输网络或服务，或

（ii）要求一成员（或要求一成员责成其管辖范围内的服务提供者）建立、建设、收购、租赁、经营或提供未对公众普遍提供的电信传输网络或服务。

3. 定义

就本附件而言：

（a）"电信"指以任何电磁方式传送和接收信号。

（b）"公共电信传输服务"指一成员明确要求或事实上要求向公众普遍提供的任何电信传输服务。此类服务可特别包括电报、电话、电传和数据传输，其典型特点是在两点或多点之间对客户提供的信息进行实时传输，而客户信息的形式或内容无任何端到端的变化。

（c）"公共电信传输网络"指可在规定的两个或多个网络端接点之间进行通讯的公共电信基础设施。

（d）"公司内部通信"指公司内部或与其子公司、分支机构进行通信的电信，在遵守一成员国内法律和法规的前提下，还可包括与附属公司进行通信的电信。为此目的，"子公司"、"分支机构"和适用的"附属公司"应由每一成员定义。本附件中的"公司内部通信"不包括向与无关联的子公司、分支机构或附属公司提供的商业或非商业服务，也不包括向客户或潜在客户提供的商业或非商业服务。

（e）对本附件的各款或各项的任何提及均包括其中所有各目。

4. 透明度

在适用本协定第3条时,每一成员应保证可公开获得的关于影响进入和使用公共电信传输网络和服务条件的有关信息,包括:服务的收费及其他条款和条件;与此类网络和服务的技术接口规范;负责制定和采用影响进入和使用标准的机构的信息;适用于终端连接或其他设备的条件;可能的通知、注册或许可要求(若有的话)。

5. 公共电信传输网络和服务的进入和使用

(a)每一成员应保证任何其他成员的任何服务提供者可按照合理和非歧视的条款和条件进入和使用其公共电信传输网络和服务,以提供其减让表中包括的服务。此义务应特别通过(b)至(f)项的规定实施。(见注释15)

(b)每一成员应保证任何其他成员的服务提供者可进入和使用其境内或跨境提供的任何公共电信传输网络或服务,包括专门租用电路,并为此应保证在遵守(e)项和(f)项规定的前提下,允许此类服务提供者:

(i)购买或租用和连接终端或服务提供者提供服务所必需的其他网络接口设备;

(ii)将专门租用或拥有的电路与公共电信传输网络和服务互连,或与另一服务提供者租用或拥有的电路互联;以及

(iii)在提供任何服务时使用该服务提供者自主选择的操作规程,但为保证公众可普遍使用电信传输网络和服务所必需的情况除外。

(c)每一成员应保证任何其他成员的服务提供者可使用公共电信传输网络和服务在其境内或跨境传送信息,包括此类服务提供者的公司内部通信,以及使用在任何成员领土内的数据库所包含的或以机器可读形式存储的信息。如一成员采取严重影响此类

使用的任何新的或修改的措施,则应依照本协定有关规定作出通知,并进行磋商。

(d)尽管有上一项的规定,但是一成员仍可采取必要措施,以保证信息的安全和机密性,但要求此类措施不得以对服务贸易构成任意的或不合理的歧视或构成变相限制的方式实施。

(e)每一成员应保证不对公共电信传输网络和服务的进入和使用附加条件,但为以下目的所必需的条件除外:

(i)保障公共电信传输网络和服务提供者的公共服务责任,特别是使其网络或服务可使公众普遍获得的能力;

(ii)保护公共电信传输网络或服务的技术完整性;或

(iii)保证任何其他成员的服务提供者不提供该成员减让表中承诺所允许之外的服务。

(f)只要满足(e)项所列标准,进入和使用公共电信传输网络和服务的条件可包括:

(i)限制此类服务的转售或分享使用;

(ii)使用特定的技术接口与此类网络和服务进行互联的要求,包括使用接口协议;

(iii)必要时,关于此类服务互操作性的要求,及鼓励实现第7款(a)项所列目标的要求;

(iv)终端和其他网络接口设备的定型,及与此类设备与此类网络连接有关的技术要求;

(v)限制专门租用或拥有的电路与此类网络或服务互联,或与另一服务提供者租用或拥有的电路互联;或

(vi)通知、注册和许可。

(g)尽管有本节前几项的规定,但是一发展中国家成员仍可在与其发展水平相一致的情况下,对公共电信传输网络和服务的

进入和使用可设置必要的合理条件,以增强其国内电信基础设施和服务能力,并增加其参与国际电信服务贸易。此类条件应在该成员减让表中列明。

6. 技术合作

(a)各成员认识到高效和先进的电信基础设施在各国、特别是在发展中国家中是扩大其服务贸易所必需的。为此,各成员赞成和鼓励发达国家和发展中国家、其公共电信传输网络和服务的提供者以及其他实体,尽可能全面地参与国际和区域组织的发展计划,包括国际电信联盟、联合国开发计划署和国际复兴开发银行。

(b)各成员应鼓励和支持发展中国家之间在国际、区域和次区域各级开展电信合作。

(c)在与有关国际组织进行合作时,各成员在可行的情况下,应使发展中国家可获得有关电信服务以及电信和信息技术发展情况的信息,以帮助增强其国内电信服务部门。

(d)各成员应特别考虑向最不发达国家提供机会,以鼓励外国电信服务提供者在技术转让、培训和其他活动方面提供帮助,支持发展其电信基础设施,扩大其电信服务贸易。

7. 与国际组织和协定的关系

(a)的各成员认识到电信网络和服务的全球兼容性和互操作性的国际标准的重要性,承诺通过有关国际机构的工作,包括国际电信联盟和国际标准化组织,以促进此类标准。

(b)各成员认识到政府间和非政府组织和协定,特别是国际电信联盟,在保证国内和全球电信服务的有效运营方面所起的作用。各成员应作出适当安排,以便就本附件实施过程中产生的事项与此类组织进行磋商。

关于基础电信谈判的附件

1. 第 2 条和《关于第 2 条豁免的附件》，包括在该附件中列出一成员将维持的、与最惠国待遇不一致的任何措施的要求，只有在下列日期方可对基础电信生效：

（a）根据《关于基础电信谈判的部长决定》第 5 条确定的实施日期；或

（b）如谈判未能成功，则为该决定规定的基础电信谈判组最终报告的日期。

2. 第 1 款不得适用于已列入一成员减让表的任何关于基础电信服务的具体承诺。

注释：

1. 此条件应根据部门数量、受影响的贸易量和提供方式进行理解。为满足此条件，协定不应规定预先排除任何服务提供方式。

2. 一般情况下，此类一体化为其参加方的公民提供自由进入各参加方就业市场的权利，并包括有关工资条件及其他就业和社会福利条件的措施。

3. "有关国际组织"指成员资格对至少所有 WTO 成员的有关机构开放的国际机构。

4. 各方理解，第 5 款下的程序应与 GATT1994 的程序相同。

5. 只有在社会的某一根本利益受到真正的和足够严重的威胁时，方可援引公共秩序例外。

6. 旨在保证公平或有效地课征和收取直接税的措施包括一成员根据其税收制度所采取的以下措施：

（i）认识到非居民的纳税义务由源自或位于该成员领土内

的应征税项目确定的事实,而对非居民服务提供者实施的措施;或

(ii)为保证在该成员领土内课税或征税而对非居民实施的措施;或

(iii)为防止避税或逃税而对非居民或居民实施的措施,包括监察措施;或

(iv)为保证对服务消费者课征或收取的税款来自该成员领土内的来源而对在另一成员领土内或自另一成员领土提供的服务的消费者实施的措施;或

(v)认识到按世界范围应征税项目纳税的服务提供者与其他服务提供者之间在课税基础性质方面的差异而区分这两类服务提供者的措施;或

(vi)为保障该成员的课税基础而确定、分配或分摊居民或分支机构,或有关联的人员之间,或同一人的分支机构之间收入、利润、收益、亏损、扣除或信用的措施。

第14条(d)款和本脚注中的税收用语或概念,根据采取该措施的成员国内法律中的税收定义和概念,或相当的或类似的定义和概念确定。

7. 未来的工作计划应确定有关此类多边纪律的谈判如何进行及在什么时限内进行。

8. 如一成员就通过第1条第2款(a)项所指的方式提供服务作出市场准入承诺,且如果资本的跨境流动是该服务本身必需的部分,则该成员由此已承诺允许此种资本跨境流动。如一成员就通过第1条第2款(c)项所指的方式提供服务作出市场准入承诺,则该成员由此已承诺允许有关的资本转移进入其领土内。

9. 第2款(c)项不涵盖一成员限制服务提供投入的措施。

10. 根据本条承担的具体承诺不得解释为要求任何成员对由

于有关服务或服务提供者的外国特性而产生的任何固有的竞争劣势作出补偿。

11. 对于在《WTO 协定》生效之日已存在的避免双重征税协定,此类事项只有在经该协定各参加方同意后可提交服务贸易理事会。

12. 如该服务不是由法人直接提供,而是通过如分支机构或代表处等其他形式的商业存在提供,则该服务提供者(即该法人)仍应通过该商业存在被给予在本协定项下规定给予服务提供者的待遇。此类待遇应扩大至提供该服务的存在方式,但不需扩大至该服务提供者位于提供服务的领土以外的任何其他部分。

13. 对某些成员的自然人要求签证而对其他成员的自然人不作要求的事实不得视为使根据一具体承诺获得的利益丧失或减损。

14. 本项被理解为每一成员应保证采取任何必要的措施使本附件的义务适用于公共电信传输网络和服务的提供者。

15. "非歧视"一词理解为指本协定定义的最惠国待遇和国民待遇,反映在具体部门中,该词指"不低于在相似情况下给予同类公共电信传输网络或服务的任何其他使用者的条款和条件"。

附录二 中华人民共和国对外贸易法

(1994 年 5 月 12 日第八届全国人民代表大会常务委员会第七次会议通过,2004 年 4 月 6 日第十届全国人民代表大会常务委员会第八次会议修订,自 2004 年 7 月 1 日起施行。)

目 录

第一章 总 则

第一条 为了扩大对外开放,发展对外贸易,维护对外贸易秩序,保护对外贸易经营者的合法权益,促进社会主义市场经济的健康发展,制定本法。

第二条　本法适用于对外贸易以及与对外贸易有关的知识产权保护。

本法所称对外贸易,是指货物进出口、技术进出口和国际服务贸易。

第三条　国务院对外贸易主管部门依照本法主管全国对外贸易工作。

第四条　国家实行统一的对外贸易制度,鼓励发展对外贸易,维护公平、自由的对外贸易秩序。

第五条　中华人民共和国根据平等互利的原则,促进和发展同其他国家和地区的贸易关系,缔结或者参加关税同盟协定、自由贸易区协定等区域经济贸易协定,参加区域经济组织。

第六条　中华人民共和国在对外贸易方面根据所缔结或者参加的国际条约、协定,给予其他缔约方、参加方最惠国待遇、国民待遇等待遇,或者根据互惠、对等原则给予对方最惠国待遇、国民待遇等待遇。

第七条　任何国家或者地区在贸易方面对中华人民共和国采取歧视性的禁止、限制或者其他类似措施的,中华人民共和国可以根据实际情况对该国家或者该地区采取相应的措施。

第二章　对外贸易经营者

第八条　本法所称对外贸易经营者,是指依法办理工商登记或者其他执业手续,依照本法和其他有关法律、行政法规的规定从事对外贸易经营活动的法人、其他组织或者个人。

第九条　从事货物进出口或者技术进出口的对外贸易经营

者,应当向国务院对外贸易主管部门或者其委托的机构办理备案登记;但是,法律、行政法规和国务院对外贸易主管部门规定不需要备案登记的除外。备案登记的具体办法由国务院对外贸易主管部门规定。对外贸易经营者未按照规定办理备案登记的,海关不予办理进出口货物的报关验放手续。

第十条　从事国际服务贸易,应当遵守本法和其他有关法律、行政法规的规定。

从事对外工程承包或者对外劳务合作的单位,应当具备相应的资质或者资格。具体办法由国务院规定。

第十一条　国家可以对部分货物的进出口实行国营贸易管理。实行国营贸易管理货物的进出口业务只能由经授权的企业经营;但是,国家允许部分数量的国营贸易管理货物的进出口业务由非授权企业经营的除外。实行国营贸易管理的货物和经授权经营企业的目录,由国务院对外贸易主管部门会同国务院其他有关部门确定、调整并公布。

违反本条第一款规定,擅自进出口实行国营贸易管理的货物的,海关不予放行。

第十二条　对外贸易经营者可以接受他人的委托,在经营范围内代为办理对外贸易业务。

第十三条　对外贸易经营者应当按照国务院对外贸易主管部门或者国务院其他有关部门依法作出的规定,向有关部门提交与其对外贸易经营活动有关的文件及资料。有关部门应当为提供者保守商业秘密。

第三章　货物进出口与技术进出口

第十四条　国家准许货物与技术的自由进出口。但是,法律、行政法规另有规定的除外。

第十五条　国务院对外贸易主管部门基于监测进出口情况的需要，可以对部分自由进出口的货物实行进出口自动许可并公布其目录。

实行自动许可的进出口货物，收货人、发货人在办理海关报关手续前提出自动许可申请的，国务院对外贸易主管部门或者其委托的机构应当予以许可；未办理自动许可手续的，海关不予放行。

进出口属于自由进出口的技术，应当向国务院对外贸易主管部门或者其委托的机构办理合同备案登记。

第十六条　国家基于下列原因，可以限制或者禁止有关货物、技术的进口或者出口：

（一）为维护国家安全、社会公共利益或者公共道德，需要限制或者禁止进口或者出口的；

（二）为保护人的健康或者安全，保护动物、植物的生命或者健康，保护环境，需要限制或者禁止进口或者出口的；

（三）为实施与黄金或者白银进出口有关的措施，需要限制或者禁止进口或者出口的；

（四）国内供应短缺或者为有效保护可能用竭的自然资源，需要限制或者禁止出口的；

（五）输往国家或者地区的市场容量有限，需要限制出口的；

（六）出口经营秩序出现严重混乱，需要限制出口的；

（七）为建立或者加快建立国内特定产业，需要限制进口的；

（八）对任何形式的农业、牧业、渔业产品有必要限制进口的；

（九）为保障国家国际金融地位和国际收支平衡，需要限制进口的；

（十）依照法律、行政法规的规定，其他需要限制或者禁止进口或者出口的；

(十一)根据我国缔结或者参加的国际条约、协定的规定，其他需要限制或者禁止进口或者出口的。

第十七条　国家对与裂变、聚变物质或者衍生此类物质的物质有关的货物、技术进出口，以及与武器、弹药或者其他军用物资有关的进出口，可以采取任何必要的措施，维护国家安全。

在战时或者为维护国际和平与安全，国家在货物、技术进出口方面可以采取任何必要的措施。

第十八条　国务院对外贸易主管部门会同国务院其他有关部门，依照本法第十六条和第十七条的规定，制定、调整并公布限制或者禁止进出口的货物、技术目录。

国务院对外贸易主管部门或者由其会同国务院其他有关部门，经国务院批准，可以在本法第十六条和第十七条规定的范围内，临时决定限制或者禁止前款规定目录以外的特定货物、技术的进口或者出口。

第十九条　国家对限制进口或者出口的货物，实行配额、许可证等方式管理；对限制进口或者出口的技术，实行许可证管理。

实行配额、许可证管理的货物、技术，应当按照国务院规定经国务院对外贸易主管部门或者经其会同国务院其他有关部门许可，方可进口或者出口。

国家对部分进口货物可以实行关税配额管理。

第二十条　进出口货物配额、关税配额，由国务院对外贸易主管部门或者国务院其他有关部门在各自的职责范围内，按照公开、公平、公正和效益的原则进行分配。具体办法由国务院规定。

第二十一条　国家实行统一的商品合格评定制度，根据有关法律、行政法规的规定，对进出口商品进行认证、检验、检疫。

第二十二条　国家对进出口货物进行原产地管理。具体办法由国务院规定。

第二十三条　对文物和野生动物、植物及其产品等,其他法律、行政法规有禁止或者限制进出口规定的,依照有关法律、行政法规的规定执行。

第四章　国际服务贸易

第二十四条　中华人民共和国在国际服务贸易方面根据所缔结或者参加的国际条约、协定中所作的承诺,给予其他缔约方、参加方市场准入和国民待遇。

第二十五条　国务院对外贸易主管部门和国务院其他有关部门,依照本法和其他有关法律、行政法规的规定,对国际服务贸易进行管理。

第二十六条　国家基于下列原因,可以限制或者禁止有关的国际服务贸易:

(一)为维护国家安全、社会公共利益或者公共道德,需要限制或者禁止的;

(二)为保护人的健康或者安全,保护动物、植物的生命或者健康,保护环境,需要限制或者禁止的;

(三)为建立或者加快建立国内特定服务产业,需要限制的;

(四)为保障国家外汇收支平衡,需要限制的;

(五)依照法律、行政法规的规定,其他需要限制或者禁止的;

(六)根据我国缔结或者参加的国际条约、协定的规定,其他需要限制或者禁止的。

第二十七条　国家对与军事有关的国际服务贸易,以及与裂变、聚变物质或者衍生此类物质的物质有关的国际服务贸易,可以采取任何必要的措施,维护国家安全。

在战时或者为维护国际和平与安全,国家在国际服务贸易方面可以采取任何必要的措施。

第二十八条　国务院对外贸易主管部门会同国务院其他有关部门,依照本法第二十六条、第二十七条和其他有关法律、行政法规的规定,制定、调整并公布国际服务贸易市场准入目录。

第五章　与对外贸易有关的知识产权保护

第二十九条　国家依照有关知识产权的法律、行政法规,保护与对外贸易有关的知识产权。

进口货物侵犯知识产权,并危害对外贸易秩序的,国务院对外贸易主管部门可以采取在一定期限内禁止侵权人生产、销售的有关货物进口等措施。

第三十条　知识产权权利人有阻止被许可人对许可合同中的知识产权的有效性提出质疑、进行强制性一揽子许可、在许可合同中规定排他性返授条件等行为之一,并危害对外贸易公平竞争秩序的,国务院对外贸易主管部门可以采取必要的措施消除危害。

第三十一条　其他国家或者地区在知识产权保护方面未给予中华人民共和国的法人、其他组织或者个人国民待遇,或者不能对来源于中华人民共和国的货物、技术或者服务提供充分有效的知识产权保护的,国务院对外贸易主管部门可以依照本法和其他有关法律、行政法规的规定,并根据中华人民共和国缔结或者参加的国际条约、协定,对与该国家或者该地区的贸易采取必要的措施。

第六章　对外贸易秩序

第三十二条　在对外贸易经营活动中,不得违反有关反垄断的法律、行政法规的规定实施垄断行为。

在对外贸易经营活动中实施垄断行为,危害市场公平竞争的,依照有关反垄断的法律、行政法规的规定处理。有前款违法行为,并危害对外贸易秩序的,国务院对外贸易主管部门可以采取必要的措施消除危害。

第三十三条 在对外贸易经营活动中,不得实施以不正当的低价销售商品、串通投标、发布虚假广告、进行商业贿赂等不正当竞争行为。

在对外贸易经营活动中实施不正当竞争行为的,依照有关反不正当竞争的法律、行政法规的规定处理。

有前款违法行为,并危害对外贸易秩序的,国务院对外贸易主管部门可以采取禁止该经营者有关货物、技术进出口等措施消除危害。

第三十四条 在对外贸易活动中,不得有下列行为:

(一)伪造、变造进出口货物原产地标记,伪造、变造或者买卖进出口货物原产地证书、进出口许可证、进出口配额证明或者其他进出口证明文件;

(二)骗取出口退税;

(三)走私;

(四)逃避法律、行政法规规定的认证、检验、检疫;

(五)违反法律、行政法规规定的其他行为。

第三十五条 对外贸易经营者在对外贸易经营活动中,应当遵守国家有关外汇管理的规定。

第三十六条 违反本法规定,危害对外贸易秩序的,国务院对外贸易主管部门可以向社会公告。

第七章　对外贸易调查

第三十七条　为了维护对外贸易秩序,国务院对外贸易主管部门可以自行或者会同国务院其他有关部门,依照法律、行政法规的规定对下列事项进行调查:

(一)货物进出口、技术进出口、国际服务贸易对国内产业及其竞争力的影响;

(二)有关国家或者地区的贸易壁垒;

(三)为确定是否应当依法采取反倾销、反补贴或者保障措施等对外贸易救济措施,需要调查的事项;

(四)规避对外贸易救济措施的行为;

(五)对外贸易中有关国家安全利益的事项;

(六)为执行本法第七条、第二十九条第二款、第三十条、第三十一条、第三十二条第三款、第三十三条第三款的规定,需要调查的事项;

(七)其他影响对外贸易秩序,需要调查的事项。

第三十八条　启动对外贸易调查,由国务院对外贸易主管部门发布公告。

调查可以采取书面问卷、召开听证会、实地调查、委托调查等方式进行。

国务院对外贸易主管部门根据调查结果,提出调查报告或者作出处理裁定,并发布公告。

第三十九条　有关单位和个人应当对对外贸易调查给予配合、协助。

国务院对外贸易主管部门和国务院其他有关部门及其工作人员进行对外贸易调查,对知悉的国家秘密和商业秘密负有保密义务。

第八章　对外贸易救济

第四十条　国家根据对外贸易调查结果,可以采取适当的对外贸易救济措施。

第四十一条　其他国家或者地区的产品以低于正常价值的倾销方式进入我国市场,对已建立的国内产业造成实质损害或者产生实质损害威胁,或者对建立国内产业造成实质阻碍的,国家可以采取反倾销措施,消除或者减轻这种损害或者损害的威胁或者阻碍。

第四十二条　其他国家或者地区的产品以低于正常价值出口至第三国市场,对我国已建立的国内产业造成实质损害或者产生实质损害威胁,或者对我国建立国内产业造成实质阻碍的,应国内产业的申请,国务院对外贸易主管部门可以与该第三国政府进行磋商,要求其采取适当的措施。

第四十三条　进口的产品直接或者间接地接受出口国家或者地区给予的任何形式的专向性补贴,对已建立的国内产业造成实质损害或者产生实质损害威胁,或者对建立国内产业造成实质阻碍的,国家可以采取反补贴措施,消除或者减轻这种损害或者损害的威胁或者阻碍。

第四十四条　因进口产品数量大量增加,对生产同类产品或者与其直接竞争的产品的国内产业造成严重损害或者严重损害威胁的,国家可以采取必要的保障措施,消除或者减轻这种损害或者损害的威胁,并可以对该产业提供必要的支持。

第四十五条　因其他国家或者地区的服务提供者向我国提供的服务增加,对提供同类服务或者与其直接竞争的服务的国内产业造成损害或者产生损害威胁的,国家可以采取必要的救济措施,消除或者减轻这种损害或者损害的威胁。

第四十六条　因第三国限制进口而导致某种产品进入我国市场的数量大量增加,对已建立的国内产业造成损害或者产生损害威胁,或者对建立国内产业造成阻碍的,国家可以采取必要的救济措施,限制该产品进口。

第四十七条　与中华人民共和国缔结或者共同参加经济贸易条约、协定的国家或者地区,违反条约、协定的规定,使中华人民共和国根据该条约、协定享有的利益丧失或者受损,或者阻碍条约、协定目标实现的,中华人民共和国政府有权要求有关国家或者地区政府采取适当的补救措施,并可以根据有关条约、协定中止或者终止履行相关义务。

第四十八条　国务院对外贸易主管部门依照本法和其他有关法律的规定,进行对外贸易的双边或者多边磋商、谈判和争端的解决。

第四十九条　国务院对外贸易主管部门和国务院其他有关部门应当建立货物进出口、技术进出口和国际服务贸易的预警应急机制,应对对外贸易中的突发和异常情况,维护国家经济安全。

第五十条　国家对规避本法规定的对外贸易救济措施的行为,可以采取必要的反规避措施。

第九章　对外贸易促进

第五十一条　国家制定对外贸易发展战略,建立和完善对外贸易促进机制。

第五十二条　国家根据对外贸易发展的需要,建立和完善为对外贸易服务的金融机构,设立对外贸易发展基金、风险基金。

第五十三条 国家通过进出口信贷、出口信用保险、出口退税及其他促进对外贸易的方式,发展对外贸易。

第五十四条 国家建立对外贸易公共信息服务体系,向对外贸易经营者和其他社会公众提供信息服务。

第五十五条 国家采取措施鼓励对外贸易经营者开拓国际市场,采取对外投资、对外工程承包和对外劳务合作等多种形式,发展对外贸易。

第五十六条 对外贸易经营者可以依法成立和参加有关协会、商会。

有关协会、商会应当遵守法律、行政法规,按照章程对其成员提供与对外贸易有关的生产、营销、信息、培训等方面的服务,发挥协调和自律作用,依法提出有关对外贸易救济措施的申请,维护成员和行业的利益,向政府有关部门反映成员有关对外贸易的建议,开展对外贸易促进活动。

第五十七条 中国国际贸易促进组织按照章程开展对外联系,举办展览,提供信息、咨询服务和其他对外贸易促进活动。

第五十八条 国家扶持和促进中小企业开展对外贸易。

第五十九条 国家扶持和促进民族自治地方和经济不发达地区发展对外贸易。

第十章 法律责任

第六十条 违反本法第十一条规定,未经授权擅自进出口实行国营贸易管理的货物的,国务院对外贸易主管部门或者国务院其他有关部门可以处五万元以下罚款;情节严重的,可以自行政处罚决定生效之日起三年内,不受理违法行为人从事国营贸易管理货物进出口业务的申请,或者撤销已给予其从事其他国营贸易管理货物进出口的授权。

第六十一条　进出口属于禁止进出口的货物的,或者未经许可擅自进出口属于限制进出口的货物的,由海关依照有关法律、行政法规的规定处理、处罚;构成犯罪的,依法追究刑事责任。

进出口属于禁止进出口的技术的,或者未经许可擅自进出口属于限制进出口的技术的,依照有关法律、行政法规的规定处理、处罚;法律、行政法规没有规定的,由国务院对外贸易主管部门责令改正,没收违法所得,并处违法所得一倍以上五倍以下罚款,没有违法所得或者违法所得不足一万元的,处一万元以上五万元以下罚款;构成犯罪的,依法追究刑事责任。

自前两款规定的行政处罚决定生效之日或者刑事处罚判决生效之日起,国务院对外贸易主管部门或者国务院其他有关部门可以在三年内不受理违法行为人提出的进出口配额或者许可证的申请,或者禁止违法行为人在一年以上三年以下的期限内从事有关货物或者技术的进出口经营活动。

第六十二条　从事属于禁止的国际服务贸易的,或者未经许可擅自从事属于限制的国际服务贸易的,依照有关法律、行政法规的规定处罚;法律、行政法规没有规定的,由国务院对外贸易主管部门责令改正,没收违法所得,并处违法所得一倍以上五倍以下罚款,没有违法所得或者违法所得不足一万元的,处一万元以上五万元以下罚款;构成犯罪的,依法追究刑事责任。

国务院对外贸易主管部门可以禁止违法行为人自前款规定的行政处罚决定生效之日或者刑事处罚判决生效之日起一年以上三年以下的期限内从事有关的国际服务贸易经营活动。

第六十三条　违反本法第三十四条规定,依照有关法律、行政法规的规定处罚;构成犯罪的,依法追究刑事责任。

国务院对外贸易主管部门可以禁止违法行为人自前款规定的行政处罚决定生效之日或者刑事处罚判决生效之日起一年以上三年以下的期限内从事有关的对外贸易经营活动。

第六十四条　依照本法第六十一条至第六十三条规定被禁止从事有关对外贸易经营活动的,在禁止期限内,海关根据国务院对外贸易主管部门依法作出的禁止决定,对该对外贸易经营者的有关进出口货物不予办理报关验放手续,外汇管理部门或者外汇指定银行不予办理有关结汇、售汇手续。

第六十五条　依照本法负责对外贸易管理工作的部门的工作人员玩忽职守、徇私舞弊或者滥用职权,构成犯罪的,依法追究刑事责任;尚不构成犯罪的,依法给予行政处分。

依照本法负责对外贸易管理工作的部门的工作人员利用职务上的便利,索取他人财物,或者非法收受他人财物为他人谋取利益,构成犯罪的,依法追究刑事责任;尚不构成犯罪的,依法给予行政处分。

第六十六条　对外贸易经营活动当事人对依照本法负责对外贸易管理工作的部门作出的具体行政行为不服的,可以依法申请行政复议或者向人民法院提起行政诉讼。

第十一章　附　　则

第六十七条　与军品、裂变和聚变物质或者衍生此类物质的物质有关的对外贸易管理以及文化产品的进出口管理,法律、行政法规另有规定的,依照其规定。

第六十八条　国家对边境地区与接壤国家边境地区之间的贸易以及边民互市贸易,采取灵活措施,给予优惠和便利。具体办法由国务院规定。

第六十九条 中华人民共和国的单独关税区不适用本法。

第七十条 本法自 2004 年 7 月 1 日起施行。

责任编辑:张　立
封面设计:肖　辉
版式设计:程凤琴
责任校对:徐林香

图书在版编目(CIP)数据

国际服务贸易紧急保障措施法律制度研究/陶　林著.
-北京:人民出版社,2009.6
ISBN 978 - 7 - 01 - 007937 - 0

Ⅰ.国… 　Ⅱ.陶… 　Ⅲ.服务经济-对外贸易:保护贸易-贸易法
-研究 　Ⅳ. D996.1

中国版本图书馆 CIP 数据核字(2009)第 071908 号

国际服务贸易紧急保障措施法律制度研究
GUOJI FUWU MAOYI JINJI BAOZHANG CUOSHI FALÜ ZHIDU YANJIU

陶林　著

人民出版社 出版发行
(100706　北京朝阳门内大街 166 号)

北京市文林印务有限公司印刷　新华书店经销

2009 年 6 月第 1 版　2009 年 6 月北京第 1 次印刷
开本:880 毫米×1230 毫米 1/32　印张:12.125
字数:280 千字　印数:0,001 - 3,000 册

ISBN 978 - 7 - 01 - 007937 - 0　定价:28.00 元

邮购地址 100706　北京朝阳门内大街 166 号
人民东方图书销售中心　电话 (010)65250042　65289539